武光　誠　編

古代日本の政治と宗教

同成社

はじめに

近年、文科系の学問の地盤沈下がささやかれている。ひとつには若い年代の人々の間に実用的で金儲けに直結する知識を求める傾向の多いことが関係するのかもしれない。しかし哲学、歴史、文学といった奥の深い研究にじっくり取り組む人も少なくない。日本古代史の分野においては若い研究者による質の高い論文が発表されている。

そうした日本古代史研究の新しい展開の一端を紹介すべく論集の刊行を思い立った。今回、論集を編むにあたっては、神事や仏事を単に文化史上のこととせずに、政治や社会との関わりからみていく研究に焦点をしぼることとした。多くの方の協力を得て『古代日本の政治と宗教』として本書が結実したことを喜びたい。

本書が今後の日本古代史研究のさらなる発展の手がかりとなれば、編者にとって嬉しいかぎりである。

編　者

古代日本の政治と宗教　目次

古代日本の政治と宗教

「東大寺開田図」についての覚書
――文書としての開田図という視点から――

新井重行

はじめに

本稿で採りあげる「東大寺開田図」とは、八世紀に作成された東大寺領荘園の開田状況を描いた図で、麻布に描かれたものと紙に描かれたものとがあり、方格プランをもとに土地管理に関わる地種や面積などの情報を文字で記していることが特徴である。これらの図はもと東大寺印蔵に伝来したもので、ある時点から正倉院に保管されるようになった。現在は開田図のほとんどは正倉院宝物であるが、寺外に流出したものも若干存在する。

開田図は一九五〇年代後半から広く知られるようになり、古代における土地支配の様相や、東大寺領荘園の経営構造などを考察するうえで重要な史料である。また図のなかには山・川・溝・道などの景観の描写をもつものも多く、条里復元や荘園の故地を比定するうえでも欠かせない史料となっている。これまでにもモノクロ写真の刊行は行われ

表1　東大寺開田図一覧

番号	国	名称	成立年代	法量（cm）	素材	現蔵	『日本荘園絵図聚影』所載
1	越中	新川郡丈部開田地図	天平宝字3年(759)	79.5 × 116.5	布	正倉院宝物	1上一八
2	越中	新川郡大藪開田地図	天平宝字3年(759)	78.8 × 141.9	布	正倉院宝物	1上一九
3	越中	射水郡須加開田地図	天平宝字3年(759)	80.8 × 107.8	布	正倉院宝物	1上一一〇
4	越中	射水郡鳴戸開田地図	天平宝字3年(759)	77.0 × 141.0	布	個人蔵	1上一一一
5	越中	射水郡椯田開田地図	天平宝字3年(759)	79.5 × 126.4	布	正倉院宝物	1上一一二
6	越中	砺波郡石粟村官施入田地図	天平宝字3年(759)	56.9 × 111.2	紙	奈良国立博物館	1上一一三
7	越中	砺波郡伊加流伎開田地図	天平宝字3年(759)	81.3 × 98.0	布	正倉院宝物	1上一一四
8	越中	砺波郡井山村墾田地図	神護景雲元年(767)	67.9 × 624.8（七図一幀）	布	正倉院宝物	1上一一五
9	越中	砺波郡伊加留岐村墾田地図	神護景雲元年(767)		布	正倉院宝物	1上一一六
10	越中	砺波郡杵名蛭村墾田地図	神護景雲元年(767)		布	正倉院宝物	1上一一七
11	越中	射水郡須加村墾田地図	神護景雲元年(767)		布	正倉院宝物	1上一一八
12	越中	射水郡鳴戸村開田地図	神護景雲元年(767)		布	正倉院宝物	1上一一九
13	越中	射水郡鹿田村墾田地図	神護景雲元年(767)		布	正倉院宝物	1上一二〇
14	越中	新川郡大荊村開田地図	神護景雲元年(767)		布	正倉院宝物	1上一二一
15	越中	射水郡鳴戸村墾田地図	神護景雲元年(767)（推定）	57.5 × 63.2	紙	奈良国立博物館	1上一二二
16	越中	射水郡鹿田村墾田地図	神護景雲元年(767)（推定）	57.6 × 36.8	紙	奈良国立博物館	1上一二三
17	越中	砺波郡石粟村官施入田地図	神護景雲元年(767)（推定）	32.1 × 21.4	紙	天理大学附属天理図書館	1上一二四
18	越前	坂井郡高串村東大寺大修多羅供分田地図	天平神護2年(766)	57.0 × 114.9	紙	奈良国立博物館	1下一二
19	越前	足羽郡道守村開田地図	天平神護2年(766)	144.1 × 197.8	布	正倉院宝物	1下一三
20	越前	足羽郡糞置村開田地図	天平宝字3年(759)	81.9 × 110.1	布	正倉院宝物	1下一四
21	越前	足羽郡糞置村開田地図	天平神護2年(766)	69.0 × 113.1	布	正倉院宝物	1下一五
22	近江	水沼村墾田地図	天平勝宝3年(751)	68.8 × 253.9（二図一幀）	布	正倉院宝物	1下一一〇
23	近江	覇流村墾田地図	天平勝宝3年(751)		布	正倉院宝物	1下一一一
24	摂津	摂津職嶋上郡水無瀬荘図	天平勝宝8歳(756)	28.7 × 69.4	紙	正倉院宝物（東南院文書）	4一一七
25	阿波	名方郡新島荘図	天平宝字2年(758)	56.8 × 103.4	紙	正倉院宝物（東南院文書）	5上一一九
26	阿波	名方郡大豆処図	天平宝字2年(758)（推定）	28.5 × 52.4	紙	正倉院宝物（東南院文書）	5上一二〇
参考	大和	東大寺山堺四至図	天平勝宝8歳(756)	222.0 × 299.0	布	正倉院宝物	3一一
参考	摂津	摂津職河辺郡猪名所地図写	12世紀（推定）	64.5 × 122.5	紙	尼崎市教育委員会	4一二一

ていたが、近年『日本荘園絵図聚影』(1)にカラー図版が収載されたことにより、彩色などの点においてより高い精度での観察が可能になった。

本稿では「東大寺開田図」という史料群がもつ性格を考えるための基礎的な作業として、おもにカラー図版による観察の結果をもとに、開田図を文書としてとらえ、その機能を考えるという視点から、いくつかの問題提起を行いたい。

一　開田図の描画とその意義

開田図を史料群としてとらえ、その性格を考えるうえで最も重要になるのが、どのような基準で分類をするか、ということであろう。

金田章裕氏は現存する古代の荘園図を広く観察し、図に表現されている情報を、A 位置表示に関わる表現（地名・四至・方格線など）、B 土地管理に関わる表現（地種・面積・小字地名的名称など）、C 関連施設・事象の表現（荘所・道・水路・寺社など）、D 地形・植生などの絵画的表現（山・川・樹木および彩色など）の四種類に分類している。(2)氏はこのような分類をもとに、条里プランの完成時期の問題、地種・地目（畠など）による土地管理と課税の問題、条里復元、故地比定などに多くの成果をあげており、氏の分析の手法は現在の荘園絵図研究の指標となっているといえる。

開田図を別の視角から分類する研究としては、藤井一二氏の論考が挙げられる。(3)氏は現存する開田図だけでなく、東大寺に伝存する平安時代末の荘園目録などの記載によって、かつて存在していたことが知られる絵図をも検討の対

象とし、その作成年ごとに分類をしたうえで、各年の絵図作成の背景を東大寺の荘園経営の変遷のなかに位置づけている。(4)

藤井氏が、目録などの史料から存在が確認できる絵図を含めて史料群として扱うべきことを指摘した点は重要であり、継承すべき視角である。なお栄原永遠男氏は同様の視角から、より詳細な荘園図の一覧を作成している。(5)

しかしながら作成年による分類法は、確かに絵図作成の契機を考えるうえでは有効であるが、作成年が政治史のなかでどう位置づけられるかという問題に収束してしまい、絵図の性格の違い（たとえば作成主体や作成手続の違いなど）についての検討を難しくしてしまうきらいがあるように思われる。そこで本稿では、作成年ごとのまとまりをふまえつつ、加えるべき視点として開田図の描画、彩色、押印の有無などに注目したい。

表2は、作成年ごとに荘園図の描画・彩色についてまとめたものである。この表からは次のような点が指摘できる。まず、描き方に若干の違いはあっても全体に共通する構成要素として、荘堺（おもに朱色で描かれる）、川・沼・溝など（青色・緑色などで描かれる）が挙げられる。また荘園の立地にもよるが、道も共通する要素に含めて考えてよいだろう（ただし道の表現に側線を有するか否かなど、描画については作成年ごとに多少のばらつきがある）。

それに対して、明らかに作成年により表現の相違があるものとして、山・樹木の描写が挙げられる。興味深いことにこれらの描画法の違いは作成年と密接に関連している。表からも明らかなように、天平勝宝三年作成の近江国図（水沼村・覇流村）および天平神護二年作成の越前国図（糞置村・道守村・高串村）は、山稜線を描き、山肌に彩色を施し、山稜線上に描かれる樹木は非常に細密で樹幹・樹葉には彩色を施すという特徴がある。一方、天平宝字三年図は山麓線が描かれ、彩色はなく、樹木はほとんど描かれない点が特徴として挙げられ（天平宝字三年図のうち「糞置村開田地図」には樹木の描写があるが、天平神護二年図と比較すると単純な墨線で表現されており、彩色もない）、神護景雲元年図については、山の描画はないという特徴があげられる（ただし神護景雲元年図のうち「須加村墾田地図」では、堺の一部と山麓線を共用している可能性がある）。

山や樹木の表現に作成年ごとの相違があることは、従来あまり注意されてこなかったが、これは大きな問題を含んでいるように思われる。第一に、絵画的描写の技術という点である。天平宝字三年作成図のうち唯一樹木が描かれている「糞置村開田地図」（図1）と、天平神護二年作成の同荘図（図2）および「道守村開田地図」に描かれている樹木の描画を比較すると、明らかに後者のほうが高い技術をもって描かれていることが分かる。第二に、開田図の作成コストの相違である。山肌や樹木に彩色を施していることは、描画のない図に比べて、彩色に用いる顔料などコストおいて相当の差があることが予想される。

確かに山や樹木の表現は図の役割からいえば副次的なものであるかもしれないが、開田図のうち、山を描き彩色を施す図とそうでない図とは、大きく性格を異にする図であることは明らかである。

それではこのような違いは何を意味するのであろうか。この点を考えるうえで参考になるのが押印の有無であろう。表2より明らかなように、ほとんどの開田図には国印が捺されているのであるが、天平神護二年作成の越前国図および神護景雲元年作成の紙図については押印がないことが注目される。押印はふつう、図に記されている内容が正確であり改竄などが行われていないことを証するためになされるものとされるが、とくに他の図とくらべて高い技術、高いコストで作成された天平神護二年図において国印が捺されないのは何故か、ということが問題となる。

この点については、三河雅弘氏の指摘が注目される。氏は天平宝字三年と天平神護二年の「糞置村開田地図」を詳細に検討し、両図における東大寺側の署名と国司の署名の位置の違いは、開田図の作成主体の違いを示していると述べる(6)。

描画（彩色）				国印
道	山	樹木	その他	
側線なし（彩色不明）	山陵線（山肌に彩色カ）	（緑色・黄色）		あり
	山陵線（山肌に彩色カ）	（緑色・黄色）	郡堺を太い朱線（側線なし）で示す	あり
	山陵線（山肌に彩色）	山陵線上にあり		あり
（墨＋朱色）				なし
側線あり（黄色）道には一部側線のない部分あり			鳥の絵あり	なし
側線なし（墨＋朱色）			「庄所三町」ほかを二重線で囲む	あり
側線なし（朱色カ）			「大江辺墓」「鹿墓社」を朱線で囲む	あり
	山麓線（彩色なし）		「社」「寺庄地」を線で囲む	あり
				あり
				あり
（朱色カ）			道と堺を共用か	あり
側線あり（朱色）	山麓線（彩色なし）		側線を持ち、彩色された描写あり（「神窪」とあり）	あり
側線なし（朱色）	山陵線・山麓線（彩色なし）	山陵線上にあり（彩色なし）		あり
	山陵線（山肌に彩色）	山陵線上にあり（緑色）	魚の絵あり	なし
側線あり（彩色不明）	山陵線（山肌に彩色）	山陵線上にあり（緑色）	倉などの表現あり	なし
	山陵線（山肌に彩色）	山陵線上にあり（緑色）		なし
側線なし（朱色）				あり
				あり
側線なし（朱色）				あり
	文字による表記あり		堺と山麓線を共用か	あり
				あり
				あり
（朱色）			「鹿墓社」を朱線で囲む	あり
				なし
				なし
				なし

表2　東大寺開田図の描画

表1番号	国	名称	成立年代		
				荘堺	川・沼・溝
22	近江	水沼村墾田地図	天平勝宝3	「堺」字なし(朱色)	側線・流線あり(緑色)
23	近江	覇流村墾田地図	天平勝宝3	「堺」字なし(朱色)	側線・流線あり(緑色)
24	摂津	摂津職嶋上郡水無瀬荘図	天平勝宝8	(墨)	側線あり(青色)
25	阿波	名方郡新島荘図	天平宝字2	破線+(青色)	側線・流線あり(緑色)
26	阿波	名方郡大豆処図	天平宝字2か		側線・流線あり(緑色)
1	越中	新川郡丈部開田地図	天平宝字3	「堺」字あり(朱色)	側線あり(緑色カ)
2	越中	新川郡大藪開田地図	天平宝字3	「堺」字あり(朱色)	側線・流線あり(緑色)
3	越中	射水郡須加開田地図	天平宝字3	「堺」字あり(墨+朱色)	側線あり(彩色不明)
4	越中	射水郡鳴戸開田地図	天平宝字3	「堺」字あり(朱色カ)	側線あり(彩色あり)
5	越中	射水郡榠田開田地図	天平宝字3	「堺」字あり(朱色)	側線あり(緑色カ)
6	越中	砺波郡石粟村官施入田地図	天平宝字3	「堺」字なし(朱色)	側線あり(彩色なし)
7	越中	砺波郡伊加流伎開田地図	天平宝字3	「堺」字あり(朱色)	
20	越前	足羽郡糞置村開田地図	天平宝字3	「堺」字あり(朱色)	側線あり(緑色カ)
18	越前	坂井郡高串村東大寺大修多羅供分田地図	天平神護2	「堺」字なし(朱色)	側線・流線あり(緑色カ)
19	越前	足羽郡道守村開田地図	天平神護2	「堺」字なし(朱色)	側線・流線あり(緑色)
21	越前	足羽郡糞置村開田地図	天平神護2	「堺」字なし(朱色)	
8	越中	砺波郡井山村墾田地図	神護景雲元	道と境を共用か	側線なし(青色)
9	越中	砺波郡伊加留岐村墾田地図	神護景雲元		
10	越中	砺波郡杵名蛭村墾田地図	神護景雲元	「堺」字なし(朱色)	側線なし(青色)
11	越中	射水郡須加村墾田地図	神護景雲元	「堺」字なし(朱色)	側線なし(青色)
12	越中	射水郡鳴戸村墾田地図	神護景雲元	「堺」字なし(朱色)	側線なし(青色)
13	越中	射水郡鹿田村墾田地図	神護景雲元	「堺」字なし(朱色)	側線なし(青色)
14	越中	新川郡大荊村墾田地図	神護景雲元	「堺」字なし(朱色)	側線なし(青色)・「古川」は青色+朱色
15	越中	射水郡鳴戸村墾田地図	神護景雲元か	「堺」字なし(朱色)	側線なし(緑色カ)
16	越中	射水郡鹿田村墾田地図	神護景雲元か	「堺」字なし(朱色)	側線なし(緑色カ)
17	越中	砺波郡石粟村官施入田地図	神護景雲元か	「堺」字なし(朱色)	側線なし(緑色カ)

凡例）川・溝・沼・道などは、絵図中の文字記載等によって確認できるものを対象とした。

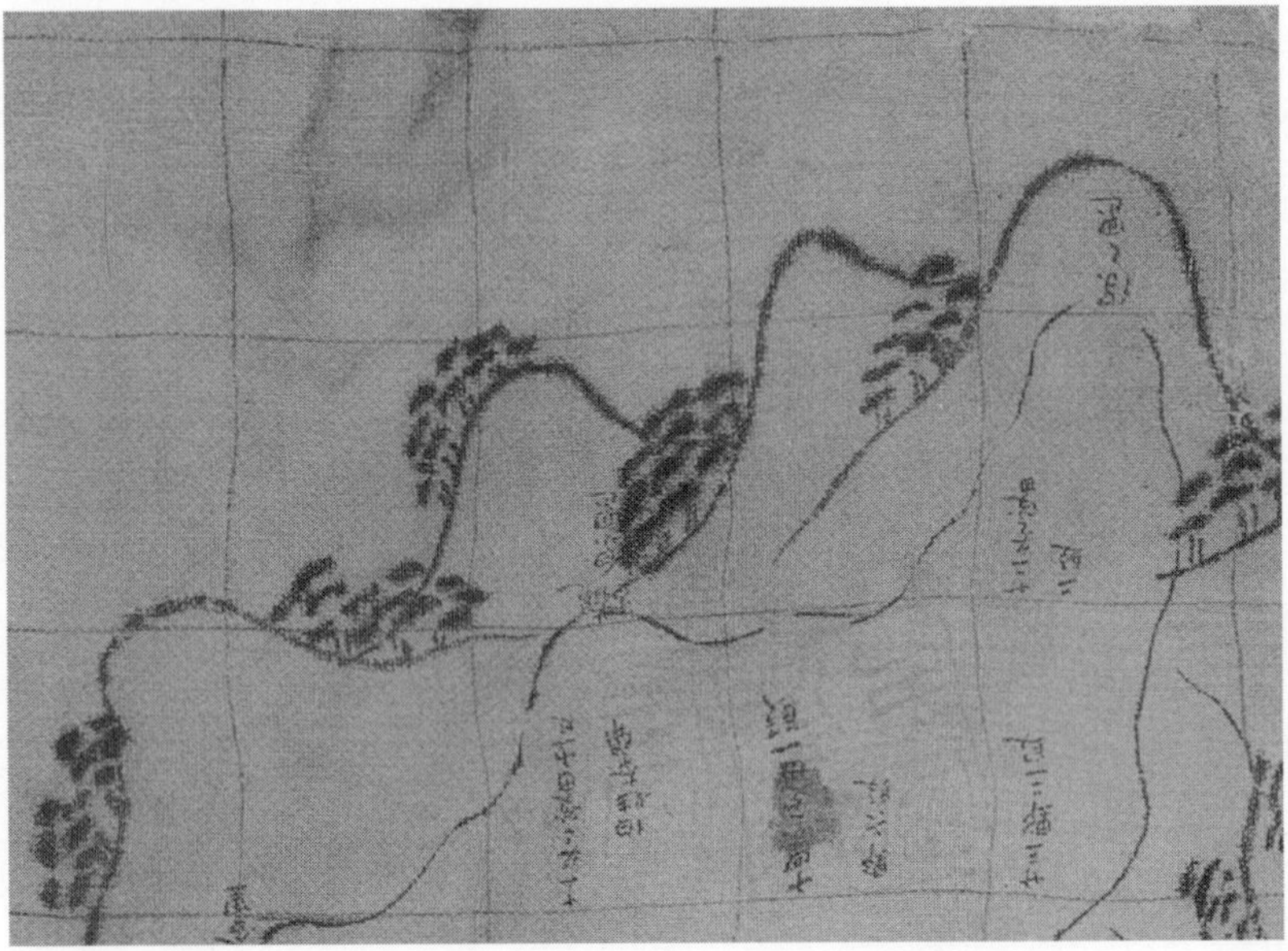

図１　「越前国足羽郡糞置村開田地図」（天平宝字三年）、部分、『日本荘園絵図聚影 一下』より転載

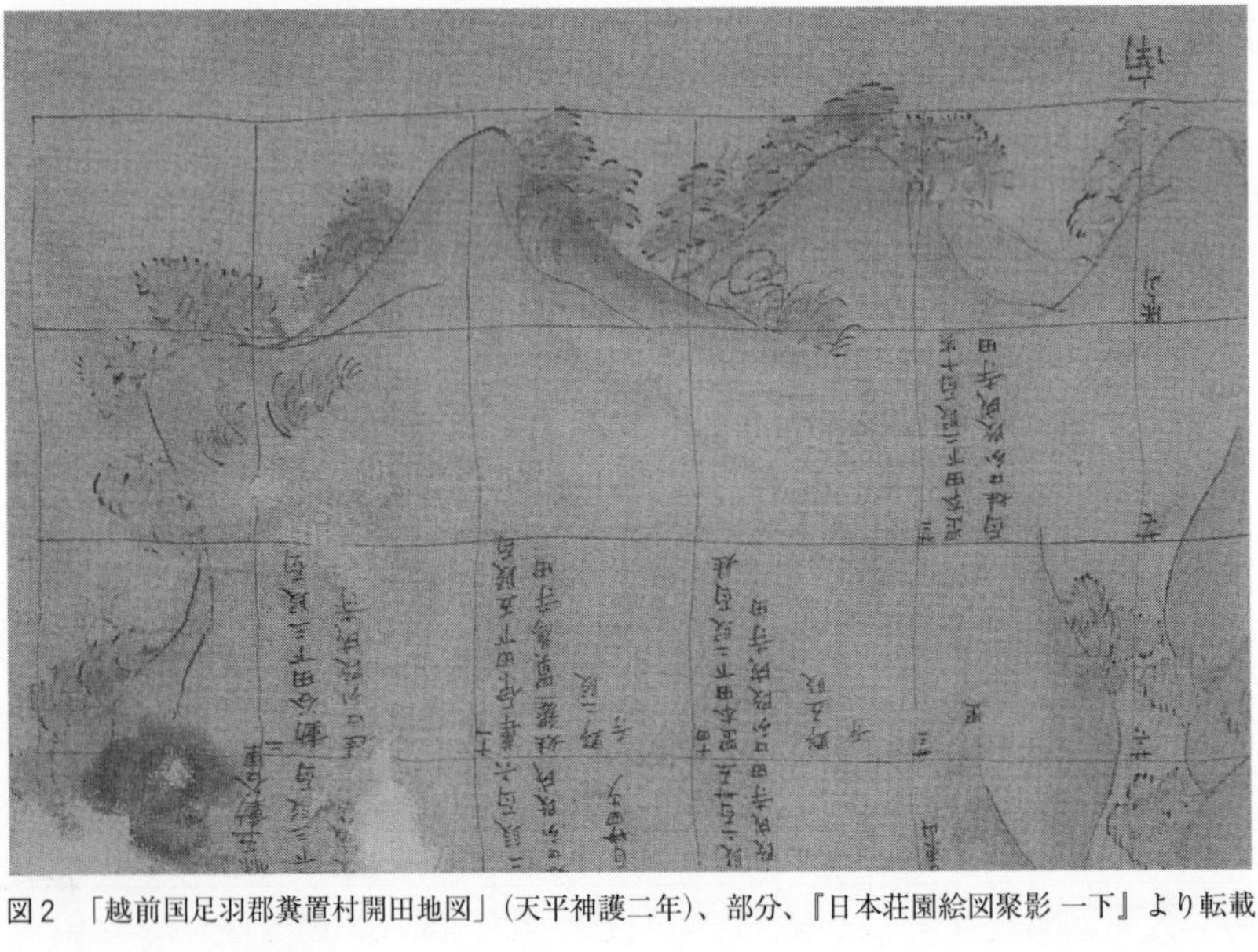

図２　「越前国足羽郡糞置村開田地図」（天平神護二年）、部分、『日本荘園絵図聚影 一下』より転載

○「糞置村開田地図」（天平宝字三年）の署名部分

天平寶字三年十二月三日使算師散位正八位下小橋公「石正」
　造寺判官外従五位下上毛野公「真人」
　　知墾田地道僧「承天」
　　都維那僧「仙主」
　　佐官法師「平栄」
国司
　守従五位下藤原恵美朝臣 調集使　　従六位下行掾平群朝臣「蟲麻呂」
　正六位上行介阿倍朝臣「廣人」　　従七位上行大目阿倍朝臣 入部内
　従伍位下行員外介長野連 在京　　従七位上行少目上毛野公 暇

○「糞置村開田地図」（天平神護二年）の署名部分

国司
　　天平神護二年十月廿一日従七位下行大目大宅朝臣
参議従四位下守右大辨兼行守藤原朝臣 在京　　正六位上行掾佐味朝臣「吉備万呂」
従五位下行介多治比真人「長野」　　正七位上行少目丈部直 入部
従五位上守近衛少将兼行員外介弓削宿祢「牛養」　正八位上守近衛員外将曹兼行員外少目榎井朝臣 大帳使
検田使
少寺主傳燈進守法師「承天」　　少都維那僧「慚教」

知田事傳燈進守住位僧「勝位」
造寺司判官外従五位下美努連「奥麻呂」
算師造寺司史生正八位上凡直「判麻呂」
釈文は『大日本古文書　東南院文書四』を参考に一部改変）

つまり、東大寺側の署名が前に、国司の署名が後に記されている天平宝字三年図は、東大寺側が主体となって作成した図であり、逆に国司の署名が前に記されている天平神護二年図は国司が主体となって作成した図であるという指摘である。

氏の指摘を敷衍すれば、前者の場合はできあがった図は国司による勘検を経て署名を得たことを示しており、そのために図中の文字部分には国印の押印が必要とされたのに対し、後者の場合は国司が主体となって作成した図を東大寺側が承認するという手順で成立したものであるために、国司は押印によって文字記載を確定させる必要がなかったのではないかということになる。

なお天平神護二年は、当時の中央政界を把握した道鏡の主導により寺院に対する優遇政策が行われた年であり、これ以前に藤原仲麻呂派国司によって圧迫されていた越前国をはじめとする諸東大寺領において仲麻呂の勢力が一掃され、寺田の回復が図られた時期にあたる(7)。

越前国では同年八月に下された太政官符によって、国司の責任において国内の土地の勘定が行われた。実際に東南院文書には、東大寺田のうち口分田として誤給された田地について、東大寺田として改正することを百姓に認めさせた伏弁状が残っている(8)。

このような状況下で作成された天平神護二年図は、国司の勘定によって確定した東大寺領を保障するものとして東大寺側に交付されたものであり、かつての国司によって侵食された寺領の再認定を、太政官からの命令をうけた新国司が行うという特殊な作成過程を経ている。つまり校班田ののち田図を作成し政府へ進上するというような、最終的に中央へ報告するために行う通常の勘定とは異なっており、このとき作成された証拠文書としての図は、国司による勘検結果を通達するというその役割を重視すれば、いわば下達文書に近いと評価できよう。天平神護二年図については、かかる特殊な状況下であったために、顔料をふんだんに用い、高い技術を要する細密な描画によって図を荘厳する必要があったものと評価したい(9)。

本節では、開田図の分類の方法として、押印の有無および描画の密粗・彩色などに注目する視点を提示し、天平神護二年図がやや性格の異なる図であることを述べた。また、その差異については図の作成主体やその果たす役割に起因するものと推定した。この点についてはさらなる検討を要する面もあるが、開田図の性格として、すべての図が均質な作成過程を経ているものではないということは確かであろう。従来の研究では、開田図の作成過程については必ずしも明らかでないにもかかわらず、同じように作成された均質な史料群であることを前提として検討されることが多かったように思われる。今後は開田図の作成過程・移動やその役割などの考察が必要となろう。

二　紙図と布図の関係

ところで開田図に布図と紙図があることは冒頭にも述べたが、書写材料としての布と紙がいかに使い分けられたかという点については、はっきりとしない点も多い。この点について栄原永遠男氏は、同じ荘園の絵図が複数存在する場合については、正文と案の関係であろうとしているが、布図が正文で紙図が案文ということには必ずしもならないとも述べている。[10]

この点について留意しておきたいのは、最近の杉本一樹氏の指摘である。[11]氏は絵図も文書のうちとしてとらえる視角を強調し、絵図の方格や絵画表現が文書と同様の意識で料紙（料布）に嵌め込まれているものであるという視点から、文書・絵図相互の関係についてその記載内容の分析を行った。その結果として、文書は数量化・集計への指向性を有し、絵図は単体としての独立性・完結性を有するとし、絵図・文書の間の役割分担意識は非常に徹底しており、両者は互いに情報を補いあい、一組で機能するものであると述べた。

この指摘はとくに「東大寺開田図」と東南院文書中の東大寺領荘園の管理に関わる文書群との関係を的確に表現しているといえよう。

さらに氏は紙図が現存する「越中国砺波郡石粟村官施入田地図」（天平宝字三年、奈良国立博物館所蔵）について、同年作成の他荘の布図との比較などから、正本たる布図作成以前の段階に作成された原寸大の下書きであり、押印や国司等署判の存在から、最終的には副本に昇格したものであろうと述べている。

これまで「石粟村官施入田地図」は、図中に示された「奈良麻呂地」という表記から、天平一七年（七四五）の橘奈良麻呂の乱にともなう奈良麻呂の没官田が東大寺へ施入されたものであるという、荘園の成立契機の特殊性が注目され、研究に採りあげられることが多かったが、[12]杉本氏の指摘は同図の姿にもとづいて、図の性格をとらえようとした点で注目すべきであろう。

さて、ここで筆者が注目したいのは「越中国射水郡鳴戸村墾田地図」（神護景雲元年）である。「鳴戸村墾田地図」は同年作成と思われる布図と紙図の二点が伝存している希有な事例であって、紙図の方は断簡ではあるが方格の描かれた部分のほとんどが残存していることから、さきの杉本氏による分析の視角を参考に両図を比較することで、紙図と布図の性格の差異や相互の関係がより具体的に検討できると考えるからである。

まず各図の特徴を簡単に確認しておきたい。布図のほうは正倉院宝物であり、同年作成の越中国図七図が巻物状に一幀となっているもので、長さ六メートル余を測るうちの一図である。描写については、荘堺が朱色（以下、彩色については現状の見た目の色を記したもので、作成当時の色ではない。使用されている顔料については今後の調査を待ちたい）、沼が褐色がかった青色で描かれており、山や樹木の表現はない。方格の文字記載のある部分には「越中国印」が捺されている（図3）。

一方の紙図は寺外に流出し、かつて個人蔵となっていたもので、現在は奈良国立博物館の所蔵となっている。描写については、荘堺が朱色で、沼が褐色で描かれており、山や樹木の表現はない点なども布図とよく似ている。ただし紙図には押印がない（図4）[13]。

次に両図の大きさを比較してみると、確かに布図のほうが幅が広いのであるが、それは方格外の余白が大きいためであり、方格に着目すれば両図は同じといって良いほど近い値を示している。それればかりでなく両図に記された文字は、その大きさや行取りに至るまで、驚くほど似通っているといえる。

しかし細部まで比較すると、両図は全く同じというわけではない。筆者はその相違こそが、両図の関係を探る手掛かりになると考えるので、以下にやや詳しく触れたい。

まず紙図と布図の両方に共通することであるが、文字の表記は荘堺や沼の描線を避けて書かれていることから、これらの描線は文字に先行して描かれているといえる。つまり文字はあらかじめ記入された描線以外の空間を選んで記入される必要があったことになる。

以上を確認したうえで、紙図に注目したい（以下の記述では、方格の位置を示すために『大日本古文書　東南院文

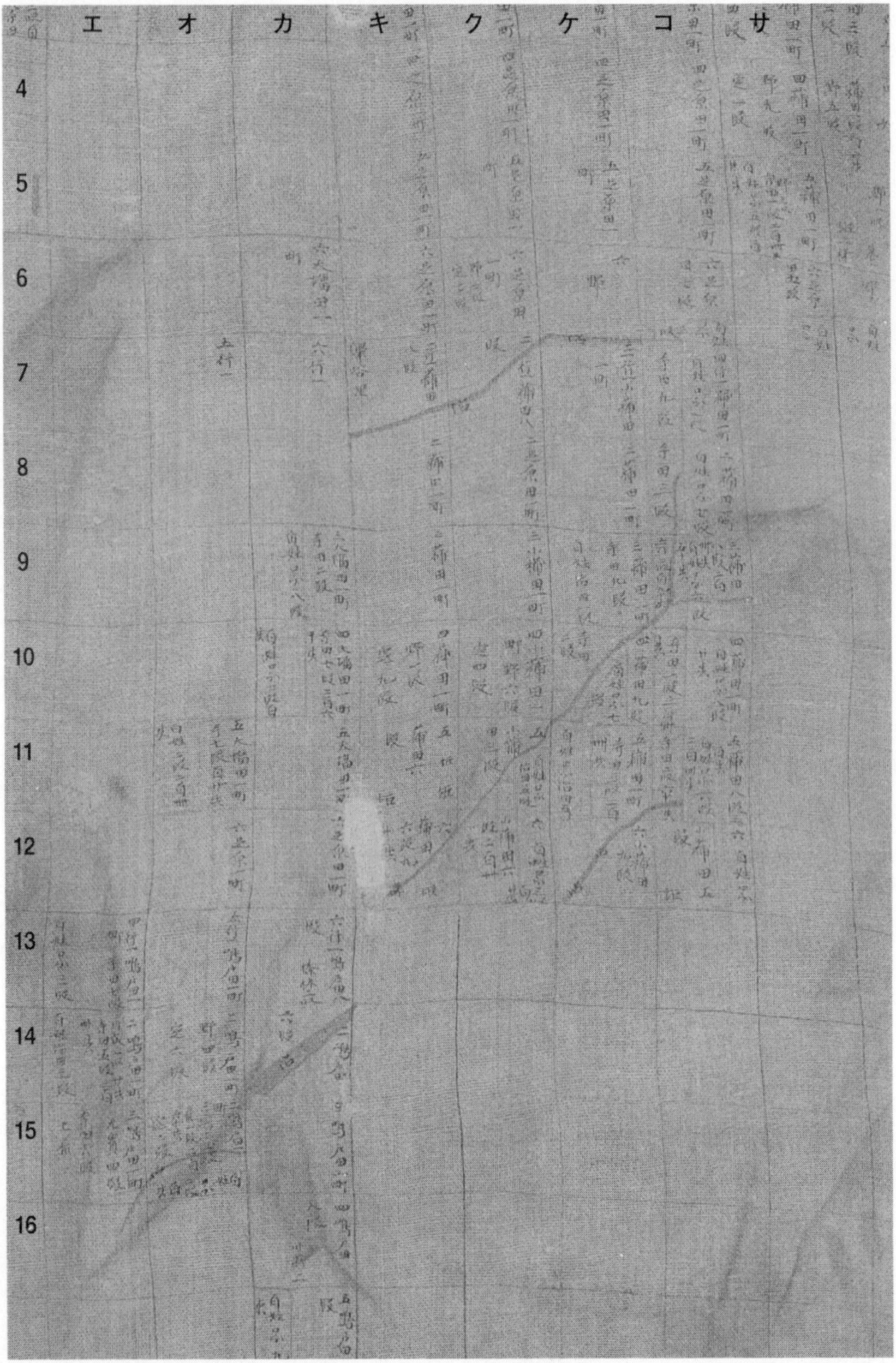

図３　「越中国射水郡鳴戸村墾田地図」（部分）、『日本荘園絵図聚影　一上』より転載、一部改変

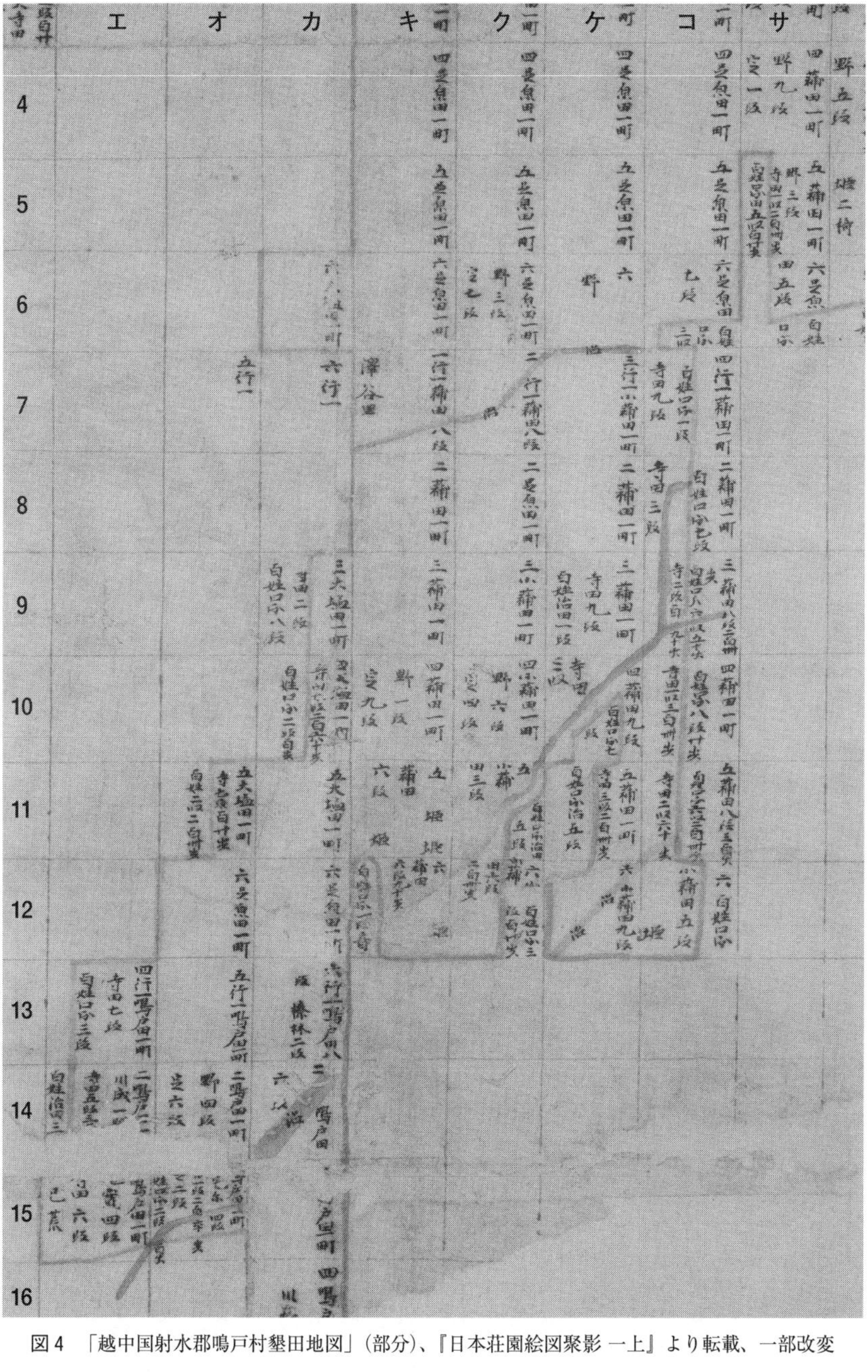

図４　「越中国射水郡鳴戸村墾田地図」（部分）、『日本荘園絵図聚影 一上』より転載、一部改変

書四』に示された記号を用いて「3ウ」のごとく示す）。紙図の4サ・5サの上下に並んだ坪においては、4サでは文字記載は三行にわたって均等に割り付けられているのに対し、5サでは四行の記載があるが、坪内に荘堺を示す朱線が描かれているために、やや窮屈な割付になっている。なお三行目の記載は朱線にやや重なっているようにみえる。さらに7コに注目すると、そこには三行の記載があるが、二行目「百姓口分一段」は荘堺の朱線の内側つまり東大寺領の中に記されている。同様に本来は荘堺の内側には存在するはずのない「百姓口分」が荘堺内に記されている坪として前掲の7コのほか10カ・13エ・15オにみられ、逆に「寺田」が堺の外に記されている坪として9カがある。このほかの相違点として、記載内容は同じで改行位置が異なる坪がある。

この点については単に表記上の問題であって、荘堺の内にあるか外にあるかはそれほど重要ではないという意見もあろう。しかし、対応する箇所を布図について確認してみると、「寺田」は荘堺の内に、「百姓口分」は荘堺の外にすべて正しく記し分けられているのである。布図のほうが「寺田」を荘堺の内側に「百姓口分」を荘堺の外側に記すという方針が徹底しているといえる。

さらに興味深い点として指摘しておきたいのは、面積の単位「段」字の表記である。紙図においては場所により「段」の楷書体と草書体とが混用されているのである。異なる書体の使用について明確な基準は看取できないが、傾向として草書体が使用されるのは坪内の田積の内訳を「寺田○段・百姓口分○段」と記す箇所、つまり荘堺上の坪に多く見られるようである（なお「百姓口分」とのみ記し、面積を記さない例もある）。布図においては「段」字の草書体は一度も使用されておらず、すべて楷書体で統一されていることを考慮すると、これらの相違点は紙図と布図のそれぞれの性格を示していると思われる（この点については後述）。

さらに「段」字の書体の混用について憶測を述べるならば、一度にすべての文字が記入される場合には同字について書体の混用は起こりにくいと考えられることから、これは記入に段階差があったものと推測できる。ただしこれは古文書学でいう追筆ではなく、一坪内の文字記入の順に多少の時間差があったという意味である。これは、紙図作成時に拠った帳簿が複数あったため、複数の情報が方格上に表現されているものと推測される。「鳴戸村墾田地図」によれば、荘堺はかなり入りくんでおり、図を描く際には寺田の面積だけが記された帳簿では不十分であり、坪のどの部分にどれほどの百姓口分田が存在しているのかをも知る必要が生じたのであろう。[15]

さらに「鳴戸村墾田地図」とともに、同年作成の布図と紙図が現存している例として「越中国射水郡鹿田村墾田地図」がある。当図の布図は「鳴戸村墾田地図」と同じく、神護景雲元年作成の七図一幀となっている図のうちの一図である。紙図は寺外に流出し、「鳴戸村墾田地図」（紙図）とともに個人蔵となっていたもので、現在は奈良国立博物館の所蔵である。いま鳴戸村・鹿田村の両紙図を比較すると、筆致・彩色・顔料の色などの点からみて、両者は同じ契機で作成されたものとみてよい。したがって当図の布図と紙図の関係は「鳴戸村墾田地図」の場合と同じであると考えてよかろう。ただし当図の紙図は断簡であり、布図と比較して方格部分の約半分ほどしか残存していない（図5・6）。

「鹿田村墾田地図」の布図と紙図の記載を比較してみると、記載内容や字体の面では両者にとくに異なる点は認められない。しかし大きな相違点として、布図8エの「榛林并神社」記載について紙図には「榛林并社神」とあり、脇に転倒符（レ）が付されている点、また布図については8エの「榛林并神社」部分および8キ「圯」部分には彩色が施されているのであるが、紙図にはそれがないという点が挙げられる。

なお二つの紙図の料紙については、いずれも断簡であるため作成時の姿は明らかでない。しかし「鹿田村開田地図」には方格の北端が残っており、布図にはこの場所に国司および田使僧の署名があること、また紙図のこの部分は紙端

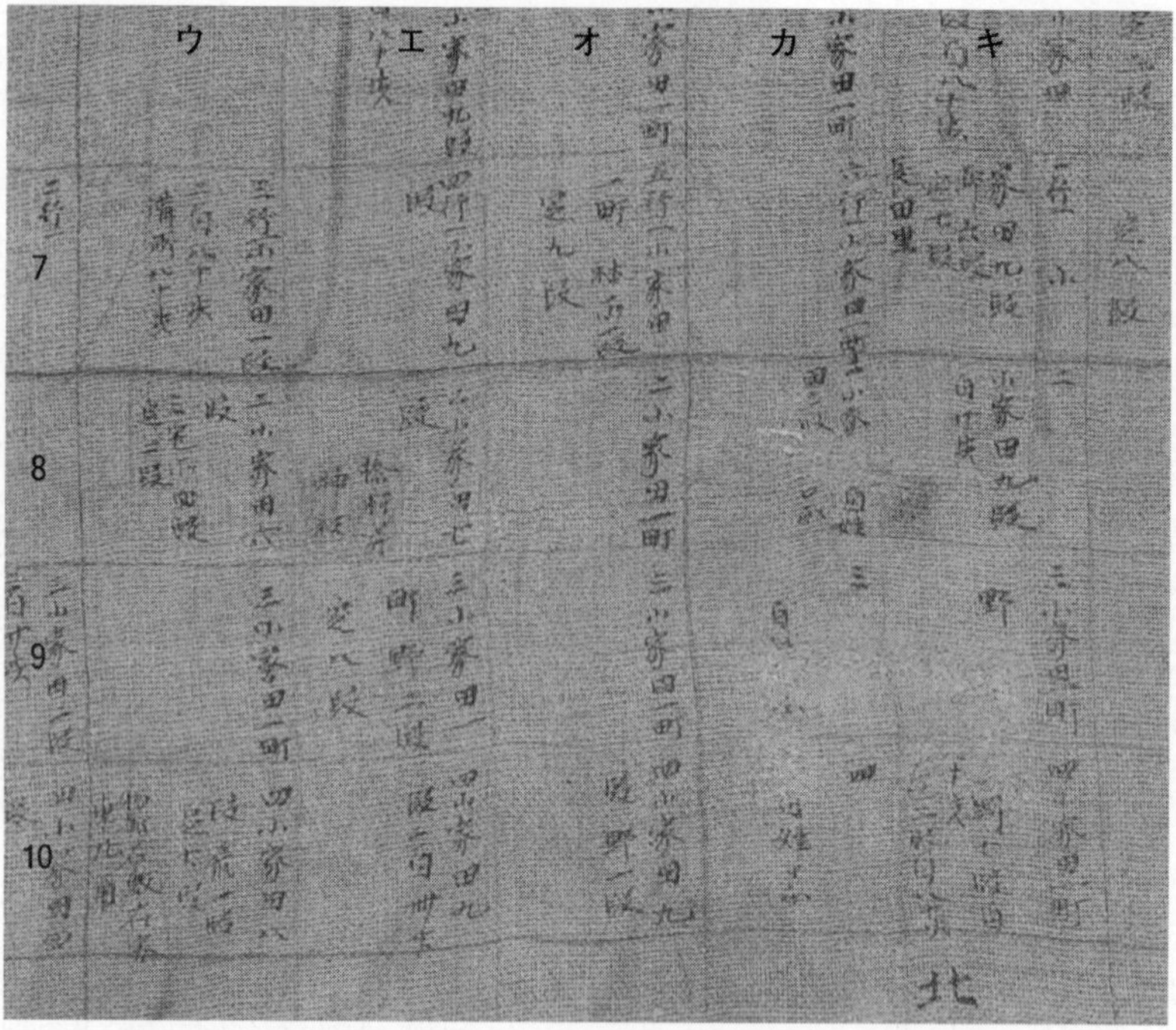

図5　「越中国射水郡鹿田村墾田地図」（部分）、『日本荘園絵図聚影　一上』より転載、一部改変

であると考えられることから、紙図には国司らの署名はなく、方格部分のみが描かれた図が荘ごとに単独に作成された可能性が高い[16]。

以上、細かい点について述べてきたので、結論を整理しておくと、「鳴戸村墾田地図」においては、①方格や文字の大きさは布図・紙図ともほぼ同じであるが、②荘堺付近の「寺田」と「百姓口分」の記載は、布図の方が整っている。また、③紙図には「段」字の草書体を使用している部分があり、これは紙図作成時に複数の帳簿を参照したためと推測される。また作成の契機を同じくすると思われる「鹿田村墾田地図」においては④紙図には記載の間違いが残っており、⑤布図にある神社等の彩色が紙図にはない、とまとめることができ、さらに料紙の観察からは⑥紙図は方格部分のみの図が荘ごとに単独に作成された可能性が高いと指摘した。

ここで検討した二種四点の図については、総

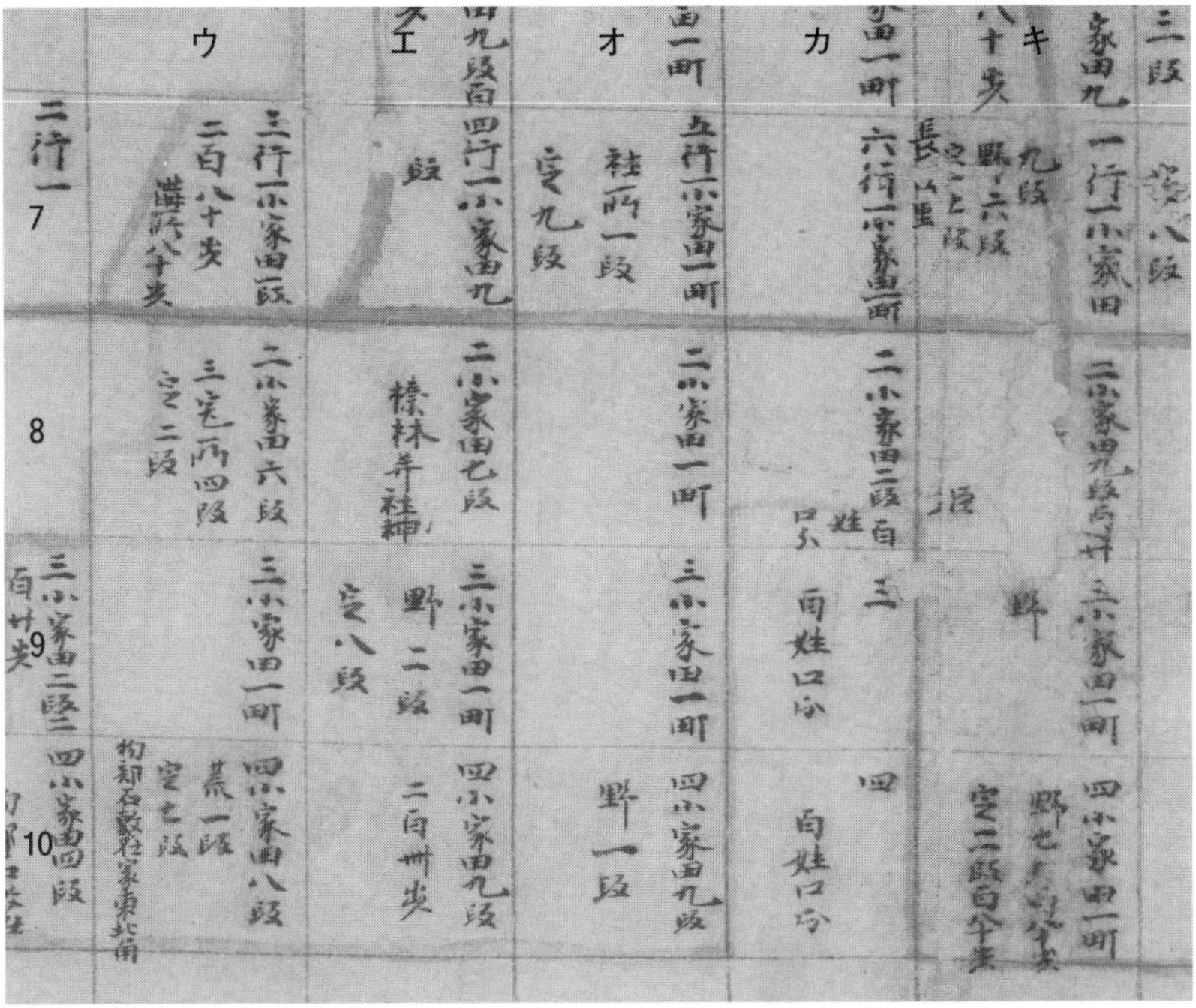

図6 「越中国射水郡鹿田村墾田地図」(部分)、『日本荘園絵図聚影 一上』より転載、一部改変

じて布図のほうが紙図よりも完成度が高いと評価できる。この点からいえば、紙図と布図の関係については、正文たる布図作成以前の段階の、原寸大の下絵であるとする杉本氏の説に筆者は強い魅力を感じるのである。

まとめにかえて

本稿では第一節において開田図の押印の有無および描画の密粗・彩色などに注目した分類を行い、その作成過程の点で開田図が均質な史料群ではないことを述べた。続いて第二節において「鳴戸村墾田地図」の布図と紙図の比較から、布図は紙図よりも完成度が高いと評価でき、この紙図は布図の原寸大の下絵であることを推定した。

ここでは数点の開田図をとりあげ、図の観察に重点を置いた比較を試みるという基礎的な作業をしたにすぎないが、従来の研究で行われてきた分類法では不十分と思われる点が指摘できたと考える。今後は一つでも多くの絵図について同様の検討を行いたい。

また本稿で検討できなかった問題点として、開田図に見える修正痕の問題が挙げられる。麻布の開田図には文字の上に顔料を塗るなどの方法で文字に修正を加えている部分がみられるが、図とセットで作成された帳簿と比較することで、作成過程のどの段階で行われた修正であるのか推定することが可能であろう。この点についても今後の課題としたい。

註

(1) 全七冊、東京大学史料編纂所、一九九五～二〇〇二年。
(2) 金田章裕「古代荘園図の表現法とその特性」『古代荘園図』東京大学出版会、一九九六年。
(3) 藤井一二「東大寺開田図の系譜と構成」『東大寺開田図の研究』塙書房、一九九七年、初出一九八八年。
(4) 東大寺領荘園の経営については、岸俊男「越前国東大寺領庄園の経営」(『日本古代政治史研究』塙書房、一九六六年、初出一九五二年)、小口雅史「初期荘園の経営構造と律令体制」(『奈良平安時代史論集』上、吉川弘文館、一九八四年)などを参照。
(5) 栄原永遠男「古代荘図の作成と機能」『日本古代荘園図』東京大学出版会、一九九六年。
(6) 三河雅弘「越前国足羽郡糞置村開田地図における山の表現とその特質」『人文地理』五六―一、二〇〇四年。
(7) 詳しくは小口雅史前掲註(4)論文を参照。
(8) 新井重行「荘園遺跡の出土文字資料よりみた在地情勢」佐藤信編『西大寺古絵図の世界』東京大学出版会、二〇〇五年を参照。
(9) 従来行われてきたように、図の描写が当時の植生や施設を厳密に描写していると考えるには、とくに図の作成過程に関してさらなる検討が必要であるように思われる。
(10)　栄原永遠男前掲註(5)論文。
(11)　杉本一樹「絵図と文書」『文字と古代日本2　文字による交流』吉川弘文館、二〇〇五年。
(12)　藤井一二「初期荘園の立地と村落」『東大寺開田図の研究』塙書房、一九九七年、初出一九八一年。鷺森浩幸「八世紀における寺院の所領とその認定」『日本古代の王家・寺院と所領』塙書房、二〇〇一年、初出一九九五年、など。
(13)　なお両図ともに参照が容易なカラー写真版として『日本荘園絵図聚影　一上』があり、以下の記述は主にこの図版に拠っている。
(14)　東京大学史料編纂所、一九六六年。
(15)　この点について鎌田元一氏は、田図は所在地に即して、田籍は田主に即してまとめられること、田籍は口分田に関する一般田籍を中心に寺田籍・神田籍・位田籍・職田籍などの特殊田籍などから構成されること、などを指摘している。「律令制的土地制度と田籍・田図」『律令公民制の研究』塙書房、二〇〇一年、初出一九九六年。
(16)　「鳴戸村墾田地図」は四紙からなり15の行、およびカの列にそれぞれ継目が存在することと、古代の標準的な一紙の大きさ（一尺×二尺）とを勘案すると、図の右方向にはそれほどのスペースを確保することはできず、布図のように墾田地の集計を記すことは、紙を継がない限り難しいのではないかと思われる。

『続日本紀』東北経略関係記事と「三十八年戦争」

中村光一

はじめに

弘仁二年（八一一）閏十二月辛丑[1]、征夷将軍文室綿麻呂はその奏言において、「自㆓宝亀五年㆒至㆓于當年㆒惣卅八歳、邊寇屢動、警□無㆑絶。」と述べるとともに、三十八年の長きにわたった東北地域における軍役[2]がひとまずの終息を迎えたことを報じた。八世紀の第4四半期から九世紀初頭にかけての東北地域における一連の争乱が、近時「三十八年戦争」と称される所以である。

この「三十八年戦争」期については、以前に拙稿[3]において、物的・人的に負担を担った東国諸国の状況について、その国司補任の様子から考察したことがあった。しかし、『続日本紀』（以下『続紀』と略記）上に記された「征夷」の語に集約される律令国家と蝦夷とのせめぎあいは、八世紀初頭から断続的に発生しており、綿麻呂がいかなる意図でこの宝亀五年（七七四）を発端と見る先のような言を発したのか、いささか疑問とするところである。

これについて、宝亀五年段階にはすでに九歳に達し、世にみなぎる緊張感を肌で感じていた綿麻呂が、個人的な感懐を述べたと見ることも不可能ではないだろう。[4] しかし、その言葉が『日本後紀』という正史に採録されたことは、それが単に個人的な見解の発露にとどまるものではなく、広く廟堂に受け入れられる素地があったと捉えるべきであろう。

宝亀五年以降を一つながりのものと見る理由として、この時期の争乱が律令国家と蝦夷との「全面対決」の様相を呈していたことを指摘する説がある。そして、この事態に至った理由として、「生活域の侵犯」といった眼前の事態への反発（第一次抵抗兵乱）から、「独立の回復」という新たな段階（第二次抵抗兵乱）に「蝦夷の覚醒」があったとする新野直吉氏[5]に代表される捉え方がある。また、考古学的調査の進展を背景に、稲作農耕により蝦夷の生産力が向上し、それが強固な抵抗を生み出し動乱を長期化させたとする氏家和典氏[6]の見解がある。

しかし、これらの説に対しては、征討計画が律令国家によって実行に移されたものである以上、その終焉も政府側の意図で決定されたと見るべきであるとする平川南氏[7]の批判が出されている。氏は、国家財政の窮乏と東国諸国の疲弊、そこに住む民衆の抵抗、さらには蝦夷側の荒廃といった諸事情があいまって、当初の目的の続行が不可能となったことから戦乱が終結するに至ったとされている。

ところで、東北地域におけるいわゆる「征夷」については、八世紀の初頭から「三十八年戦争」の前半期の時期までは、『続紀』を主たる手がかりとしてその実態の解明が行われてきた。そして、それに続く『日本後紀』の当該時期の部分に欠巻が多いことから、全体の姿が摑みにくい「三十八年戦争」の後半期については、『続紀』に記された征討事業の延長上において、軍役の理解が行われてきたといえよう。しかし、『続紀』自体がいまだ「三十八年戦争」たけなわの延暦十六年（七九七）に撰上されたことを考えるなら、その編纂にもこの戦乱が色濃く影を落としていると考えるべきではないだろうか。

本稿では、まず『続紀』記事の再検討を通じて「三十八年戦争」以前の数度にわたる東北地域における軍役の実体[8]を明らかにし、それらと「三十八年戦争」前半期の軍役とを比較検討することから、「三十八年戦争」の律令国家東北経略上の位置づけについて考察したいと思う。

一 『続日本紀』上の軍役の記述(一)──「三十八年戦争」以前

「三十八年戦争」期を含めて、律令制発足以降の東北地域における軍役を、その首脳部の構成を中心に一覧表化したのが別表である。まず、この表に従って八世紀初頭以来の軍役の様子を見ていくことにしたい。

(1) 和銅二年(七〇九)度の軍役

これは、大宝律令施行後初の軍役であるが、同年三月壬戌に巨勢麻呂が陸奥鎮東将軍、佐伯石湯が征越後蝦夷将軍[9]、紀諸人が副将軍に任命され、「両道」からの「征伐」が命ぜられたことに端を発する。高位にあるためか麻呂が先に記されているが、陸奥側で「鎮」、越後側で「征」の文字が使用されていること、さらに越後側のみに副将軍が任ぜられていることから、主体は後者にあったようである。軍役が起こされたことについて、前年九月丙戌に越後国内に出羽郡が新設されたことで、現地に不穏な動きが生じたことを理由として考える説があるが、詳細は明らかではない[10]。

同年八月戊申に石湯、諸人が「事畢入朝」したことでこの軍役は終了し、九月乙丑に彼らには禄が、同月己卯には

	副使(2) 正五下内蔵全成〔増員〕 従五下多犬養〔増員〕 判官(4) ・主典(4) 出羽鎮狄将軍(1) 従五上安倍家麻呂 軍監(2)、軍曹(2)		
○延暦3 (784)	持節征東将軍(1) 中納言春宮大夫従三位大伴家持 征東副将軍(2) 常陸介従五上大伴弟麻呂〔前年11月任命〕 相模介従五上文室与企 軍監(2) 外従五下入間広成 外従五下阿倍猨嶋墨縄		征夷〔大伴家持死去により中止〕
○延暦8 (789)	征東大使(1) 参議左大弁正四位下兼春宮大夫中衛中将 紀古佐美 征東副使(4) 常陸介従五下多治比浜成 相模守従五下紀真人 下野守従五下佐伯葛城 外従五下入間広成(近衛将監か) 軍監、軍曹(不明) 鎮守副将軍(2)	東海・東山坂東諸国歩騎 52800余、(征軍27470、輜重12440)、(有功者4840余)	征夷
○延暦13 (794)	征夷大使(1) 従四下大伴弟麻呂 征夷副使(4) 下野守正五上百済王俊哲 陸奥按察使兼陸奥守従五上多治比浜成 近衛少将従五下坂上田村麻呂 陸奥介鎮守副将軍従五下巨勢野足 軍監(16)、軍曹(58)	10万	征夷
○延暦20 (801) ↓ 延暦21 (802)	征夷大将軍(1) 坂上田村麻呂(前年11月庚子条に近衛権中将陸奥出羽按察使従四上兼行陸奥守鎮守将軍と記載) 副将軍(?)〔氏名、人数不明〕 軍監(5)、軍曹(32)	4万	征夷
○延暦23 (804)	征夷大将軍(1) 刑部卿陸奥出羽按察使従三位坂上田村麻呂 副将軍(3) 正五下百済王教雲(陸奥介あるいは鎮守副将軍か) 出羽守従五下佐伯社屋 陸奥国大国造従五下道嶋御楯 軍監(8)、軍曹(24)		征夷〔発遣されず〕
○弘仁2 (811)	征夷将軍(1) 陸奥出羽按察使文室綿麻呂 副将軍(3) 出羽守従五下大伴今人 鎮守将軍従五下佐伯耳麻呂 陸奥介従五下坂上鷹養 軍監(10)、軍曹(20)	陸奥・出羽 20600余 陸奥・出羽俘軍両国各1000	征夷
○弘仁4 (813)	征夷将軍(1) 文室綿麻呂		征夷

1) 年次の欄は征討軍首脳の任命がなされた年ではなく、実際に軍の発遣が行われた年を記入した。○は征討のための大使・将軍以下の任命が行われたものを、●は陸奥·出羽の現地官人によって対応が図られたものを意味する。後者の場合、その中心となる人物1名についてのみ、氏名および位階等をあげた。
2)「軍首脳部の構成」の欄には、征討軍の指導部を形成する人物を挙げた。( )内の数字は、任命されている官人の総数である。兼官については、前後の状況から推定で補ったものもある。
3)「別将」等については記載を割愛した。位階の標記では、便宜上四位以下の「位」字を省略した。

別表　東北地域における軍役一覧表（８世紀初頭から「三十八年戦争」まで）

年　次	軍首脳部の構成	動員兵力	目　的
○和銅２ (709)	陸奥鎮東将軍(1) 左大弁正四下巨勢麻呂 征越後蝦夷将軍(1) 民部大輔正五下佐伯石湯 副将軍(1) 内蔵頭従五下紀諸人	遠江・駿河・甲斐・信濃・上野・越前・越中・常陸・陸奥・越後	征夷〔出羽建郡による混乱のためか〕
○養老４ (720) ↓ 養老５ (721)	持節征夷将軍(1)　播磨按察使正四下多治比縣守 副将軍(1) 左京亮従五下下毛野石代 軍監(3)、軍曹(2) 持節鎮狄将軍(1) 従五下阿倍駿河 軍監(2)、軍曹(2)	遠江・常陸・美濃・武蔵・越前・出羽、蝦夷、(陸奥・石背・石城)	征夷〔陸奥按察使上毛野広人の殺害による〕
○神亀元 (724)	持節大将軍(1) 式部卿正四上藤原宇合 副将軍(1) 宮内大輔従五上高橋安麻呂 判官(8)、主典(8) 持節鎮狄将軍(1) 従五上小野牛養 軍監(2)、軍曹(2)	(坂東９国３万) (行賞者1696)	征夷〔陸奥大掾佐伯児屋麻呂殺害による〕
○天平９ (737)	遣陸奥持節大使(1) 参議兵部卿従三位藤原麻呂 副使(2) 正五上佐伯豊人 常陸守従五上坂本宇頭麻佐 判官(4)、主典(4) 鎮守将軍・出羽守・陸奥大掾	常陸・上総・下総・武蔵・上野・下野騎兵1000、陸奥国兵5000、鎮兵499、狄俘249、出羽国兵500、狄140	陸奥国から出羽柵に至る直路開削
●天平宝字３(759)	正五下陸奥国按察使兼鎮守将軍藤原朝狩 副将軍(陸奥介) 軍監・軍曹 出羽守・介・掾	坂東(相模・上総・下総・常陸・上野・武蔵・下野)、騎兵鎮兵夷俘	雄勝・桃生両城の築城
●神護景雲元(767)	従四下陸奥守兼鎮守将軍田中多太麻呂 副将軍	諸国軍士、蝦夷俘囚	伊治城の築城
●宝亀５ (774) ↓ 宝亀６ (775)	正四下陸奥按察使兼守鎮守将軍大伴駿河麻呂 副将軍 陸奥国司	(行賞者1790余)	征夷〔詳細不明〕
●宝亀７ (776) ↓ 宝亀９ (778)	正五下陸奥守兼鎮守将軍紀広純 権副将軍 出羽国司	陸奥国軍士２万、出羽国軍士4000、下総・下野・常陸騎兵、(征戦有功者2267)	征夷〔詳細不明〕
●宝亀11 (780)	従四下参議陸奥按察使兼守鎮守将軍紀広純 陸奥介	俘軍、(陸奥国軍士3000)	覚鱉城の築城
○宝亀11 (780) ↓ 天応元 (781)	征東大使(1) 中納言兵部卿従三位藤原継縄 ↓〔交代〕 持節征東大使(1) 参議常陸守正四下藤原小黒麻呂 副使(2) 陸奥守正五上大伴益立 従五上紀古佐美(右少弁か)	(陸奥国軍士)、坂東軍士、(歩騎数万)	征夷〔按察使紀広純殺害による〕

参加兵士に復一年が与えられている。しかし、任命以降、関連した記事の中に麻呂の姿はなく、また、この軍役によっての昇叙もなかったものと思われる[11]。

ところで、鎮東将軍巨勢麻呂は、和銅元年（七〇八）七月乙巳に勅を下された議政官ら九名の中に含まれており、いまだ廟堂には列していないもののそれに準ずる地位の官人[12]であったといえよう。

この軍役は六カ月と、以後の征討と比べてもっとも短いものであり、賜禄はあったものの叙位が行われた様子はうかがえない。しかし、「征」「鎮」の二文字を冠した将軍が二方面に派遣され[13]、その上位の者には議政官か、後に議政官に列するような地位を占める官人が任命されるという原則が、すでにこの段階で見られることが指摘できよう。

(2) 養老四年（七二〇）度の軍役

この軍役は、同年九月丁丑条に記された陸奥按察使[14]上毛野広人[15]の殺害を理由に発動されたものである。九月丁丑は事変が都にもたらされた日付と考えられ、その翌日には多治比県守を持節征夷将軍、下毛野石代を副将軍とし、さらに軍監三、軍曹二が任ぜられた。また、同日には阿倍駿河を持節鎮狄将軍とし、あわせて軍監二、軍曹二が任ぜられている。県守は中納言多治比池守の弟で、自身天平三年（七三一）八月丁亥に参議となっている。彼もまた議政官に次ぐ地位の官人であったといえよう。持節征夷将軍への任命当時は播磨按察使であったが、「即日授₂節刀₁。」とあることから、おそらく在京していたものと思われる。

軍役自体は県守と駿河が翌年四月乙酉に帰還したことによって終了し、あしかけ八カ月にわたるものとなったが、『続紀』に詳細な経過は記されていない。しかし、これに先立つ同年二月壬子には、九州でも大隅守陽侯麻呂が隼人によって殺害される事件が起きており、類似性が注目されるところである。

九州の事変では、中納言大伴旅人を征隼人持節大将軍、[16]授刀助笠御室と民部少輔巨勢真人を副将軍とする人事が発令されるが、そこでは軍監・軍曹は記されていない。しかし、将軍である県守と旅人が正四位下、副将軍である石代、御室、真人が従五位下と東北と九州とが同位の官人であることからすると、征隼人軍の記載ではおそらく軍監・軍曹が欠落したと考えられよう。また、駿河が従五位下と、副将軍らと同位でありながら持節鎮狄将軍という独立した指揮権が与えられたのは、和銅二年度と同様に兵の派遣が二方面に分かれて行われることになったためと思われる。

この東西で相次いで起きた国司殺害事件は、藤原不比等のもとで進められてきた地方行政区域の再編に対する反発によるものと考えられるが、東北地域での軍役が八カ月で終結したのに対し、九州での軍役は養老五年（七二一）七月己酉の副将軍二名の帰還まで、一年四カ月にわたる長期のものとなった。[17]しかし、九州におけるいわゆる隼人の「反乱」はこれをもって終結することになる。そして、今次の「斬首・獲虜合千四百餘人。」という報告は、鎮定が徹底して行われたことを推測させるとともに、[18]九州の場合平定がその南端部にまで至り、東北地域への出兵がいまだ東に未平定の広大な地域を残している状況との違いを想起させるのである。

この東北・九州に対する出兵の褒賞は、元明太上天皇の崩御もあってか養老六年四月丙戌に至って同時に行われるが、興味深いのはこの記事の中で「征₌討陸奥蝦夷、大隅・薩摩隼人等₋」とあって、そこに出羽が記されていないことである。鎮狄将軍という呼称と、越前・出羽からの出兵状況から考えて、[19]阿倍駿河は北陸道を下ったものと考えられるが、ここに出羽が記されていないことは、今次の出羽側の出兵が陸奥からの戦乱の波及を恐れての予防措置的なものにとどまったことを推測させるのである。[20]

(3) 神亀元年（七二四）度の軍役

この軍役は、陸奥大掾佐伯児屋麻呂が殺害された事件に端を発するもので、上毛野広人の殺害から四年たたない時期に再び陸奥国司が難に遭ったことになる。『続紀』はこのことを同年三月甲申条に記すが、これが事件の発生した日か、都に事件勃発の報告がもたらされた日かいずれかは分からない。しかし、甲申条を後者と考えた場合にはその後の対応が養老四年度と比べて鈍いことになるので、やはり事件発生の日付と見るのが妥当であろう。

それにしても、四月壬辰には児屋麻呂に贈位が行われているにもかかわらず、持節大将軍以下の任命はその四日後であり、政府の反応はけっして早いとはいえないだろう。これは、青木和夫氏[21]の指摘のように、当初落命したのが大掾という国司の三等官であったことから、上席の国司で対応させようとしたものが、事件が意外な広がりを持ったために将軍以下の任命が行われたとも考えられる。

四月丙申条では藤原宇合が持節大将軍、高橋安麻呂が副将軍となり、判官八名、主典八名が任ぜられている。さらに同月癸卯には、坂東九国の軍三万人に対し、騎射の教習と歩兵への軍陣（陣）の教練が命ぜられている[22]。将軍ではなく大将軍の任命、判官・主典クラスの人数の多さと坂東諸国への通達は、状況が養老四年度の軍役をしのぐものであったことをうかがわせている。宇合も、巨勢麻呂、多治比県守と同様に議政官に次ぐ地位の官人といえようが、養老年間に常陸守、按察使として東国に下向した経歴が重視されての任命とも考えられる。また、五月壬午には、小野牛養を鎮狄将軍とし、他に軍監・軍曹各二名が任ぜられている。

この軍役は同年十一月乙酉に宇合、牛養が揃って帰還することで終了し、翌二年（七二五）閏正月丁未に叙位叙勲が行われているが、その人数は一六九六人と養老四年度の征隼人軍の一二八〇余人を超えるものとなった[23]。同年三月庚子条には、常陸国内で「俘賊」の難にあった「百姓」への復が記されているが、当初現在の宮城県一帯にあたる

「海道」で起きた兵乱が常陸にまで拡大していたとすると、この軍役の対象地域はかなりの範囲にわたったことになる。同年閏正月己丑には、合計七三七人もの俘囚が伊予・筑紫・和泉に配されており、このことも今次の軍役の大きさを物語っているといえよう。

一方、事変勃発直後の四月癸卯には、先に挙げた坂東九国の兵の訓練の命と並んで「綵帛二百疋、絁一千疋、綿六千屯、布一万端」を陸奥鎮所に運んだことが見えている。これらは軍事用途のものであったとは考えにくく、蝦夷を懐柔するための料物であったとすると、この軍役が規模の大きさとは裏腹に、必ずしも軍事力で蝦夷を制圧するという性格のものではなかった可能性も考えられるのではなかろうか。(24)

ところで、藤原宇合の持節大将軍任命から遅れること四十余日で鎮狄将軍となった小野牛養であるが、その名を褒賞が行われた神亀二年閏正月丁未条に見出すことはできない。(25)これは、この軍役においても養老四年度同様、出羽側への派兵が予防措置的なものであったことをうかがわせているのである。

(4) 天平九年（七三七）度の軍役

天平九年正月丙申に、先に陸奥按察使大野東人から献策されていた陸奥から出羽柵へ至る直路開削を目的に、藤原麻呂を持節大使、佐伯豊人、坂本宇頭麻佐を副使とし、他に判官、主典各四名が任ぜられる。議政官である参議が派遣軍の最高指揮官に任ぜられるのはこれが初例である。また、今次は出羽側への新たな官人の任命は行われていない。

この軍役については、同年四月戊午条に長大な藤原麻呂の奏言が載せられているため詳細な様子を知ることができるが、結果は、東人や出羽守田辺難波ら現地官人の意見を容れて当初の方針を変更し、直路の開削、雄勝での築城を中止し動員した兵を帰国させるということとなった。

これまで、この軍役は最終目的こそ達成できなかったものの、それなりの成果をおさめたとの評価がなされてきた。それは、派遣軍の動向を記した奏言が『続紀』に掲載された点が重く捉えられたためといえよう。しかし、この奏言の内容を仔細に見ると、二月二十五日から三月にかけて、大野東人らによって色麻柵から出羽の大室駅に至る約四十二キロにわたる奥羽山脈横断路が開削されたものの、その先の蝦夷を威圧しながら新道を開く軍役の主体となる行程では、一行は四月三日に大室を発ったものの、東人が十一日には多賀柵に帰着していることを考えると、現地の状況を勘案したとはいえ、わずか一週間ほどで方針が変更されたことになる。奏言にはまた、海道・山道の双方の蝦夷に対し慰撫のための使者が派遣されたことを述べており、この軍役の性格があくまで直路開削という土木工事に主体があり、蝦夷の「制圧」を目的としたものではなかったことを示しているといえよう。

ところで、いささか奇妙に感じられるのは、中止に至る経過を縷々述べた現地からの奏言が『続紀』にそっくり載せられていることと、一方、この軍役については『続紀』に凱旋の記載がなく、また、褒賞が行われた様子も見られないことである。

天平九年は九州から広がった天然痘が猛威を振るった年として知られており、先の奏言の日付の三日後には廟堂の一角をなす参議藤原房前が薨じ、七月丁丑には都に戻っていた麻呂もこの病により落命している。この状況からすると褒賞どころではなかったとも考えられるが、奏言の中でも重要な動きを示し、現地官人の中ではもっとも功を賞されるべき大野東人でさえも、この軍役を間にはさんで天平三年正月丙子に従四位上に叙位されて以降、同十一年四月壬午に参議に任ぜられるまで昇叙は行われていない。それからすると、中央におけるこの軍役の評価はそれほど高かったとは考えにくく、(26)もし麻呂の奏言がなかった場合には『続紀』の記載はきわめて平板なものとなったといえよう。

それでは、長大であるにもかかわらずこの奏言が収載されたのはなぜであろうか。このことを考える前に、続く天平宝字三年度の軍役を概観しておきたいと思う。

⑸　天平宝字三年（七五九）度の軍役

太保（右大臣）藤原仲麻呂の三男朝獦が陸奥守に任ぜられたのは、天平宝字元年（七五七）七月甲寅のことであった。これは、前任者の佐伯全成が橘奈良麻呂の乱に連座して、現地で喚問を受け自決した後を受けての人事によるもので、守の自死という異常事態の沈静化を図るとともに、東北経略における積極策[27]を企図する仲麻呂が満を持して送り込んだものといえよう。

朝獦も父仲麻呂の期待にこたえ、天平宝字三年の春から秋にかけて、陸奥では桃生、出羽では雄勝の両城柵の造営を行っている[28]。この軍役は、天平九年度から二〇年以上の間隔をおくものであり、天平勝宝元年（七四九）二月丁巳の産金の報以来、陸奥での出来事が久しぶりに正史を賑わせることとなった。

天平宝字二年十二月丙午条には「坂東騎兵」を徴発したとあり、また同三年九月庚寅条に相模以下の坂東七国の軍士の器仗を割き留めて雄勝・桃生に貯えるとあり、両城の築城には坂東国から兵力の動員があったものと思われる。しかし、同三年十一月辛未条の坂東八国への勅に、「陸奥国若有㆓急速㆒、索㆓援軍㆒者、国別差㆓発二千已下兵㆒、択㆓国司精幹者一人㆒、押領速相救援。」とあって、築城による蝦夷との緊張が垣間見える一方、同四年正月丙寅条に記された褒賞の勅の中では、一戦も行わずに雄勝城が成ったことが賞され、桃生城についても「奪㆓賊肝胆㆒」とあるものの、軍事力で蝦夷を押さえ込んだといった文言は見当たらず、両城柵の造営が平和裏に行われたことをうかがわせているのである。

ところで、この勅の中では「昔先帝数降㆓明詔㆒、造㆓雄勝城㆒。其事難㆑成、前将既困。」とあり、雄勝築城がこれまで何度も試みられながらも実施に至らなかった宿意がかなったと述べられている。和銅以降のいずれの軍役の場合にも、『続紀』には褒賞の際に功績を説明するような文言は載せられていなかったが、雄勝築城に対する今回の褒賞ではわざわざそれが記されているわけである。この「前将既困」には、先述の天平九年度の藤原麻呂による軍役も含まれていると思われるが、そこで改めて『続紀』に麻呂の長大な奏言が載せられた事情を考えてみたい。

『続紀』が何段階かの過程を経て今日の形が出来上がったことはつとに知られているが、天平九年の記事が収載されている同書の前半部巻一から巻二十は、藤原仲麻呂の主導のもとで淳仁朝に「曹案卅巻」として原型が出来上がったと考えられている。(29) 仲麻呂としてはそれまでの雄勝城の築城の試みが困難であればあるほど、朝獦の成し遂げた功績を大きく示すことができるわけで、そのために、あえて天平九年度の記事の中に藤原麻呂の長大な奏言が載せられたのではないだろうか。そして、それがこの「曹案卅巻」を「語多二米塩一。事亦疎漏。」（延暦十六年の上表文、『類聚国史』巻一四七所収）と評した、以降の『続紀』編纂段階においても削除されなかったのは、後述するように東北地域での軍役を正史の上にとどめようとする桓武天皇の意思が働いたことによると思われるのである。

朝獦がいつまで陸奥にあったかは明らかではない。しかし、天平宝字四年（七六〇）九月癸卯には来日した新羅使に来朝の理由を尋ねる役を果たしており、また同五年十月癸酉には仁部卿に、十一月丁酉には東海道節度使に任ぜられている。おそらく同六年十二月乙巳の参議任官を期に、完全に陸奥国関係の官から離れたものと思われる。(30) 父仲麻呂の政治的関心が新羅征討に移ったこともあって、二つの城柵の造営が成ったことを期に、陸奥における朝獦の活動は峠を越したと考えてよかろう。

⑹　神護景雲元年（七六七）度の軍役

神護景雲元年十月辛卯には、三十日に満たない期間で伊治城が築かれたことを賞する勅が下され、関係者への叙位が行われる。筆頭に挙げられている田中多太麻呂は天平宝字六年四月庚戌に陸奥守に任ぜられており、同五年十一月丁酉には東海道節度使となった藤原朝獦の副を務めているので、参議となって都に戻る朝獦に代わって陸奥における政策の継承を命ぜられたと考えてよかろう。しかし、彼は藤原仲麻呂の乱後も引き続き陸奥にとどまっているので、朝獦と個人的なつながりを持っていたというよりも、実務家タイプの官人であったと思われる。また、この時期に伊治城が成ったということは、仲麻呂敗死後の称徳朝においても、東北経略に関する政策に変化がなかったことを示しているといえよう。

この日の褒賞では道嶋三山、吉弥侯部真麿という陸奥出身の官人も賞されているが、「首建二斯謀一、修成築造。」「徇レ国争レ先、遂令二馴服一。狄徒如レ帰。」の文言からは、彼らによる慰撫工作が成功しての短期間での竣工であったことがうかがえるのである。

以上、八世紀初頭からの六回にわたる軍役の様子を見てきたが、城郭・道路の造営という形で律令国家がその支配地域外に勢力を伸張しようとする際には、いずれも蝦夷との摩擦を避け、彼らを慰撫しつつ政策を進めようとしていることが指摘できよう。また、陸奥官人の殺害という変事に対して軍事力を投入せざるを得ない局面であっても、一方では懐柔策が取られたと推測できるように、威信を回復した後は現地の安定が第一に考えられたといえるのではないだろうか。では、「三十八年戦争」期に入ってこれらの方針に変化は見られるのであろうか。

二　『続日本紀』上の軍役の記述(二)――「三十八年戦争」期

(1)　宝亀五年（七七四）度の軍役

「三十八年戦争」は宝亀五年が開始の年とされているが、その時点で陸奥按察使に在任していたのは大伴駿河麻呂であった。彼がこの官に任ぜられたのは宝亀三年（七七二）九月丙午のことで、補任に対し「年老身衰」を理由に固辞したものの、陸奥は「人を選んでその任に就ける」として、正四位下に二階進めた上で任命がなされている(31)。

ところで、先に見た田中多太麻呂は神護景雲三年八月甲寅に宮内大輔に転じており、同日に陸奥守となったのはそれまで大和守兼陸奥鎮守将軍を務めていた石川名足であった。その名足は宝亀二年閏三月戊子に兵部大輔に転じ、同日に佐伯美濃が陸奥守兼鎮守将軍に任ぜられている。なお、宝亀元年九月乙亥に鎮守将軍に任ぜられていた坂上苅田麻呂も同日に中衛中将兼安芸守に転じている。駿河麻呂は、この佐伯美濃が同三年九月丙午に右京大夫に転じたことに伴っての任命ということになる。

多太麻呂以降、このように陸奥守の短期での交代が続いた理由は明らかではない。しかし、交代には政治的な空白が伴うことからすると、この時期の陸奥が必ずしも緊迫した状況にはなかったことを指摘できるのではないだろうか(32)。しかし、駿河麻呂の補任において、彼が当初から陸奥按察使に任ぜられたことは、その後の状況の展開から見て注目すべきであろう(33)。

ところで、駿河麻呂のその後の動きであるが、宝亀五年七月庚申に紀広純が鎮守副将軍に任ぜられるとともに、駿河麻呂らに勅が下された。それは、「先に蝦夷の征討を行うか否かについての陸奥からの奏の中で、和戦両様の意見があったものの、民衆の労苦を考えて征討を行わないこととした。しかし、蝦夷の不穏な動きがおさまらないので、軍を発することに決定した。」というものであった。広純の任命は軍首脳部増強の意図があったのであろう。

この時は、築城や直路の開削といった事業遂行のためではなく、また、国司殺害に対する威信の回復といった明確な動機を持ったものでもなく、和戦両様の選択肢がある中での征討の決断という、これまでにない形で軍役が起こされることになったわけだが、おそらくこの勅が現地に届く以前に、「海道」の蝦夷が桃生城を攻撃するという事態が出来する。

ところが、その一月後の八月辛卯条では、鎮守将軍らが蝦夷の侵掠の程度を軽微なものといい、積極的な進攻策の取り下げを求めてきた点を安易であるとして、譴責を加える勅が下されることになる。一方、十月庚午になると「陸奥国遠山村」という歴代の諸将が攻略できなかった地点まで駿河麻呂一行が攻め進み、降伏する者が相次いだことが賞され、慰労の使者が派遣されたことが記されている。

この軍役は、最終的には宝亀六年（七七五）十一月乙巳に、大伴駿河麻呂以下一七九〇余人に叙位授勲がなされることでひとまず終結したと考えられ、駿河麻呂はそれに先立つ同年九月戊午には参議に任ぜられている。

『続紀』記事中の勅・奏言は、それが出された日のものであるか到着した日のものであるか判断が難しい上に、奏言と勅の往来の一方のみを掲載している場合があること、さらには当時の通信事情によって生じる行き違いが、この軍役の解明を困難にしているといえよう。しかし、少なくとも陸奥国司・鎮官の間で征夷に対する考え方に見解の相違があったことは確かであろう(34)。

また、宝亀五年十月庚午条で遠山村への進攻が記されていることは、都からの指令が桃生城の防衛のみにとどまらなかったことを示しているといえよう(35)。さらに、この軍役では鎮守将軍らが譴責を蒙ったことが記されているが、以後史上に現れてくる同様の例の最初のものであることを指摘しておきたい。

一方、宝亀六年十月癸酉には出羽国がいまだ蝦夷の不穏な動きがおさまらないことを理由に鎮兵の派遣を言上し、それに対し相模等四国の兵士を発遣することが中央から命ぜられている。このことからは、今次の軍役でも陸奥、出羽がそれぞれ別個に政府の指示を仰いで対応している様子がうかがえよう。

(2) 宝亀七年（七七六）度の軍役

軍事行動に関わった者への褒賞をもって一つの軍役の終結と捉えるならば、宝亀六年十一月乙巳段階でひとまずの作戦の終了を見たはずの陸奥から、新たな軍役を起こすことを知らせてきたのは翌年二月甲子、わずか三月後のことであった。

しかもこれは蝦夷の勢力範囲への進攻を目的とし、四月上旬をもってそれを行うとあるので雪どけを待っての作戦開始が予定されたものと思われる。これに対し、同日に出羽に対して勅で西側から陸奥の蝦夷の側面を突くことを命じているのは、征討の全権を委任された将軍が任命されているわけではないため、陸奥、出羽が独立した指揮権のもとに兵を動かしていたためであろう。

この軍役では、宝亀七年（七七六）五月戊子に、出羽国軍の苦戦に対して下総等の騎兵が援軍として発せられているので、予定通りに開始されたと考えられるが、陸奥側の詳細は明らかではない。しかし、同月戊戌に佐伯久良麻呂が陸奥鎮守権副将軍に任ぜられたのは陸奥側の首脳部の補強と考えられ、また、同年七月丁亥に大伴駿河麻呂が卒したことで、陸奥での指揮権は鎮守副将軍兼陸奥介であった紀広純に移ったものと思われる。(36)

同年九月丁卯には陸奥国の俘囚三九五人、同年十一月癸未には出羽国の俘囚三五八人の移配が行われているので、軍役が一段落した様子がうかがえるが、翌年九月癸亥条に陸奥国から当年の軍役によって民に負担がかかったことを理由に、庸調ならびに田租の復が求められており、この年にも大規模な軍事行動があったと考えられる。この時の陸奥国の奏言では四月に「挙レ国発レ軍」したとあり、前年同様に征討側の計画の通りに軍が動かされており、軍事行動が蝦夷側からの攻撃に対する防衛という性格のものではなく、むしろ蝦夷の支配地側へ進攻する形で行われたことを推測させている。

この時の軍役については、宝亀九年六月庚子に陸奥・出羽の国司以下二二六七名が褒賞されており、同様の記事がこれに先立つ同八年十二月辛卯に竄入していることから、同月癸卯条に見えるようにいまだ出羽側では戦闘が行われているものの、陸奥側では宝亀八年中にひとまずの終息を迎えたということができよう。

(3)　宝亀十一年（七八〇）度の軍役

宝亀九年の褒賞以降、十年までの間の約一年半は『続紀』上に東北地域での軍役に関連した事項を見ることはないが、再び史上にその動きが現れるのは同十一年二月丁酉条である。この日、陸奥国が三、四月の雪どけの時期を待って軍士三〇〇〇人を動員しての覚鱉城築城を献策してきたことに対し、勅によって「同城を築いて胆沢の地を得ることが陸奥・出羽両国の安泰につながる」として裁可される。

ところが、同年三月に同城築城のため伊治城に滞在していた按察使参議従四位下紀広純が「上治郡大領」伊治公呰麻呂らによって殺害され、「三十八年戦争」は新たな局面を迎えることになるのである。

『続紀』に紀広純殺害が記されているのは三月丁亥条である。これに対して六日後の癸巳には中納言藤原継縄を征東大使、大伴益立、紀古佐美を副使とし、判官・主典各四名からなる征討軍が起こされ、さらに翌日には安倍家麻呂を出羽鎮狄将軍とし、軍監・軍曹各二名が任ぜられている。また、四月戊戌には益立が一人正五位上から従四位下に叙されている。

ここで注目したいのは、現地官人によらない征討軍としては、これが天平九年度以来四十数年ぶりの派遣であったということである。そこでその際の陣容と今次のものを比べてみると、副使・判官・主典の数とも全く同一であることが分かる。さらに、天平九年度にはなかった出羽側への派遣について見た場合、こちらもその前の神亀元年度の人員と同じである。そうすると、おそらくは急遽派遣が決まったであろうこの宝亀十一年の征討軍の当初の陣容は、この二つの先例に則って規定されたと考えられるのではないだろうか[37]。宝亀十一年五月己卯に「今遣㆓征東使并鎮狄将軍㆒、分㆑道征討。」とあることも、一方で事変が起こった際には他方に予防のために軍を派遣した先例になぞらえたものといえよう。

ところで、三月甲午条では、同時に大伴真綱が陸奥鎮守副将軍、征東副使大伴益立が兼陸奥守に任ぜられている。真綱は三月丁亥条では陸奥介と記され、広純とともに伊治城にありながら殺害を免れ多賀城まで護送されるものの、掾の石川浄足とともに逃走し、そのために蝦夷によって多賀城が略奪・放火されるに至ったと記されている人物である。同年六月辛丑に百済王俊哲が鎮守副将軍、多治比宇美が陸奥介に任ぜられているので、真綱はおそらくそれまでは両職を兼任していたものと思われるが、この交代以降史上から姿を消している。しかし、彼が三月丁亥条に記載された通りの行動を取ったとすれば、乱勃発当初は事情が把握されていなかったとはいえ、以後二カ月以上もの間処分も受けずに征討軍の首脳としてとどまっていたことは謎といえよう。

さて、征東使任命以後の陸奥側の動きであるが、およそ三月後の宝亀十一年六月辛酉に陸奥持節副将軍大伴益立らに勅が下され、それによると、「五月八日の奏によれば、五月下旬を以って陸奥国府に進み入り、その後に機会を見て乱れに乗じて蝦夷に天誅を加えると述べているものの、それから二月たっても消息がない。」と、征討軍の動きが鈍いことを責め、連絡を密に取ることが命ぜられている。また翌月甲申には、「九月五日を期して多賀城に集結せよ。」と坂東諸国に軍士の徴発が命ぜられ、九月甲申には、藤原小黒麻呂が新たに持節征東大使に任ぜられるのである。

ところで、六月辛酉条の勅による譴責では副将軍大伴益立が筆頭に挙げられているが、藤原小黒麻呂の前任者である藤原継縄は大使としていかなる動きを見せているのであろうか。天平九年度の軍役では、大使の藤原麻呂は陸奥まで下向するものの多賀柵にとどまり、実際の作戦は鎮守将軍大野東人を中心に行われた。それからすると、今次の軍役における継縄も征討軍の重みを増すための任命[38]であって、実際には四月戊戌に特に従四位下を授けられた益立に、当初より往時の東人に相当する役割が期待されたのではないだろうか。

益立がかくも重用されたのは、おそらく彼が天平宝字三年度、神護景雲元年度の双方の軍役で功をなした前歴があったためで、前者では天平宝字四年正月丙寅に「不レ辞二艱苦一、自有二再征之労一。」として従六位上から一気に三階進められ、後者でも神護景雲元年十月辛卯に伊治城築城の功により正五位上を授けられている。また、この間の天平宝字五年正月壬寅には陸奥鎮守副将軍となり、同六年四月庚戌には陸奥介を兼任している。

しかし、その彼が今次の軍役では譴責を受けているわけで、それもあってか、藤原小黒麻呂が新たに征東大使に任ぜられ、さらに内蔵全成、多犬養が副使に就くことで首脳部の増強が図られたものと思われる[39]。ところが、大使が代わったことでも陸奥の情勢は好転しなかったようで、宝亀十一年十月己未には「これまで何度も賊地に進攻すると上奏しながら果たさず、今月二十二日の奏状では今年は征討を行わないと述べている。部下に教喩を加えて士気を高め征討に向かうようにせよ。」との厳しい勅が再度下されている。

これに応ずる必要に迫られたためか、同年十二月庚子条によると、征東使側も「鷲座等の五道を攻め、木を切って

道を塞ぎ、溝を深くして険を作り、逆賊が様子をうかがう拠点となる要害を断とうと思う。」との上奏を行っている。(40)

結局この軍役は、天応元年（七八一）八月辛亥に藤原小黒麻呂が復命したことでひとまずの終息を見るが、それに先立つ六月戊子には、征討軍が戦果を挙げぬままに軍を解き凱旋しようとしていることを厳しく責め、「副使の一名を上京させ仔細を聞くまでは入京をとどめる。」との勅が下されている。

以上のように、『続紀』の記述の上では竜頭蛇尾の形で終結したこの軍役であるが、それにもかかわらず、天応元年八月辛亥に藤原小黒麻呂は正四位下から正三位に進められ、翌月丁丑には紀古佐美ら幕僚一〇名もそれぞれ叙位の恩典に預かることになった。その中にあって、実質的な征討の責任者であった大伴益立は、「しばしば征討の時期を誤り、駐留して進軍せず、空しく軍糧を費やした。」ことを理由に、同月辛巳に一人位を奪われることになるのである。

なぜ征討軍の中にあって益立のみがかかる処分を受けることになったのか、『続紀』からは記載された以上の事情を知ることはできない。しかし、これから五十六年後の承和四年（八三七）五月丁亥に至って、益立の子野継が父の雪冤を願って認められた文言の中には、「宝亀十一年為㆓征夷持節副使㆒、発入之日、叙㆓従四位下㆒、厥後遭㆑讒奪㆑爵。」とあり、これから彼のみに戦闘の失敗が負わされたとする捉え方がある。(41)

しかし、益立は延暦二年（七八三）五月辛卯には特授される以前の正五位上で兵部大輔に復帰しており、それが軍事の要のポストであることからすると、彼に下された処分についてはさらに考える必要があるのではなかろうか。

(4) 延暦三年（七八四）度の軍役

藤原小黒麻呂は、宝亀十一年度の軍役終了後も陸奥按察使を帯していたが、天応元年（七八一）十二月丁未には光仁太上天皇崩御に際しての御装束司となり、翌年正月己未には誄を奉っているので、凱旋以降の時期は在京していたと思われる。そして、代わって同年六月戊辰に陸奥按察使鎮守将軍に任ぜられたのが大伴家持であった。同日には入間広成が陸奥介、宝亀十一年度の軍役にも姿を見せた安倍猨嶋墨縄が鎮守権副将軍に任ぜられている。

家持の補任は春宮大夫との兼官であったが、延暦四年（七八五）八月庚寅の死去に際しての伝に、「以㆓本官㆒出為㆓陸奥按察使㆒、居無㆑幾、拝㆓中納言㆒。」とあるので、補任直後に下向したものと思われる。中納言に就任したのは同二年七月甲午のことであるが、翌年二月己丑に今度は持節征東将軍に任ぜられているので、たとえ都に戻っていたとしても再度下向したものと思われる。なお、家持の征東将軍任命以前に、すでに二年十一月乙酉に大伴弟麻呂が征東副将軍に任ぜられており、家持と同日には、文室与企が副将軍、先の広成、墨縄の両名が軍監となっている。

すでに六十代の半ばに達していた家持が、なぜ東北地域に派遣されることになったのかは明らかでない。彼の按察使就任の直前には氷上川継の謀反事件が発覚しており、それに連座して家持も一時任を解かれていることから、復帰を許された後も懲罰的な意味合いで任命がなされたとする説もある。しかし、まもなく彼が中納言に任ぜられていることからすると、その可能性は低いといえよう。先述のように、宝亀十一年度の軍役の際に中納言で五十代の半ばに達していた藤原継縄が征東大使に任ぜられた例があるので、あるいは家持場合も征討軍に重みを加えるための任命であったとも考えられる。

家持が持節征東将軍に任ぜられる直前の時期には、「鎮所の将吏の不正を咎める（二年四月辛酉条）」、「坂東諸国を慰労優給する（同月乙丑条）」、「坂東八国の郡司子弟から軍士に堪える者を簡取して非常に備えさせる（同年六月辛亥条）」と続けて勅が下されるものの、今次の征東将軍の任命が何を目的としたものであったのか具体的な記述はない。家持も延暦四年四月辛未に陸奥国多賀・階上両郡を真郡とすることを奏上した以外はさしたる動きを残しておらず、家持が没すると後継の持節征東将軍が直ちに任命されることもなく、この軍役は停止の状態に入るのである。

(5) 延暦八年（七八九）度の軍役

大伴家持の死によって持節征東将軍は空席となったが、副将軍以下にどのような指示が下されたのか、『続紀』からそれをうかがうことはできない。しかし、蝦夷征討の方針に変更はなかったようで、さらなる軍役の準備が進められたことは、延暦五年（七八六）八月甲子の記事からも明らかである。

ここでは、「為レ征二蝦夷一也。」として、軍士の簡閲と戎具の点検のために佐伯葛城を東海道、紀楫長を東山道に派遣することが述べられている。両名とも従五位下を帯びているので、従来の征討軍の例からすると副将軍に相当する位置づけであったといえよう。一方、延暦三年度の軍役では副将軍に任ぜられていた大伴弟麻呂は同六年二月庚辰に、文室与企は同年九月丁卯にそれぞれ京官に転じており、首脳部の入れ替えがあったものと思われる。[42] そして同七年（七八八）三月己巳に多治比浜成、紀真人、佐伯葛城、入間広成が征東副使に、七月辛亥には参議紀古佐美が征東大使に任ぜられ、十二月庚辰に古佐美に節刀が授けられることで、停止されていた軍役が再び動き出すことになるのである。[43]

ところで、十二月庚辰条の記事で興味深いことは、「承前別将等、不レ慎二軍令一、逗闕猶多。」として、「宜下副将軍有レ犯二死罪一、禁レ身奏上、軍監以下依レ法斬決上。」と勅の文言に見えることである。軍防令25大将出征条によると、軍令に違反し軍務を怠った場合には、大将が事情を勘案して勅裁を経ずに断罪する権限が与えられていた。しかし、これは軍団の軍毅以下を対象としたものであり、本勅文は副将軍の処罰手続きを新たに定めたものといえよう。

ここで問題とすべきは、なぜこのような命がわざわざ出されたのかという点である。これについては、宝亀十一年度の軍役における大伴益立の動向とその処分が政府の念頭にあった可能性を指摘しておきたい。

しかし、この勅文に記された危惧は的中することとなった。実際の征討は延暦八年の春先より始まったと考えられるものの、同年五月癸丑には官軍が衣川に軍営を置いてから一月以上も滞留していることを責めるとともに、その理由と賊軍の状況の報告が勅で求められることになる。

ところが、この勅文に押されてか、北上川渡河作戦を実施した征討軍は蝦夷側の攻撃にあって大敗し（六月甲戌条）、さらに補給の困難なことを理由に征討軍の解散と戦地からの離脱を上申（六月庚辰条）することになる。一方、このような「怠慢」を責める勅が六月庚辰、七月丁巳と出されるものの、九月丁未には紀古佐美が帰還して節刀を返上し、今次の軍役も『続紀』の記載の上では竜頭蛇尾の形で終了することとなるのである。

しかし、七月丁巳の勅に「斬獲賊首八十九級、官軍死亡千有餘人。其被㆓傷害㆒者、殆将㆓二千㆒。」とあるように、いかに取り繕ったとしても渡河作戦の失敗は明らかであり、そのため、九月戊午には征討軍首脳部の勘問が実施されることとなった。その結果、紀古佐美以下はそれまでの功を理由に免責されたのに対して、鎮守副将軍であった池田真枚、安倍猨嶋墨縄の両名はそれぞれ解官、解官・奪位の処分を受けることになるのである。

この勘問にあたったのは藤原継縄、藤原小黒麻呂、紀船守、津真道（後の菅野真道）、秋篠安人の五名であった。しかし、宝亀十一年度の軍役で征東大使に任ぜられながら、これといった功を挙げることなく交代した継縄、彼に代わったものの期待の成果をもたらすことなく帰還した小黒麻呂、古佐美とは同族の関係にある船守ではどれくらい首脳部の追求ができたか疑わしく、議政官の三名は勘問に重みを増すための派遣(44)であって、追求はもっぱら桓武の側近である真道、安人の両名によって行われたのではなかろうか。

六月甲戌の奏上によると、北上川渡河作戦は征東将軍紀古佐美が副将軍入間広成、左中軍別将池田真枚、前軍別将安倍猨嶋墨縄と協議して実施に移されたものであった。しかし、軍役での功によると明記されているわけではないものの、広成が翌年二月癸巳に外従五位下から従五位下に、古佐美が翌日に正四位下から正四位上に昇叙しているのに対し、真枚、墨縄は勘問の後に処断されており、その明暗が分かれることになる。(45) この両名が宝亀十一年度の軍役における大伴益立同様、一種の「スケープゴート」とされたと見ることもできるが、ここでは、彼らの断罪の理由が「進退失度軍期呼毛闕怠利。」であったことを確認しておきたい。

(6) 延暦十三年度（七九四）の軍役の準備

紀古佐美らが叙位された翌月閏三月庚午には、東海道の駿河、東山道の信濃以東の国々に対し、三年の期限を設けて革甲計二〇〇〇領を作ることが命ぜられ、新たな軍役の準備が開始される。(46) そして、延暦十年（七九一）七月壬申には征夷大使大伴弟麻呂と四人の副使が任命され、以降は『日本後紀』の時代に入っての記事となるが、同十二年二月庚午には征夷副使坂上田村麻呂が辞見し、翌年正月乙亥には征夷大将軍大伴弟麻呂に節刀が授けられ、(47) 再び軍事行動が開始されることとなるのである。

三　桓武天皇の「東北経略」策

以上、微細な点にこだわりつつ『続紀』に記された各期における軍役の様子を見てきた。では、「三十八年戦争」期とそれ以前の時期とではどのような違いを想定することができるのであろうか。これについて、第一に挙げられるのは、「三十八年戦争」期に入ると、いまだ律令国家の支配が及んでいない地域に対して、積極的な進攻策が企図されることである。

第二に、現地での指揮官に対して勅で征討軍の動きが鈍いことを責める形で、督戦が繰り返し命ぜられていることである。そして、結果的に思ったような成果が得られなかったり、実際には敗戦であっても労苦を賞され叙位される指揮官が存在する一方、責任を問われ処罰される指揮官が見られるのは先述の通りである。

それでは、後者にあたる大伴益立と安倍猨嶋墨縄、池田真枚には何か共通点は考えられないだろうか。真枚については現時点で東北地域との関わりがどの程度のものであったか明らかでないため確言できないが、益立と墨縄は処罰を蒙ることになる征討の以前から、いずれも長期にわたって東北地域にあり叙位に預かるような功績を挙げていた点が挙げられよう。

「三十八年戦争」期以前は、先に述べたように、必要以上に蝦夷を刺激しない形で律令国家側の勢力の浸透が図られていた様子をうかがうことができる。そして、益立・墨縄もこのような政策のもとでその功績が認められてきたわけである。一方、「三十八年戦争」期に入ると、蝦夷を武力で押さえ込もうという姿勢が鮮明になってくる。それは、積極策とはいっても蝦夷を懐柔しつつ築城を進めた藤原仲麻呂政権期ともまた違って、律令国家の威信をかけて支配地域の拡大をめざす方針にもとづくものであったといえよう。しかし、このことが諸方面で軋轢を生じさせ、その結果、武力による衝突として現れてきたことが、『続紀』上では「反乱」という形で扱われることになったのではなかろうか。

宝亀十一年の桃生城での事件についても、『続紀』は伊治公呰麻呂の私怨が誘因となったように記しているが、それまでの漸進的な政策下では律令国家側に立っていた呰麻呂が、蝦夷に服属を強いる形に政策が転換したことで、反旗を翻すに至ったと考えることはできないだろうか。そして、積極的な征討を進めようとする紀広純が殺害されたのに対して大伴真綱が解放されたことも、彼が蝦夷と融和的な姿勢を示す官人であったとすれば理解することができよう(48)。当初、前歴によって征討軍の首脳に横滑りした真綱は、その姿勢を問われ解任されたのではなかろうか。

「三十八年戦争」後半期に征夷副使となって活躍する百済王俊哲(49)は、陸奥在任中に処罰され一時陸奥を離れることになるが、『続紀』に明記されていない彼の失脚の理由も、征討方針の相違をめぐる現地官人間の確執という解釈が可能であるかもしれない。そして、これは宝亀五年度の上毛野稲人（註(34)参照）についても同様に考えることができるのではなかろうか。

このように、これまでの軍役を分析してみると、律令国家の東北経略は「三十八年戦争」期を境に、政策が大きく転換したように捉えられるわけであるが、それはなぜであろうか。平川南氏(50)は、長期にわたった東北における争乱の背景に、専制君主としての中国皇帝に理想像を求めた桓武天皇の性向を示唆されている。先に挙げた征討軍を叱責し、督戦を促す勅の文言は、まさにこのような桓武の姿勢を示したものといえよう。しかし、勅の文言で征討軍の動きを責める傾向は、すでに宝亀年間よりあらわれてきている。では、政策における桓武の指導力はその即位以前のどの時期まで遡って考えることができるのであろうか。

先に見たように、征討軍への勅による譴責が『続紀』上にあらわれてくるのは、宝亀五年の大伴駿河麻呂の派遣以降のことであるが、山部親王（桓武）が皇太子となったのはこの前年のことであった。父光仁帝がすでに高齢であることを考えると、皇太子となった山部親王主導のもとで東北経略の政策が転換したことは十分考えられよう。さらに言えば、立太子はその一つのきっかけとなったと思われるものの、同三年三月癸未の井上内親王の廃后、五月丁未の他戸親王の廃太子以降、山部親王が廟堂内の地位を固める中で、この政策の変化はすでにはじまっていたといえるかもしれない。大伴駿河麻呂が当初から陸奥按察使に擬せられ、その任にあらずとして当初就任を固辞したのも、背景に政策の転換を想定すると理解できるのではなかろうか。

一方、宝亀五年正月庚申には、詔で蝦夷・俘囚の入朝停止が命ぜられている。しかし、その四日前に出羽の蝦夷・

俘囚を朝堂で饗していることを考えると、この時点での入朝停止はいかなる意図のもとに行われたのであろうか。これについて今泉隆雄氏[51]は、この時期の政府と蝦夷との関係の緊張を指摘されながらも、「蝦夷・俘囚の負担の軽減」を目的としたものと解されている。しかし、出羽の蝦夷・俘囚に対して叙位と賜禄が行われたことを勘案すると、それを否定することになるこの詔は、蝦夷に対して懐柔策から武力征討策への政策転換の一環として捉えられるのではないだろうか。

ところで、桓武によって進められた政策は、人員・物資の集積を背景にして大軍によって決着を図るというものであった。それはまさに、中国の皇帝を範とする桓武の志向と一致するものであったといえよう。しかし、人的、物的な負担を諸国に求め周到に準備を行っても、現実には蝦夷を相手に大会戦で雌雄を決するような戦いができない状況では、桓武の狙いは容易には達成できなかったといえよう。『続紀』に記された「三十八年戦争」前半期の軍役の様子からは、征討軍の抗命と勝手な解陣という印象を受けがちであるが、内実は現地指揮官と政府（桓武）側の認識に温度差があったと考えるべきではないだろうか。

大伴益立が昇叙される以前の位で延暦二年に兵部大輔に復帰しているのも、彼の征討に対する考え方が新たな方針と相容れなかった点が問題とされたものの、東北地域に在任した経験が軍政上重視されたためとも考えられよう。また、延暦八年九月戊午の征討軍首脳の勘問に、津真道（菅野真道）、秋篠安人という側近を加えたことも、桓武が征討の方針が守られなかった点を厳しく追及するためだったと思われる。しかし、紀古佐美以下が昇叙しているのは、勘問の結果、彼らの主張を容れざるを得ない点があったためではなかろうか。

しかし、このような積極的な征討の方針が、その負担を担った坂東諸国を疲弊させる要因となったことは以前拙稿でも述べた通りである。桓武指導のもとでの征討軍の発動は、以後、延暦十三年、二十年（八〇一）と行われた。

『日本後紀』の欠巻から、この両軍役の成果がどれほどのものであったのか、詳細に知ることは難しいといえよう。しかし、繰り返し行われた軍事作戦が結果的に蝦夷側を弱体化させたことは間違いなかろう。一方、律令国家の側も負担を担った東国を中心に大きな影響を蒙ることとなった。そのために、延暦二十四年（八〇五）の徳政相論[52]を期に政策の見直しが迫られることになり、胆沢地域の平定を成果として、桓武の下で進められてきた積極策は停止されることになったのではなかろうか。

しかし、桓武によって推進された二大事業の一つである造都はその命によって中断することができても、それまで三〇年にわたって繰り広げられてきた蝦夷との戦いを一方的に終わらせることは難しく、ただちに平和を回復することは容易ではなかったのではなかろうか。

征夷大将軍坂上田村麻呂の帰京後に陸奥に下向してきたのは、徳政相論で二大事業の停止を唱えた陸奥按察使藤原緒嗣であった。この緒嗣の時代について、木本好信氏[53]は「まがりなりにも東北におとずれたつかのまの平穏な日々」と評されている。しかし、その緒嗣ですら東北地域における争乱の余燼を完全に消し去ることは困難であったといえよう。

そのため、「後始末」的な軍役がその後も文室綿麻呂によって続行されることとなり、その一応のめどがついたのが弘仁二年だったのではなかろうか。本稿の冒頭の「宝亀五年以来」という文言も、以上のような政策の流れの中で捉え直すことができよう。綿麻呂が、途中に幾度かの空白の期間を有しながらも「三十八年」という文言を奏言中で使ったのも、いわば「桓武天皇の東北経略」の総括を述べる意図があったのではなかろうか[54]。

まとめにかえて

『続紀』が桓武の意図のもとにまとめあげられていることは中西康裕氏[55]の指摘されたところである。そして、それは東北経略関係の記事についても同様に考えることができるのではなかろうか。『続紀』には、いまだ進行中の征討を合理化するために、蝦夷は律令国家に対して「反乱」を起こし、激しい攻撃を仕掛けてくる存在として描かれたといえよう。

そのため、「三十八年戦争」期については蝦夷側の抵抗が激しくなり、征討軍との全面対決の状態に陥ったと説明されてきた。しかし、軍役は基本的には律令国家側の軍の発動によって生じており、律令国家が征討を中断すれば蝦夷側が反攻してくることがなかった点を看過することはできない。

延暦十五年（七九六）十一月乙未には、養蚕指導のために陸奥に対し六カ国から女性が任期二年で派遣されているが、これも全面戦争下の状況としては考えにくい措置である。また、延暦六年（七八七）正月二十一日に出された太政官符は、蝦夷との交易を規制するものであるが、そこでは「味方の鎧の鉄が敵の農器になっている。」と述べられており、武具がそのまま用いられるのではなく、蝦夷によって農具に作り替えられている点は興味深い問題であるといえよう[56]。

以上のように見てくると、「三十八年戦争」期は、律令国家東北経略全体を見渡した時、桓武という極めて強い個性を持った天皇によって主導された、前後に例を見ない積極的な進攻策がとられた時期として位置づけられるのではなかろうか。そして、そのことが物的、人的に負担を担った東国諸国にとっては、疲弊という現象へとつながっていくのではないだろうか。

本稿では、『続紀』の記事の分析に主眼をおいて「三十八年戦争」の考察を試みた。東北地域における軍役の解明には軍制改革、対外情勢の変化[57]といった論点も加えて考えなければならないことはもちろんであるが、紙数の関係で今回そこまで触れることはできなかった。いまだ論じきれていない点は多々残されているが、ここで擱筆したいと思う。諸賢のご叱正をいただければ幸いである。

註

（1）『日本後紀』同日条。なお、本稿中でとくに出典を断らない史料は「六国史」の記事によるものとする。

（2）八世紀初頭の時期に、律令国家は、およそ太平洋側の牡鹿半島と日本海側の酒田とを結ぶラインまでをその勢力下に置き、さらに北への勢力浸透を企図していた。そのため、本稿では奈良時代以降の軍役の主たる舞台となったエリアを現在の東北地方の呼称と区別する意味で、「東北地域」と表現しておく。また同地域において征夷、築城といった目的によって、平時とは異なった形で兵力が投入される事態を「軍役」の語を用いてあらわしたいと思う。これに関しては「戦役」の語も考えられるが、軍事行動を実現するための準備期間もそれに含めることから、より適切と思われる「軍役」とした。

（3）中村光一「『三十八年戦争』と坂東諸国—国司の補任状況を中心として—」『町史研究　伊奈の歴史』六、二〇〇二年。

（4）文室綿麻呂と東北地域との関係については、明らかな官歴の上では延暦二十年正月己丑に出羽権守に任ぜられて以降のこととなるが、拙稿（中村光一「文室氏と律令国家東北経略」『町史研究　伊奈の歴史』八、二〇〇四年）で、延暦十年正月癸未に陸奥介に任ぜられた父大原に帯同して、綿麻呂はそれ以前から東北地域での軍役に関わっていた可能性を指摘したことがある。

（5）新野直吉『古代東北の兵乱』吉川弘文館、一九八九年等。

(6) 氏家和典「古代の蝦夷と農耕文化」『古代文化』七—四等。
(7) 平川南「東北大戦争時代—東北の動乱—」『古代の地方史』六、朝倉書店、一九七八年。
(8) 「三十八年戦争」の後半期になると、征討の将軍等が任命されてから実際に事業が開始されるまで、準備のための期間が置かれるようになる。そのため、以下実際に軍が動きを示すようになった年をもって、「某年度の軍役」と表記したいと思う。
(9) 和銅二年八月戊申条には征蝦夷将軍、同年九月乙丑条には征狄将軍と記されている。
(10) 関係する記事として、同年七月乙卯には諸国に兵器を出羽柵に運送することが、同月丁卯には越前・越中・越後・佐渡の四国の船百艘を征狄所に送ることが命ぜられている。また、三月壬戌条では、遠江・駿河・甲斐・信濃・上野・越前・越中からの兵の動員が命ぜられているが、八月己卯には関連した国としてさらに常陸・陸奥・越後が加えられている。当該国の越後・陸奥は当然のこととして、常陸が加わりさらにそこに下野が現れていないことは、この軍役ではまず東山・北陸道諸国から人員が動員され、その後常陸から北上して陸奥に通ずるルートによっての派兵があったことを推測させる。
(11) 佐伯石湯は、和銅二年十月の弘福寺領水陸田目録に正五位下民部大輔として署を加えており(『大日本古文書』七—二)、翌年正月壬子条でも「右将軍正五位下」と記されている。巨勢麻呂は、和銅四年四月壬午に「成選」によって正四位上に昇叙している。
(12) 巨勢麻呂は六年後の霊亀元年(七一五)五月壬寅に至って、中納言に任ぜられている。
(13) 巨勢麻呂は左大弁に任ぜられる以前に民部卿を勤めており、一方、和銅二年三月段階で民部大輔に在任中であった佐伯石湯は、かつて下僚として麻呂のもとにあった可能性がある。両者がこの軍役に揃って登場する背景には、以上のような事情があったことも考えられる。
(14) 按察使は養老三年(七一九)七月庚子に発足した制度で、数国を単位としてその中の有力な一国の守を按察使に任じ、他国をも管轄させる広域行政官的性格を有するものであった。しかし、当初陸奥は按察使が設定された諸国の中に見えておらず、また陸奥での設置後も事件勃発時には陸奥から分置されていた石城・石背両国が、その管内に含まれていたか否かは明らかではない。

(15) 上毛野広人は養老元年（七一七）四月乙未に大倭守に任ぜられているが、いつ陸奥に転じたかは明らかではない。しかし、陸奥守の前任者には同族の上毛野小足（和銅元年三月丙午任）、上毛野安麻呂（和銅二年七月乙卯任）がおり、大化前代からの上毛野氏と東北地域との関わりが彼らの補任の背景にあったことも考えられる。

(16) 大伴旅人に授けられた将軍の呼称は、同年六月戊戌条では「持節将軍」、七月壬辰条では「征隼人持節将軍」と記されている。

(17) この間、養老四年八月壬辰には大伴旅人に帰京の命が出されているが、これには右大臣藤原不比等の死去という事情があったと考えられる。

(18) 「征軍十万」（弘仁二年五月壬子条）とされる東北地域における延暦十三年の軍役での戦果が、「斬首四百五十七級、捕虜百五十人…」（『日本紀略』延暦十三年十月丁卯条）であった。

(19) 『続紀』には該当記事が見えないが、『類聚国史』巻八三巻に記す養老四年十一月甲戌条では遠江・常陸・美濃・武蔵・越前・出羽の六国から出兵があった様子をうかがうことができる。

(20) ただし、褒賞は鎮狄将軍一行に対しても行われたようで、将軍任命時に従五位下であった阿倍駿河は、神亀元年二月壬子の叙位段階ではすでに正五位下で、さらに一階進められている。

(21) 青木和夫「駅制雑考」『日本律令国家論攷』岩波書店、一九九二年、初出一九七二年。

(22) この記事から、神亀以降の東北地域における軍役では、それまでの広範囲な動員から坂東国に範囲がしぼられて負担が強いられるように代わったと説かれている（北啓太「征夷軍編成」『書陵部紀要』）。私見もこれまでこの考えによっていたが、小野牛養の鎮狄将軍任命以降の兵動員のことが『続紀』に見えておらず、今次が養老四年度の軍役から三年ほどの期間しかたっていないことからすると、あるいは後に北陸道の諸国からも兵動員があった可能性も考えられるかもしれない。

(23)　褒賞の際には、藤原宇合と高橋安麻呂の間に神亀二年四月丙申条に記載のない大野東人の名が見え、しかも彼のみが三階級進階している。多賀城碑文には、東人によって多賀城が神亀元年に建置されたことが記されているが、その後の東北経略上で多賀城の果たした役割の大きさを考えると、この軍役における東人の功には大なるものがあったといえよう。ただし、多賀城碑文に記す「按察使兼鎮守将軍従四位上勲四等大野朝臣東人」の記載は、東人の「陸奥国在任中の最高官位」（平川南「碑文の検討」『多賀城碑―その謎を解く』雄山閣、一九八九年）で、この軍役当時の彼の位置づけは明らかではない。今次の陸奥における軍役の統括は藤原宇合が行っていたことを考えると、多賀城の創建は宇合の指示のもとに進められた可能性があり、それからすると権威づけのためにも多賀城碑文には宇合の名が記されてしかるべきと思われるが、それはなされていない。あるいは、天平宝字六年段階で、同族でありながら藤原仲麻呂との関係が著しく悪化していた藤原良継が宇合の二男であったことから、藤原朝獦は宇合の名を記すことを忌避したのかもしれない。また、この軍役が「三十八年戦争」期以前では、もっとも大規模なものであった可能性が高いにもかかわらず、宇合の動きは『続紀』にはほとんど記されていない。これにも、同様の理由が考えられるかもしれない。『続紀』記事の成立については後述したい。

(24)　斉明天皇六年三月条には粛慎との交渉に綵帛が用いられた例が見える。また、四月という時期を考えると、これらの料物が襖の材料であったとは考えにくい。

(25)　小野牛養は天平元年二月壬申に長屋王を糾問する使者の一人として登場するが、この時の位階は正五位下である。神亀元年の従五位上から一階昇叙しているが、その間五年が経過していることから、成選による昇叙と考えてよいのではなかろうか。

(26)　天平九年度の軍役が実施された時点で廟堂の首座を占めていたのは、右大臣藤原武智麻呂であった。彼が陸奥・出羽両国の緊密化を図ってこの軍役を推進したとすると、それは父不比等による按察使の設置という広域行政区設置の理念にも通じるものがあったといえよう。藤原四兄弟の一人である麻呂が大使として派遣されたのも、そのような背景があった可能性も考えられる。しかし、四兄弟の死後政権を担った橘諸兄のもとでは、安房、能登、佐渡等が再び併合されるなど地方に対する政策の見直しが行われ、また、この政権の間には東北経略においてもほとんど動きのない時期となっている。この軍役の褒賞が行われなかったのも、あるいはそのあたりに理由があったのではないだろうか。一方、いまだ雪の残る時期にこの事業が進められたことも謎で、あるいは蝦夷との摩擦を極力避けるためにこの時期の実施となったことも考えられよう。

(27) 藤原仲麻呂の東北経略に対する政策については、出羽国府移転の問題と絡めて以前拙稿（中村光一「出羽国府の移転に関する一考察」『史境』四〇）で論じたことがある。

(28) 天平宝字二年十月甲子条。同年十二月丙午条。天平宝字三年九月己丑条。

(29) 笹山晴生「続日本紀と古代の史書」『新日本古典文学大系　続日本紀』一、岩波書店、一九八九年。

(30) 木本好信「多賀城碑文について」『奈良時代の藤原氏と諸氏族』おうふう、二〇〇四年、初出一九九六年。

(31) 大伴駿河麻呂は橘奈良麻呂の乱に連座して一時除名され、後、本位に復したと考えられ、宝亀元年（七七〇）五月庚午に出雲守に任ぜられた段階では従五位上に過ぎない。同年十月己丑の光仁天皇即位に際しての叙位で正五位下、さらに同月甲寅に貢瑞を理由に正五位上に叙されている。この時期の急速な昇叙はその理由は明らかではないものの、彼への期待の大きさを物語るものといえよう。しかし、駿河麻呂の従五位下昇叙は天平十五年（七四三）五月癸卯であるので、すでに相当の年齢に達していたものと思われる。『新日本古典文学大系　続日本紀』四（岩波書店、一九九五年）の「年老身衰」の語註では「五十代の半ばをすぎていたか。」と記している。しかし、駿河麻呂と同日に授爵した中臣清麻呂が延暦七年に八十七歳で薨じていること、同族で天平十一年正月甲午に授爵した大伴古慈斐が、宝亀八年八月丁酉に八十三歳で薨じていることからすると、さらに高齢であった可能性も考えられる。

(32) 宝亀元年八月己亥条に蝦夷宇漢迷公宇屈波宇が賊地に逃げ帰り、使を派遣して呼び戻そうとしても戻らず、「一二の同族を率いて必ず城柵を侵す。」と揚言しているとして、道嶋嶋足を派遣してその虚実を検問させるという記事が見える。これを蝦夷自立の動きと見、「三十八年戦争」への道程の中で捉える考え方があるが、宇屈波宇のその後の動向は不明であり、彼の行動が蝦夷に共通した感情であったのか否かもさらに検討する必要があろう。

(33) 陸奥按察使については以前に拙稿で考察したことがあり（中村光一「陸奥出羽按察使の再検討」『古代中世の政治と地域社会』雄山閣、一九八六年）、同官が必ずしも常置のものではなかったことに論及している。

(34) 宝亀六年十一月乙巳の叙位授勲の中で氏名が記されているのは、大伴駿河麻呂、紀広純、百済王俊哲の三名で、駿河麻呂は陸奥按察使兼鎮守将軍、広純は鎮守副将軍であった。俊哲は本史料が初出で、『新日本古典文学大系　続日本紀』四（岩波書店、一九九五年）補注は彼を「判官に当たる軍監らしい。」としている。宝亀五年三月甲辰条では上毛野稲人が陸奥介に任ぜられているが、同六年九月甲辰には広純が鎮守副将軍から介を兼ねており、おそらくこの時点で稲人は離任したものと思われる。介補任段階での稲人の位階は従五位上であり、次に『続紀』上に姿を現す宝亀九年八月癸巳でもその位階に変化はなかった。本軍役の大部分の時期に関わっていながら彼は昇叙の恩典に預かっておらず、離任の理由とともに謎である。稲人は神護景雲元年に伊治城を築く功によって昇叙しており、この築城が蝦夷の懐柔工作が成功したことで成ったことを考えると、あるいは征夷の自重を主張したのは稲人であり、それが容れられなかったことにより介の任を解かれたとも考えられよう。

(35) 桃生城は、宮城県桃生郡河北町飯野の長者森で発掘された遺構がそれに相当するとほぼ確定されている（『桃生城跡』ⅠⅡ、宮城県多賀城跡調査研究所、一九七五、七六年）。また、遠山村は現在の宮城県登米町・中田町付近に比定する説と、気仙沼市・本吉郡付近に比定する説があるが、ともに河北町からは北方に位置しており、兵力の進攻があったとみてよいであろう。

(36) 紀広純は宝亀八年五月丁丑に陸奥守から兼按察使に任ぜられるが、いつから陸奥守であったかは『続紀』には記されていない。しかし、おそらく大伴駿河麻呂の卒去によって陸奥介兼鎮守副将軍から陸奥守兼鎮守将軍に進められたと考えてよいであろう。

(37) 場面が異なるため同一視することはできないが、宝亀十一年七月丁丑には、西日本の諸国に対して天平四年の節度使によって定められた式によって警固することが命ぜられている。

(38) 藤原継縄が任命当時兵部卿を兼ねていたことも、藤原麻呂との共通性を感じさせる。また継縄は延暦十五年七月乙巳に薨去するが、その薨伝には征東大使に任ぜられたことは記されていない。また、彼が征東大使でありながら下向しなかったとすれば、もう一つの理由として、いまだ多賀城が未回復という事情があったことも考えられるのではなかろうか。

(39) 内蔵全成、多犬養の両名がいつ副使となったかは『続紀』上に明記されていないが、天応元年六月戊子条に副使としてその名が見えている。

(40) これに応じた勅では出羽側の「大室塞」についても触れられているが、「宜下仰二将軍及国司一、視二量地勢一、防中禦非常上。」と、鎮狄将軍と出羽国司に対しての指示が征東使に命ぜられている。八世紀初頭以来の前例では「征」「鎮」の両字を冠する将軍が別個の指揮権を持って下向していたが、この命は陸奥、出羽の指揮系統が一つにまとまりつつあることをうかがわせる例といえよう。そして、今次の軍役を最後に、「征東」「征夷」に対して、「鎮狄」の呼称を有する将軍の任命は行われなくなるのである。

(41) 新野直吉氏（前掲註5書）は、この軍役に続く大伴家持の持節征東将軍任命とともに、大伴氏と藤原氏の確執に処断の理由を求めておられる。

(42) 今次の軍役における軍監であった入間広成、安倍猨嶋墨縄については、延暦八年六月庚辰条に「久在二賊地一、兼経二戦場一。」と記されており、陸奥にとどまったものと思われる。ただし、広成は延暦七年二月壬辰に近衛将監に任ぜられており、一時的には在京していた可能性も考えられる。

(43) すでに延暦七年三月庚戌に東海・東山・北陸の諸国に糒・塩の陸奥への運搬を命じた中に、次年度の征夷の開始がうたわれている。

(44) 勘問の当日には右大臣藤原是公が薨じており、また同年十二月十二日己丑に八十四歳で薨去する多治比長野がすでに出仕できない状況にあったとすると、この三名は皇族の神王、壱志濃王を除く議政官の全員ということになる。

(45) 延暦九年十月辛亥には、四八四〇余名に征夷の際の軍功を賞して叙位叙勲が行われている。

(46) 延暦九年閏三月乙未にはさらに糒十四万斛、翌年十月壬子には征箭三万四五〇〇余具、十一月己未には再度糒十二万余斛の準備が命ぜられている。また十年正月己卯には百済王俊哲、坂上田村麻呂を東海道、藤原真鷲を東山道に派遣して軍士の簡閲と戎具の点検が行われている。

(47) 『日本紀略』記事による。

(48) 宝亀十一年三月丁亥の記事では、「後数日、賊徒乃至」とあり、蝦夷側も多賀城攻略を当初から目指していなかった様子がうかがえる。

(49) 百済王俊哲は、延暦六年閏五月丁巳に「坐事」として日向権守に左遷されている。この理由について樋口知志氏（「延暦八年の征夷」『古代蝦夷と律令国家』高志書院、二〇〇四年）は、陸奥国司、鎮官の間で征討をめぐる路線の対立があった可能性を指摘されている。私見も俊哲を「〝積極的武力討伐〟路線の推進者」と位置づける点には同感であるが、樋口氏説で、安倍猨嶋墨縄が〝懐柔による征夷〟路線をとったことを、蝦夷との交易活動を主な理由とされている点については、さらなる検討が必要ではないかと考える。

(50) 平川南「群馬県史　通史編二　第三章第一節」『群馬県史　通史編二』群馬県、一九九一年。

(51) 今泉隆雄「蝦夷の朝貢と饗給」『東北古代史の研究』吉川弘文館、一九八六年。

(52) 徳政相論については、以前その史的意義を拙稿（中村光一「平安初期地方政策に関する一考察—延暦二十四年『徳政相論』をめぐって—」『史境』一三号）で論じたことがある。

(53) 木本好信「藤原緒嗣と東北」『東北生活文化論文集』五、一九八六年。

(54) 東北地域において軍事的な動きのなかった宝亀九年から十年にかけて、山部親王時代の桓武天皇は病の床に臥しており、それが癒えた後は、唐、渤海、新羅からの使者の来航が相次ぎ外交的に多忙な時期であった。このような状況のため、東北経略に空白の時期が生じた可能性も考えられよう。

(55) 中西康裕『続日本紀と奈良朝の政変』吉川弘文館、二〇〇二年。

(56) 『類聚三代格』巻一九。

(57) 熊田亮介氏（「古代国家と蝦夷・隼人」『古代国家と東北』吉川弘文館、二〇〇三年、初出一九九四年）は、「三十八

年戦争」の特徴の一つとして、「唐が安史の乱を契機に衰退に向かい、新羅との外交関係も七七九年の遣使を最後に途絶えて、坂東の軍事力を根こそぎ投入できたという国際的条件」を挙げておられる。

古代天皇と土地の禁忌

三谷芳幸

はじめに

古代において、平安時代を中心に、犯土の禁忌が強く意識されたことは周知の通りである。犯土とは、地面を掘り起こすなど、土気を立ち上がらせることになる行為で、そこには様々な行動が含まれ得るが、とくに建物の造作に伴う場合が多く、その意味で犯土造作と連ねて呼ばれることも少なくない。この犯土に当たる行為が、特定の方角・期間において忌避の対象とされ、そのために造作を延引・停止したり、他所に方違をして造作を行ったり、あるいは触犯を鎮謝したりするなど、その禁忌にきわめて慎重に対処したことが多くの史料から確かめられる。

犯土の禁忌をもたらし、その方角・期間を決める要因には、以下のようなものがある。まず、主要なものに方忌があるが、これには大きく分けて、周期的に所在の方角を変える遊行神（方角神）による方忌と、個人の年齢に応じて忌方が変わる八卦の方忌がある(1)。前者の方角神には、大将軍・王相などがあり、その所在の方角では一定期間、犯土を行うことが忌避される。大将軍の場合、三年ごとに東南西北と移動し、同一方角に三年間留まるので、その期間中は所在方での犯土が忌まれる。具体的には、巳午未の年は東、申酉戌の年は南、亥子丑の年は西、寅卯辰の年は北に所在し、十五世紀に成立した『暦林問答集』釈大将軍・第八には、その禁忌内容が「居礎・立柱・上棟・修造・移徙・嫁娶・塗竈・堀井・築垣・出軍・葬埋・起土、百事犯用之大凶」(2)と記されている。また、王相の場合、一般的な説によれば、季ごとに春三月は東、夏三月は南、秋三月は西、冬三月は北というように移動するので、三か月間、同一方角での犯土を忌避することになる。平安末期に成立した『陰陽雑書』第九・方角禁忌では、中国の陰陽書『新撰陰陽書』を引きながら、「修治・造作・起土、皆凶」(3)とその禁忌内容が説明されている。一方、八卦の方忌は、遊年・禍害・絶命・鬼吏などの凶方を忌むもので、遊年以下のそれぞれについて、毎年、離（正南）・坤（南西）・兌（正西）・乾（北西）・坎（正北）・艮（北東）・震（正東）・巽（南東）のなかのひとつの方角が忌方となる。この八卦方忌は、個人の年齢によって忌方が一年ごとに決まる点に特徴があり、『陰陽博士安倍孝重勘進記』(4)八卦方忌否事に「犯土造作之類皆憚之。其外可レ忌之文不レ見。但不レ可二触犯一云々」などとあるように、犯土との関係がきわめて深い。

このほかにも、犯土禁忌の重要な要因としては、土公と土用を挙げることができる。土公(5)は、『暦林問答集』釈土公遊行土府所在・第五十五に引かれた中国の陰陽書『群忌隆集』が「土公・土府者地神也」と述べているように、地神としての性格をもつ存在である。遊行期間以外は地中にあって、春三月は竈、夏三月は門、秋三月は井、冬三月は庭というように季ごとに所在の場所を変えるので、該当期間中はその場所の犯土を避けなければならない。一方、土用は暦日に関わる概念で、五行のうち木火金水が、それぞれ春夏秋冬各季の七十二日に当てられるのに対し、各季の終わりの十八日間が土に配され、土用あるいは土王の時と呼ばれる。この期間中は土気の働きが盛んになるため、とくに犯土を避ける必要があった。吉備真備の『私教類聚』第三十四・可知筮占事にも「時至二土王一、慫不二犯土一」とあり、土用の犯土禁忌が早くから注意されていたことがわかる。

以上のような犯土の禁忌は、とくに平安時代以降、貴族社会で大きな意味をもつようになる。主にそれを犯すことによる身体的危害が恐れられたわけであるが、その意味では、自然・社会の秩序を体現し、国土安寧・五穀豊穣などの要となる天皇の身体にとって、この禁忌はとりわけ重大な問題であったと思われる。(6) 本稿では、そのような関心から、主に天皇との関わりで、犯土を中心とする土地の禁忌の諸相を見てみたいと思う。

一　御体御卜と犯土・土公

御体御卜は、毎年六月と十二月の初めに、向こう半年間の天皇の身体の安否を占う神事で、両月の一日から九日の間に宮主・卜部が亀甲を灼いて占い、その結果明らかになった安穏の妨げとなる種々の祟りを、十日に神祇官から天皇に奏上するというものである。(7)『本朝月令』六月十日奏御卜事条所引の弘仁太政官式・神祇式に、

凡御体卜者、神祇官中臣率二卜部等一、六月・十二月一日始斎卜之。九日卜竟、十日奏之。神祇官、侵土諸司可レ令二勘申一状、預申レ官、官召二諸司一仰之。即令三外記先申二大臣一、神祇副若祐奏案進二大臣一。訖大臣就二殿上座一、中臣官人奏聞。事見二神祇式一。（太政官式）

卜二御体一。辞曰二於保美麻一。卜庭神祭二一座。右所司預申レ官、官頒二告諸司一、若有二侵土一者、具注移送。即中臣官二一人、宮主一人、卜部八人、並給二明衣一。中臣細布、宮主以下調布。自二朔日一始、十日以前卜訖奏聞。其日平旦預執二奏文一、納二漆函一置二案上一、候二於延政門外一。即副已上、執二奏案一進二大臣一。大臣昇二殿上一、宮内省入奏。訖出召二神祇官一、称唯伯与二副若祐一昇レ案入置二庭中簀上一。勅曰、参来。伯称唯共昇レ案、置二殿上簀子敷上一。中臣官便就二版位一、自余退出。内侍取二奏文一奉。御

覧畢勅曰、参来。中臣官称唯、昇就殿上座一、披レ奏微声奏。勅曰、依レ奏行之。大臣称唯、次中臣官称唯退出。闈司昇レ殿、撤レ案置二簀上一、神祇官昇出。（神祇式）

とあるように、その儀式は弘仁年間までには整えられている。宝亀三年（七七二）正月十三日太政官符(8)から、御体御卜によって明らかになった山背国の雙栗神・乙訓神の祟りを奏上した例が知られるので、この御卜が八世紀後半に実施されていたのは確実であり、さらに『古語拾遺』に「至二于難波長柄豊前朝一、白鳳四年、以二小花下諱部首作斯一、拝二祠官頭一、令レ掌二叙王族・宮内礼儀・婚姻・卜筮一。夏冬二季御卜之式、始起二此時一」とあることから、その始まりが七世紀半ばに遡る可能性も少なくない。

この神事は、初日の六月・十二月一日に、卜庭神を神祇官の卜占の場に迎え祭ることから始まる。『新撰亀相記』(9)によれば、この卜庭神は太祝詞神・櫛真乳神の二座の神と見られ、これは延喜神名式が左京二条に鎮座すると記す、太詔戸命神・久慈真智命神に当たると考えられている。この神祭に続いて宮主・卜部による亀卜が行われ、最終日に再び卜庭神を祭り送ると、卜占の段階がすべて終了する。その結果を十日に奏上するわけであるが、先引の弘仁神祇式によれば、奏文を天皇の御覧に入れた後、中臣が殿上に召されて微声で奏聞するという。『朝野群載』巻第六・神祇官には、その奏文の例として、承暦四年（一〇八〇）六月十日と康和五年（一一〇三）六月十日の二通の神祇官御体御卜奏が収められているが、ここではそのうちの前者を掲げよう。

神祇官謹奏

天皇我御体御卜尓、率二卜部等一天、太兆尓卜供奉留状奏。親王諸王諸臣百官人等、四方国乃賓客之政、風吹雨零旱事聞食テ、抑放置天問給部良久、自二来七月一至二于十二月一、御在所平気久御坐夜止、供奉須留、御卜火数、百六十火之中、直卜百十火、災卜十一火、地相卜六火、天相卜十二火、神相卜八火、人相卜六火、兆相卜七火。以レ是卜求仁、坐二伊勢国一太神宮御領、伊賀神戸領、参河本神戸、同新神戸領等、遠江本神戸、同新神戸等、同宮御領服織殿神部等、依レ過二穢神事一祟給。遣レ使科二上祓一、可レ令二清祓奉仕一事。又坐二若狭国一若狭比古神、常神、又坐二越前国一気比神、剣神、志比前神、足羽神、枚井手神、又坐二加賀国一白山神、気多御子神、又坐二能登国一気多神、伊須流支比古神、又坐二越中国一鵜坂神、気多神、白鳥神、三宅神、又坐二越後国一大神神、伊夜比古神、江野神、気多神、物部神、又坐二佐渡国一大目神、度津神、引田部神、飯持神、又坐二丹波国一籠神、須岐神、物部神、又坐二因幡国一高野神、大江神、又坐二伯耆国一倭文神、大神山神、国坂神、又坐二出雲国一杵築神、熊野神、佐久佐神、又坐二淡路国一石屋由良湊神、河上神、又坐二阿波国一天石門別神、大麻神、斎部神、白鳥神、又坐二讃岐国一大麻神、櫛梨神、大水上神、田村神、又坐二伊予国一村上神、大山積神、野間神社司等、依レ過二穢神事一祟給。遣レ使科二中祓一、可レ令二祓清奉仕一事。又至二来秋季一、可レ有二土公之祟・気鬼祟一。逮二季初一、祭二治大宮四隅・京四隅・山城国六堺一、兼又祭日供二奉御禊一事。此等参条事、行治忌慎給波、御在所平気久可二御座一状、卜供奉給波久止奏。

以前太兆仁卜供奉留、御体御卜如レ件。謹以申聞奏。

承暦四年六月十日　　宮主正六位上行権少祐卜部宿祢兼宗

中臣従六位下行大祐大中臣朝臣惟維

さて、この神事で注目されるのは、御卜の開始に先立って諸司における犯土の有無を確認することである。弘仁太政官式・神祇式には、それぞれ「神祇官、侵土諸司可レ令二勘申一状、預申官、官召二諸司一仰之」「所司預申レ官、官頒二告諸司一、若有二侵土一者、具注移送」という規定があり、「侵土」を行った諸司は、御卜が始まる前に、その旨を神祇官に報告しなければならない。『儀式』奏御卜儀条では、同じ規定が「神祇官預申レ官、官頒二告諸司一、若有二犯土一者、具記移二送神祇官一」と記されているので、弘仁式のいう「侵土」は「犯土」と同義と考えて差し支えない。つまり、御体御卜に際しては、亀卜による祟りの解明とは別に、諸司で犯された犯土の祟りが、天皇の身体に障りをなす要因として警戒されているのである。そのような諸司犯土の例が、天暦六年（九五二）十二月十日太政官符（『類聚符宣抄』第一・御体御卜）に見えている。

太政官符神祇官

応レ行　御卜祟参箇条事

一御膳・水神依二人過穢一為レ祟。仰二預人一可レ令二掃清祭治一事。

一来年春夏両季可レ有二鬼気祟一。季初祭二治大宮四隅・京四隅一、兼祭日可レ供二奉御禊一事。

一自二御在所一南西方諸司所二犯土一祟、可二鎮謝一事。

中務　民部　主税　内匠　造酒　内膳　右兵衛　左馬　右馬

等省寮司府所レ犯。

右得二彼官今月十日解一偁、依レ例供二奉　御体御卜一、所レ祟　奏聞既訖。仍録二祟状一申送如レ件者。官宜二承知、依レ件行一之。符到奉行。

位左少弁　　　位左大史

天暦六年十二月十日

この官符により、少なくとも十世紀段階で御体御卜の際に問題となったのは、天皇の忌方に位置する諸司の犯土であったことがわかる。また、禁忌に触れる諸司犯土があった場合には、鎮謝によってその祟りの除去を図ることが確かめられる。これを弘仁式の規定まで遡らせてよいとすれば、天皇の方忌による犯土禁忌がすでに弘仁年間には通行していたことになるが、いずれにせよ、諸司犯土をめぐる弘仁式の規定からは、当時の天皇の身体が犯土禁忌に強く規制されていたことが窺える。

　御体御卜の中心となる亀卜の次第については、宮主らが神祇官に籠って行う秘儀であったこともあり、主要な儀式書には細部に関する記述がないが、十四世紀に成立したとされる『宮主秘事口伝』[10]には、その過程が詳細に記されている。それによると、亀卜は次のような順序で進められる。まず、亀から甲羅を取って卜占に使う亀甲を用意するとともに、卜占すべき事項を書いた五本の平兆竹を作成する。その平兆竹には以下のような五つの事項が記される。

①天皇自二来七月一至二于十二月一、平安御坐哉。
②神祇官仕奉諸祭者無二落漏一供奉、莫レ祟。
③供奉親王諸臣百官人等事聞食者、莫レ祟。
④風吹雨降旱事聞食者、莫レ祟。
⑤諸蕃賓客入朝聞食者、莫レ祟。

　このうち実際に亀卜の主題となるのは、①に見える天皇の平安のみで、②以下の事項は卜占の直接の対象にはならなかったと思われる。先引の承暦四年六月十日御体御卜奏の冒頭に、

天皇我御体御卜尓、率二卜部等一天、太兆尓卜供奉留状奏。親王諸王諸臣百官人等、四方国乃賓客之政、風吹雨零旱事聞食テ、抑放置天問給部良久、自二来七月一至二于十二月一、御在所平気久御坐夜止、供奉須留、御卜火数、百六十火之中、直卜百十火、災卜十一火、地相卜六火、天相卜十二火、神相卜八火、人相卜六火、兆相卜七火。

とあることからすれば、②以下の祟りの可能性を排除した上で天皇の安否を問う、というのが平兆竹の記載の主旨と考えられよう。但し、本来は国家安泰の確認のために、②以下の各項もそれぞれ吉凶を卜占した可能性が指摘されている[11]。

こうして亀卜の準備が整えられた後、天皇の安否に関わる具体的な祟りの有無が、順次卜占される。『宮主秘事口伝』には、このとき占う事項として、次の十箇条が掲げられている。

①可レ有二土公祟一歟。　②可レ有二水神祟一歟。　③可レ有二行幸祟一歟。　④可レ有二御膳過祟一歟。
⑤可レ有二竈神祟一歟。　⑥可レ有二北辰祟一歟。　⑦可レ有二鬼気祟一歟。　⑧可レ有二御身過祟一歟。
⑨可レ有二神祟一歟。　⑩可レ有二霊祟一歟。

これらの祟りの有無を一個ずつ卜占するわけであるが、『宮主秘事口伝』では、このうち二箇条に祟りがあると卜合し、その一箇条には必ず⑨の神祟を含むとされている。そして、他の一箇条は、③行幸祟と⑧御身過祟を除いた七箇条のなかから、順次輪転して卜合することになっている。但し、承暦四年の御体御卜奏では、①土公祟、⑦鬼気祟、⑨神祟の三箇条が卜合されていて、『宮主秘事口伝』のような卜合の形式化・簡略化はいまだ見られない[12]。この後、卜合された⑨の神祟については、さらに「神宮内外歟」「坐二宮中一神祟歟」「坐二京中一神祟歟」「坐二五畿内一神祟歟」「坐二七道一神祟歟」というように、各種の神々のうちのどれが祟っているかを卜占し、内宮・外宮の祟りでは、宮司・御常供田預・神戸司・御厨司などのなかから過誤を犯した主体を特定し、五畿・七道の神々の祟りでは、どの国のどの神かを一々指摘する。こうして個々の祟りが突き止められ、それに対処する祓や鎮祭の内容が決まるのである。

さて、以上の亀卜のなかで、卜占すべき祟りの筆頭に挙げられているのが土公祟である。土公祟は、承暦四年・康和五年の御体御卜奏でも、祟りのひとつとして卜合され、「至二来冬季一、可レ有二土公祟一。逮二季初一、祭二治大宮四隅・京四隅・山城国六堺一」（康和五年御卜奏）のように、境界でその鎮祭を行うことが見えている。土公祟が鬼気祟・北辰祟などと並んで身体に悪影響を与えることは、古記録に見える多くの事例から確かめられる。たとえば、『小右記』長和三年（一〇一四）三月二十四日条・万寿四年（一〇二七）六月五日条・長元四年（一〇三一）七月五日条のように、病悩の原因が卜占により土公祟と特定される場合がある。また、疱瘡が大流行した承暦元年（一〇七七）八月・九月の『水左記』に土公祭を修する記事が頻出するなど、流行病や重患に際して土公祭が行われる場合も珍しくない。天皇本人の御悩が土公祟に起因するとされた例としては、堀河天皇の例が知られる。すなわち、『永昌記』嘉承元年（一一〇六）七月二日条に、

　但院宣云、発御者廿七日。以二未剋一可二占申一者。然者先只可レ占二申御不予一之由歟。依レ為二御物忌一、付二左衛門督一奏聞、早可レ令レ申者。其状土公悪治身云々。御卜状先申二殿下一、次付二蔵人少将宗能一令レ奏之、早可レ持二参院一者。

とあるように、不予の原因が土公にあると卜占され、また崩御の二か月前となる『殿暦』嘉承二年五月二十五日条でも、

　寅剋許自レ内人告云、主上自二去夕一御風気云々。仍辰剋許忩参、猶不快御。中時許余参レ院、依レ召参二御前一。[申云脱カ]余主上御心地御占於レ院被レ行能候歟。[云脱カ]仰有二何事一哉。仍為隆并陰陽師泰長等ヲ遣召、於レ院行二御卜一、土公御邪気等云々。其由還参奏二事由一。

のように、陰陽師の御卜によって土公の障りが指摘されている。同天皇に関しては、『中右記』寛治七年（一〇九三）正月十九日条にも、

　近日禁井破損。在二皇居戌亥角一。仍今日修理。為レ避二土公一、丈尺之外也、宸儀暫遷二御東中門廊一。先懸二御簾於南北東一、立二廻大宋御屏風二帖一、其中供二御座一。卯剋渡御、午剋還御。

という記事があり、皇居の井戸の修理に際し、土公を避ける目的で暫時遷御していることが知られる。天皇の身体にとって、土公はとくに厳重に警戒すべき危険要因のひとつであり、御体御卜においても土公祟はきわめて重要な位置

を占める事項であったと言えよう。

二　土地の給授をめぐる禁忌

御体御卜の期間中には、関係者に様々な禁忌が課せられる。たとえば、神事として当然のことであるが、御卜期間中の神祇官では血穢が強く忌避される（『左経記』寛仁四年〔一〇二〇〕六月五日条）。あるいは、『醍醐天皇御記』延長六年（九二八）十二月一日条には、

神祇官申、御卜間、例無二行幸一云々。

という記事があり、御卜期間中は天皇自身も行幸を慎むべきであるとの見解が窺える。そして、こうした禁忌のなかでもとくに興味深いのが、『延喜式』巻二十二・民部上に見える次のような禁忌である。

凡六月・十二月御体御卜之間、不レ得レ奏二授封戸及田一。

これによれば、御体御卜の期間中は、封戸・田地の奏授をすることが許されない。同じ『延喜式』民部上には、

凡任官・叙位及薨卒、応レ収二給封田一者、官下二符省一、省造二奏文一、付二内侍一令二直奏一、訖即施行。称二直奏一者、他皆准レ此。皆量レ便給之、不レ得二阿容一。

という規定があり、任官・叙位などに伴って封田を収授する場合は、太政官から民部省に符を下して同省が奏文を造り、内侍に付して直奏してから施行することになっている。位職封・位職田を給授する際には、天皇に奏上する必要があるわけだが、御卜期間中はそれを行ってはならないというのである。『小野宮年中行事』六月十日奏御卜事条には、

貞観民部式云、六月・十二月御体卜之間、不レ得レ奏二授封戸及田一。

とあるので、この禁忌は遅くとも九世紀後半までには成立していたことがわかる。

こうした禁忌が存在するのは、御卜期間中に天皇への奏上一般が禁止されていたからではない。『年中行事秘抄』六月十日御体御卜条には、「今日以前、官奏不レ可二必候一。十二月同之。[13]」というように、御卜奏までの期間中は官奏を控えると解される記述があるが、『北山抄』巻第二・年中要抄下・六月十日奏御卜事条には「此日不レ可三必有二官奏一。延長二年、右大臣仰。邦基卿記。」と記され、また『江家次第』巻第七・六月御体御卜条にも、「六月・十二月十日、此日不レ可二官奏一。延長二年、左大臣仰。邦基卿記」とあるように、それは本来、御卜奏当日に官奏を避けるという制限であったと思われ、しかもその制限は延長二年に至るまで確立されていない。逆に、年中行事御障子文には、六月の公事として「三日、奏二侍臣并出納夏等第文一事」「九日、同（中務）省奏下給二諸司一春夏時服文上事[14]」が掲げられ、御卜期間中も種々の奏上がなされることを示している。

では、封戸・田地の奏授に限って禁止されるのは何故であろうか。『侍中群要』第六の次の記事に、ひとつの答えが暗示されている。

封戸奏事
省丞付二内侍一。々々不レ候者、付二蔵人一。奏聞之後、返給。
位田奏事　土用之間、亦不レ奏之。
如二封戸奏一云々。但封戸・位田等事、御体御卜之間、不レ得二執奏一云々。[15]

ここでも御卜期間中の封戸・位田の奏授禁止が述べられているが、「位田奏事」という題目に付された「土用之間、亦不レ奏之」との注記から、少なくとも位田の奏授については、土用の期間中も御卜の間と同様に忌まれたことが知られる。これは位田の奏授が犯土に類する行為と認識されていた可能性を示唆するであろう。つまり、位田・職田という田地の奏授に関しては、犯土に准じて御卜期間中の禁止行為になったと考え得るのである。封戸の奏授については、土用期間中に忌まれたか否か不明確であるが、やはり広義の土地の給付として、位田・職田と同じ理由で禁止された可能性があろう。

神事に際して土地の給授が忌避された例としては、次のようなものが知られている。

右国造賜二負幸物一、還レ国潔斎一年。斎内不レ決二重刑一。若当二校班田一者亦停。訖即国司率二国造・諸祝部并子弟等一入朝、即於二京外便処一、修二餝献物一。神祇官長自監視、預卜二吉日一、申レ官奏聞、宣二示所司一。又後斎一年更入朝、奏二神寿詞一如二初儀一。事見二儀式一。

有名な『延喜式』巻三・臨時祭の神寿詞条の一節であり、これによれば、太政官で任命され、神祇官で負幸物を賜った出雲国造は、国に還って一年間の潔斎を行った後、再度入朝して神寿詞を奏上するが、その潔斎期間中は重罪を裁決せず、また校班田の時期に当たっていれば、その校班田を停止する。国造の裁判権・刑罰権や田地編成権を論じる際に、その材料とされてきた史料であるが[16]、ここでも神事に伴う禁忌の一環として、班田による土地の給（収）授が忌避されている。土地の給授行為が何らかの穢れ・祟りをもたらし得ると観念されていたことを窺わせる例であろう。

しかし、土地給授のどのような点が禁忌に触れると観念されたかは、よくわからない。『陰陽博士安倍孝重勘進記』大将軍方犯土造作忌否事は、大将軍方の犯土禁忌との関わりで問題になる行為を、

件方犯土造作忌否事

曳地居礎事可忌、立柱上棟事可忌、打足堅下桁事可忌、立束柱事可忌、打上下長押事可忌、塗壁并壊事可忌、

置立蔀土居事可忌、踏檜垣并壊事可忌、立門戸屏等事可忌、築垣并置土棟事可忌、立垣形居唐居敷事可忌、堀〔掘〕井并居筒堀〔掘〕池事可忌、造橋事可忌、塗竈事可忌、葺瓦裏土棟事可忌、殖樹木事可忌、打立堺杭事可忌、築壇事可忌、造地火爐入土事可忌、移徙事可忌、安置供養仏像事可忌、産所可忌、渡病者可忌、

入杣採材木事不忌、売買地事不忌、打地丈尺事不忌、始木作事不忌、結麻柱事不忌、立縛〔搏〕風関板事不忌、敷板敷板事不忌、壁志達事不忌、造立天井格子遣戸障子事不忌、立妻戸事不忌、大床上透垣不忌、造檻欄事不忌、葺檜皮事不忌、立切懸事不忌、結木柴垣事不忌、塗石灰事不忌、替井水事不忌、堀〔掘〕立鞠切立事不忌、(17)

のように分類・例示していて、犯土の範疇に入る行為を知る上で参考になるが、ここにも土地給授に直接当たるような行為は見当たらない。憶測になるが、『暦林問答集』釈十干・第五十七に「戊日、（中略）、不レ渡レ田。尚書暦云、土神遊二於八方一相傷。」とあり、土神が障るとする中国の陰陽書『尚書暦』に拠って、特定日の土地譲渡の忌避が説かれていたり、また先引の『陰陽博士安倍孝重勘進記』大将軍方犯土造作忌否事で「売買地事」が犯土との関連で問題とされ、『陰陽雑書』第五十二・田買忌日に見られるように土地売買の忌日が存在するなど、土地の譲渡・売買が犯土に準じて禁忌の対象になるらしいことを参考にすれば、それらの行為と同様に土地の所属変更になるという点が、土地給授を忌む一因になっていると考えられるのではなかろうか。

　ところで、先引の『延喜式』神寿詞条では、班田と共に校田が忌避の対象になっているが、そのような土地調査が犯土の一種と観念されたことは、平安後期から中世にかけての検注の例がよく物語っている。保延三年（一一三七）九月の皇太神宮検非違使検注状案（『平安遺文』二三七六号）で、土地相論のため伊勢神宮から四至・町段の実検を命じられた検非違使が、

其内残荒野・岡林等、被レ定二町段歩数一、可レ令二言上一也。而土用之間、不レ能二糺定一。但相二計其程一、及二四五十町一

歟。

と述べて、土用の間は荒野・岡林等の面積調査ができないと弁明しているように、土用期間中は検注を忌避する傾向が見られるのである。[18]『長秋記』大治四年（一一二九）七月十日条には、

家栄申云、来十四日夜京極殿留御天、十五日可二還御一也。然可レ有二太白忌一。但東西三町、南北間三条大路也。大略雖レ当二東西一、彼殿寝殿西妻与二此殿御在所一、南北間依レ難レ知、難レ申二一定一。引レ縄知二其程一可二量申一者。（中略）少納言俊隆召二庁官一可レ引レ縄之由、召仰畢。此間参二女院一、庁官以二丈尺一量二殿中一。別当云、土用間不レ用二丈尺一。引レ縄可レ量者。此事可レ然。

という記事があり、土用の間は丈尺を用いた測量（丈尺を打つこと）を避け、縄を引いて測量すべきであると言われている。これは、『中右記』承徳二年（一〇九八）十一月十五日条に、

朝大盤以後、行二向神祇官一、与二官掌吉行一沙二汰行幸事一。但打二丈尺一、問二道言朝臣一処、已従二皇居一当二申方一。是金神七殺之方也。仍不レ可二犯土一。只可二掃治一由下知了。

とあるように、丈尺を打つ行為が犯土に該当するからにほかならない。測量は方法によっては犯土になる危険性があるため、その実施には細心の注意を払う必要があり、検注のような土地調査が忌まれるのも、直接的にはその測量行為が犯土禁忌に抵触するためと考えられる。[19]このような土地調査に比べると、土地給授の忌避には余りにも不明な点が多いが、それだけに御体御卜期間中の封田奏授をめぐる禁忌の例は、土地給授が犯土の一種と観念された可能性を示す貴重な事例と言えるだろう。そして、ここにもまた、土地の禁忌に強く縛られた天皇の姿が垣間見えると思われる。

三　宮城の犯土造作と天皇

平安中期以降の史料には、御願寺の建立などの国家的造営事業に関わる犯土禁忌の記事が頻出する。[20]そして、そのなかでも大きな比重を占めるのが、宮城の建物の造作に関する犯土禁忌の記事である。そこには、

権弁重尹持下来国々造二大垣一勘不文上。伊予・土佐未二築始一。亦安芸従二明年一可レ築。而先日申下可レ築二五段一由上。不レ理レ所レ申、其後不レ申二左右一。抑勘不勘文令レ覧二摂政一、従二明日一土用、不レ可レ築乎否事同令レ申。臨昏来伝二摂籙命一云、土用以後不レ可二犯土一者。勘不勘文被レ留了者。

（『小右記』寛仁三年〔一〇一九〕十二月十五日条）

のような土用期間中の犯土忌避の例も見られるが、[21]多くは天皇の方忌に関わる犯土禁忌の記事である。

この種の天皇の方忌は、万人に適用される大将軍・王相などの方角神によるものと、天皇個人の八卦によるものに大別される。前者の例としては、たとえば『小右記』治安三年（一〇二三）九月二十一日条に、偉鑒門の造立に際して王相方の犯土禁忌に配慮したことを示す、

民部卿令レ申云、期日太近、可レ立二仮棟一。又柱如レ数不レ可レ立。其後立柱上棟、王相方有二事恐一如何者。民部所レ陳尤可レ然。令〔合カ〕二愚案一。

という記事が見える。後一条天皇の所在する内裏から見て偉鑒門は北方に位置するが、[22]それが王相の冬三月の所在方に当たることを懸念したものであろう。また、『中右記』嘉承二年（一一〇七）十一月二十五日条には、

今日八省巡検。（中略）人々徘二徊殿中一、大略廻見。会昌門如レ形修理。凡今年大将軍方之上、又当二八卦御忌方一。仍八省不レ及二犯土造作一。只如レ形所々修理許也。至二朱雀門一者、御忌方之外也。被レ加二修理一也。晩頭殿下還御。

（後略）

という記事があり、八省院の修理に当たって大将軍方の犯土禁忌が考慮されている。この場合は、鳥羽天皇の所在する大炊殿（西殿）から見て、八省院の位置する西方が、亥年の大将軍の所在方に当たっていることが問題となっている。この大将軍方の犯土については、内裏から見てその忌方に位置する木工寮の造作に関して、舎屋新造の忌避を申した、

勘下申木工寮屋舎、為二大風一所二顛倒一、欲レ令二造立一、可レ忌哉否上事

右自二内裏一指二彼寮一当二丙方一也。丙方是大将軍在レ地之内也。仍須下待二遊行日一造立上無レ妨。但新造二舎屋一、可レ有二其忌一。仍勘申。

天禄四年五月廿六日　　主計頭賀茂朝臣保憲

という勘文が、『朝野群載』巻第十五・陰陽道に収められている。さらに、『小記目録』第十五・方角事・長元二年（一〇二九）三月二十日条にも、「大垣修補間、当二大将軍方一事」とあり、宮城大垣の修築に際して、大将軍方の犯土禁忌が問題とされたことがわかる。

一方、天皇の八卦方忌についても、たとえば『小右記』治安二年（一〇二二）四月三日条で、西面大垣の国充に際し、

大垣方忌事、関白〔以左中カ〕弁重尹被レ示云、八卦御忌方若可レ有二其程一乎、可レ問二吉平朝臣一。仰下可二召遣一由上。頃之参入、申云、八卦御忌六町内可下令二忌避一給上。何況従二御所一至二西大垣一四町余也。即令レ申二其由一、報云、随二吉平申一除二御忌方一可令（字欠）。（中略）令レ書下可レ修二築西大垣一国々上。除二御忌　町一、余六町　一町充二長門国一先了。定二置和泉・備中・安芸・紀伊・淡路五箇国一。（後略）

として「八卦御忌方」に当たる部分を除いているように、その犯土禁忌に多大な注意が払われている。このときは、西面大垣のうち、後一条天皇の禍害方＝乾（北西）と鬼吏方＝兌（正西）に当たる部分を、修築対象から除いたので

あろう[23]。

八卦方忌の内容を明記したものとしては、『小右記』治安三年八月二十八日条に、

権左中弁持二来八省院・豊楽院損色文一了。即令レ奏。（中略）造二立八省東廊一事、若当二御遊年方一歟。問二案内権弁経頼一、云、問二吉平一、申云、当二南方一。但遊年在二坤方一、忌二其方一。自余方不レ忌者。以二此由一申二関白一、命云、可レ従二彼所一レ申者。余云、八卦文云、遊年方不レ可二触犯一者。此事如何。但前若可レ被レ問歟。先日依二内々犯土事一問二吉平一、文高如二吉平一申。然而未レ決二是非一。同所二忌避一遊年方而已。

とあるように、八省院東廊の造立に際して、天皇の遊年方＝離（正南）の犯土禁忌を議論している例がある（後一条天皇は内裏に所在）。このときは、安倍吉平の勘文のほか、天禄四年の東宮の犯土造作に関わる賀茂保憲の勘申例などによって、造立を明春に延引している（『同』九月一日・二日条）。また、『小右記』万寿二年（一〇二五）十二月一日条には、

左中弁経頼伝二関白消息一云、酒殿北垣・式曹司南垣多以破壊。元正間可レ無レ便。土用以前可レ築事可二定行一者。余答云、若有二内議一乎。経頼云、周防国可レ築二西大垣一。止二彼垣事一令三忽築二件垣一如何。被レ問二弁済使義賢一、申下可二勤仕一由上者。早以二彼国一可レ令二奉仕一由、仰二左中弁一。但当二御忌一乎。経頼云、関白云、有二此疑一。至レ修二補破壊一有二何事一乎者。今見二八卦一当二御絶命方一。先猶被レ問二陰陽寮一宜歟。申二関白一可二進止一由仰之。但不レ可二来触一。依レ有二事煩一。入夜経頼来云、問二遣吉平朝臣一、申云、絶命・禍害方重忌二犯土一。雖レ云二頽壊築垣一犯土不レ軽。更不レ可レ被レ犯者。弁云、未レ申二関白一者。示下可二早申一由上了。

という記事があり、酒殿北垣（『左経記』では釜殿北垣）と式御曹司南垣の修築に当たり、絶命方＝震（正東）の犯土禁忌が問題とされている（後一条天皇は内裏に所在）。そして、このときも安倍吉平の勘申にもとづき、修築を明

年春節に延期している（『小右記』同年十二月二日条）。さらに、先に触れた治安三年の偉鑒門の造立では、

臨昏左中弁重尹持下来可レ造二立偉鑒門一日時勘文上。不二相逢一。令二伝言一云、北方御鬼吏方。而吉平申云、令レ謝給被レ立有二何事一乎。余答云、八卦忌二犯土一、有二其程一歟。早可レ奏二勘文一。又吉平所レ申趣同可レ奏也。

（『小右記』治安三年九月十九日条）

のように、鬼吏方＝坎（正北）の犯土禁忌が留意されている。

このように、宮城の建物の犯土造作に関しては、天皇の遊年・禍害・絶命・鬼吏などの八卦方忌が、ことのほか重視されている。上記の例以外にも、単に「御忌方」によって犯土を忌避したという史料が見られるが、それらも基本的に天皇本人の八卦方忌に関わるものと見て差し支えない。たとえば、天慶七年（九四四）に、木工寮が「御忌方」に当たる内膳司南東垣の修理を行えず、代わりに板垣を奉仕したという例がある（『九条殿記』五月節・同年五月五日条）。これは朱雀天皇の絶命方＝兌（正西）の禁忌と考えて矛盾がない(24)。また、『小右記』寛仁三年（一〇一九）九月八日・九日条には、長門国に充てた談天門以南大垣一町の修補を、「御忌方」により明年に延引したという記事があるが、これも後一条天皇の絶命・鬼吏方＝坤（南西）の禁忌と見ることができる(25)。このほか、

有レ召参二関白一、仰云、式御曹司南築垣一町、并釜殿北垣十余本顛倒不レ全。周防国所レ宛之大垣、依レ為二御忌方一、忽不レ可レ築。免二彼大垣一、可三改宛二此垣一之由、可レ仰二右府一者。

（『左経記』万寿二年十一月三十日条）

権左中弁章信持二来勘宣旨并大垣損色文等一。可レ定二充上野国一事仰下了。初充二御忌方一。仍可レ充二上東門北南垣一也。破損少、可レ充二一町余一也。初定二一町一。

（『小右記』万寿四年四月二十二日条）

権左中弁章信持㆓来前備前守経相申大垣文㆒。依㆑当㆓御忌方㆒、不㆑能㆓築進㆒、明春可㆓築進㆒。此事不㆑可㆑定㆓功課㆒。仍所㆑申。

（『小右記』長元元年〔一〇二八〕十一月二十九日条）

権弁来、伝㆓関白命㆒云、前加賀守出公親申依㆓御忌方㆒不㆑致㆓巣〔築カ〕垣勤㆒之事、殊有㆓優許㆒。可㆑令㆓新司俊平六月十一日以前造畢㆒。

（『小右記』長元三年四月二十三日条）

などの記事からも、宮城大垣の修築が「御忌方」によってたびたび延引を余儀なくされていることがわかるが、これらもすべて天皇の八卦方忌による犯土忌避と考えてよいであろう。以上のような実例を見る限り、宮城の造作に関しては、方角神による普遍的な犯土禁忌に比べ、天皇個人の八卦方忌による犯土禁忌が格段に大きな意味をもっていたように思われる。天皇という人格に固有の犯土禁忌によって、宮城の造作という国家的造営事業はきわめて大きな影響を受けているのである。

ところで、犯土禁忌の及ぶ距離・範囲に関しては、『朝野群載』巻第十五・陰陽道所載の天延二年（九七四）九月七日賀茂保憲犯土禁忌勘文が、規範的な位置を占めている。

勘㆓申隣里犯土禁忌歩数㆒事

陰陽書云、居㆓郭邑内㆒者、土気去㆑宅卅五歩、各為㆓一区㆒。過㆑之外、土気不㆑害㆑人。堀㆑地起㆑土、深過㆓三尺㆒為㆑害。不㆑満㆓三尺㆒無㆑害。本命法云、禍害・絶命・鬼吏・五墓之郷、去㆑舎三百歩内、雖㆓身不㆑往、害㆑人作㆑病云々。今案、隣里犯土、大将軍・王相等方忌卅五歩内。御忌方三百歩内。三百歩者、四町余也。但自身犯土造作者、不㆑論㆓遠近㆒、猶可㆑忌之。仍以勘申。

天延二年九月七日

主計頭賀茂朝臣保憲

「隣里犯土」すなわち他人主催の犯土に関しては、まず大将軍・王相などの方忌の場合について、『陰陽書』に依拠しながら、四五歩までを忌避すべき範囲としている。[26] 一方、「御忌方」すなわち天皇自身の八卦忌方については、『推本命法』にもとづいて三〇〇歩＝四町余までが禁忌の範囲とされている。そして、以上の他人犯土に対し、「自身犯土造作」つまり本人主催の犯土は、遠近を問わず忌避するとされている。[27] この勘文によれば、他人犯土の場合、天皇の八卦方忌による禁忌は、方角神の方忌に比べて圧倒的に遠い範囲に及び、より厳重な禁忌であったことが窺える。天皇に関わる犯土禁忌では、天皇本人の八卦方忌がとくに重視され、それが宮城の造作という場面に端的な形で表れているのであろう。

　さて、この八卦方忌については、『陰陽博士安倍孝重勘進記』八卦方事に、

　　遊年・禍害・絶命・鬼吏等方可レ憚之。但至二于臣下一者、遊年之外不レ憚之。[28]

という記述があり、また『陰陽雑書』第九・方角禁忌にも、

　　八卦方、遊年方不レ可二営作一。

　　今案、（中略）又禍害・絶命・鬼吏等方、同可レ忌之由、雖レ見二于本書一、臣下不レ忌之。

とあるように、遊年以外の禁忌は天皇に限られるとする説があったらしい。これに従えば、八卦忌方全般にわたって犯土を忌避した天皇は、臣下以上に厳重な犯土禁忌を課されていたことになる。この説が事実であれば、宮城の造作という国家的造営事業は、臣下には見られない天皇特有の犯土禁忌によって大きく左右されていたことになろう。

　以上のような犯土禁忌の諸側面を見ると、宮城建物の造作は、天皇の人格あるいは地位と深く結びついた営為であったように思われる。宮城造作に天皇の「自身犯土造作」という性格が認められるかどうかは判断が難しいが、天皇という存在と密接な関係にある犯土造作と考えられていたことは否定できないであろう。第一節で見たように、十世紀の御体御卜の例では、天皇の忌方の諸司犯土が、天皇の身体に障りをなす要因として鎮謝の対象となっていた。こ

れも、宮城建物の造作と天皇の人格との結びつきを示す事例として理解することができる。また、『小右記』寛仁三年（一〇一九）九月七日・八日条には、

権弁持下来陰陽寮勘申可レ修二補郁芳門以南・談天門以南并皇嘉門・南面大垣一日時文上。十月十四日丁酉、時巳若午。十七日庚子、時卯若辰。但廿一日甲辰不レ可二犯土一。
余問云、廿一日甲辰不レ勘二申修補日一。別注下不レ可二犯土一之由上、不レ得二其意一。仰二事由一可二削弃一歟。（七日条）
吉平朝臣云、十月廿一日御厄日不レ可二犯土一。仍昨日注下申不レ可二犯土一由上。又云、談天門以南一町当二御忌方一。今年不レ可二犯土一者。（八日条）

という記事があり、宮城大垣・宮城門の修築に当たって、天皇の厄日の犯土造作が忌避されている。これなども、天皇の人格との結合という点で、上記と同様の側面を表していると言えよう。天皇の人格・地位との関係は、宮城建物の造作、とりわけ宮城大垣・宮城門の造作の象徴的意味を考える上で、軽視できない視点であると思われる。

四　地面との接触と土気

最後に取り上げたいのは、地面との接触に関わる忌避意識の問題である。これに関しては、たとえば『小右記』長和五年（一〇一六）六月二十日条に、次のような記事がある。

般若寺大仏欲レ奉レ移二禅林寺一、有二一疑一。仍問二吉平朝臣一、勘云、土用間可レ忌二触レ土之事一。至二于被レ奉レ度下安二置板敷上一仏上者、有二何事一。但王相方可レ有レ憚レ奉二動度一。乃至二冬節一之後左右無レ妨矣。

ここでは、般若寺で造立した丈六不動尊を禅林寺に遷座するに当たり、土用の間は土に触れるような行為を忌むので、板敷上に安置するのは問題ないとの安倍吉平の勘申がなされている。この記事から、土用期間中の禁忌では地面

との接触の有無が重要な論点になるらしいこと、また板敷の上には土気の障りが及ばないという認識があったことが窺える。また、『師記』永保元年（一〇八一）三月十三日条には、次のような記事がある。

> 巳時許自レ殿被レ仰云、只今可レ参者。着冠直衣被レ参。先レ是大宮大夫所レ被レ参也。殿下出二御西御出居一、召二有行・道言等一被レ問云、多武峯去五日騒動間、御影奉二持出一。事平後雖二奉レ返将一、未レ奉二如レ初坐鎮一。何日行〔許カ〕可二坐鎮一哉。有行申云、十六日々次雖レ吉土用間也。可レ有レ憚者。道言申云、奉レ坐二板敷上一者何忌二土用一哉。然者又可レ有二大将軍・王相忌一者。（後略）

ここには、多武峯の御影の安置について、土用の間は憚りがあるとする安倍有行の意見と、板敷の上に安置するので土用期間中でも忌避の必要はないとする賀茂道言の意見が見えている。これは、興福寺大衆の蜂起から逃れるため、多武峯の所司が大織冠の御影をもって退避し、その騒動が鎮静化した後、御影を当初のように鎮座させようとしたときの話である。結局、道言の意見が容れられ、土用の禁忌を憚る必要はないとされたが（『同』三月十五日条）、この議論でも、地面との接触の有無が重要な論点になっているらしいことが注意される。『水左記』同年三月十三日条にも、「道言申云、雖レ為二土用之間一、不レ可レ有二禁忌一。是為二板敷上事一之故也」とあるように、地面から離れた板敷の上には土気の影響が及ばないとする認識が窺えるのである。

先に引用した『陰陽博士安倍孝重勘進記』大将軍方犯土造作忌否事でも、大将軍方で避けるべき犯土のひとつに「安二置供養仏像一事」が挙げられているように、尊像の安置・遷座は、とくに土気との関わりで慎重を求められる行為であったと見られる。とりわけ仏堂等の土間に安置する場合に、地面に直接触れるという点から、土気の障りを強く警戒する必要があったのであろう。逆に、板敷上の安置であれば問題ないとされたのは、尊像が地面に触れていないので、土気の影響を受ける可能性が低いと判断されたためと考えられる。『同勘進記』土用事には「安二置供養仏像一事、無二禁忌一」(29)とあり、土用に関しては大将軍方のような仏像安置の禁忌はないとされている。にもかかわらず、土用期間中の尊像の安置・遷座が問題とされ、それが板敷上のことかどうかが議論の焦点となる背景には、地面と接触していると土気の障りを受けやすいとする観念があったと推測されよう。

さて、このような地面との接触の問題を、天皇との関わりで考える際に注目されるのが、次のような『春記』長久元年（一〇四〇）八月三十日条の記事である。

（後朱雀天皇）仰云、一昨日暁忽煩レ腹、及二午時一即平癒、其後無レ事。而去夜又煩二左腰一、経二一時一又休。只今又尋常也。所レ疑是若風病歟。可レ示二関白一者。（中略）（関白頼通）□奏云、更所レ不レ承也。但連夜出二御庭中一、土気逆上□悪事也。其気所レ奉レ致歟。可レ有二御湯治一。又令レ服二加梨勒一給何。可レ召二問侍医一也。（後略）

ここで関白頼通は、後朱雀天皇の不調の訴えに対し、連夜の庭中への出御により、土気が逆上して障りを致したかと述べている。この長久元年八月には、大風による豊受宮正殿・東西宝殿の倒壊が大きな問題となり、それに関わる伊勢託宣を伝えられた天皇は、「抑依二此事一労身少心。躬自於二庭上一遥捧二祭文一祈申也」（『同』八月十五日条）として、毎夜庭中に出御して伊勢遥拝を行っている。『春記』によれば、その遥拝は同月十五日から二十七日までの間、連夜亥刻から子刻にかけて行われている。天皇の日常的な伊勢遥拝は、清涼殿の東庇南端に地面に擬して設けられた石灰壇で行われるが、臨時遥拝の際には天皇が庭上に降りて行う場合があり、このときも外宮の重大事に際して庭中での臨時遥拝がなされたのである。その長期にわたる庭中での遥拝により、天皇に土気の障りが及んだのではないかと懸念されているわけであるが、さらに『春記』九月五日条には、次のような土気への憂慮を示す記事がある。

五日。丁巳。土用。天晴。巳刻許蔵人章行送レ書云、従二今朝一有二玉体不予事一者。又相次有レ召。仍馳参、即参二御前一。此間殊悩御、甚以不レ便也。（中略）予所レ思者、是非二他事一。只御風病并鬼物得レ便歟。其故者外宮顛倒事、御心労已如レ摧二御心肝一、寝食忘レ味悩御云々。御心底已如レ乱。加又連夜出二御庭中一、土気逆上尤有レ恐。雖二下奴一猶有レ恐、何況於二王者之玉体一哉。如レ此間其漸已積并鬼神得二其短一歟。尤有レ恐有レ恐。重載之故也。（後略）

ここで記主の資房は、連夜の庭中出御は土気の逆上を招く危険があり、それは「王者之玉体」にとってとくに警戒すべきことであると述べている。天皇が長期間地面に接触すること、それによって土気に強く曝されることを危険視する意識があったことを窺わせる記事であろう。

その後、九月二十七日に伊勢奉幣使を発遣することになるが、後朱雀天皇は「其以前七箇日出二庭中一遥拝也」（十九日条）として、二十一日から発遣当日の二十七日まで、連夜庭中に出御して再度遥拝を行っている。この時には、

入夜掃部司供二奉御装束一。於二南庭一、橋隠間也敷二葉薦一、御座所重敷也其上敷二長莚一。其上敷二少莚二枚一、供二半畳一。向二巽方一。半畳下敷二円座一枚一。為レ避二土気一也。即立二廻御屏風数帖一、其中供二燈台一基一。有二莚道一。子一刻予奉二仕御装束一。即出御。（後略）　（『春記』九月二十一日条）

とあるように、庭中の御座となる半畳の下に円座を敷いて、注意深く土気を避けようとしている。前月の遥拝に対する反省に加え、土用の期間中ということもあり、今回は慎重に土気の逆上を防ぐ対策がとられたのであろう。以上のような長久元年の例を見る限り、天皇が長期にわたって地面に接触することは、土気の障りを受ける恐れがあるため、基本的には望ましくないとする意識が認められるように思う。「王者之玉体」にとって、地面から逆上する土気は、その安穏を脅かす重大な危険要因のひとつであったと見られるのである。

おわりに

以上、四節にわたって、天皇との関わりを中心に土地の禁忌の諸相を見てきた。とくに新しい視点や結論もなく、逆に推測に頼る部分が多かったが、従来深く掘り下げられることの少なかった犯土禁忌の問題を、様々な角度から検討することを試みた次第である。平安時代の天皇が、陰陽道の観念にもとづく種々の禁忌に取り囲まれていたことは周知の事実であるが、そのなかの重要な一側面として、犯土禁忌に縛られ、土気を警戒する天皇の姿があったと言えよう。

註

（1）以下、方忌に関する記述は、加納重文「方忌考」（『秋田大学教育学部研究紀要』人文科学・社会科学二三、一九七三年）、同「方違考」（『中古文学』二四、一九七九年）、ベルナール・フランク『方忌みと方違え』（斎藤広信訳、岩波書店、一九八九年）などに主に依拠している。また、八卦に関しては、加納「方忌考」のほか、中島和歌子「院政期の出産・通過儀礼と八卦」（『風俗』三二―二、一九九三年）を参照した。

（2）以下、『暦林問答集』の引用は、中村璋八『日本陰陽道書の研究』増補版（汲古書院、二〇〇〇年）所載の翻刻による。

（3）以下、『陰陽雑書』の引用は、中村璋八前掲註（2）著書所載の翻刻による。

（4）同書は、鎌倉前期に陰陽博士の任にあった安倍孝重が、後鳥羽上皇の院宣により、承元四年（一二一〇）に朝廷関係の造作・移徙等の吉凶とその先例を勘申した勘文である。村山修一編『陰陽道基礎史料集成』（東京美術、一九八七年）に、若杉家本・東京大学史料編纂所本の影印が収められているほか、鈴木一馨「京都府立総合資料館所蔵若杉家本『陰陽博士安倍孝重勘進記』」上・下（『国書逸文研究』二六・二七、一九九三・一九九四年）、山下克明「『陰陽博士安倍孝重勘進記』の復元」（『年代学（天文・暦・陰陽道）の研究』大東文化大学東洋研究所、一九九六年）にそれらの翻刻があり、また詫間直樹・高田義人編著『陰陽道関係史料』（汲古書院、二〇〇一年）には、伏見宮本の影印・翻刻が載せられている。ここで引用した箇所は、『陰陽道関係史料』所載の伏見宮本の翻刻による。

(5) 土公についても、加納重文前掲註（1）論文、フランク前掲註（1）著書を参照。

(6) 黒田日出男「こもる・つつむ・かくす」『王の身体　王の肖像』平凡社、一九九三年、初出一九八七年。

(7) 御体御卜に関しては、安江和宣「御体御卜に関する一考察」（『神道祭祀論考』神道史学会、一九七九年、初出一九七六年）、斎藤英喜「玉躰と祟咎―『御体御卜』あるいは天皇の身体儀礼と伝承―」（『日本文学』三八―一、一九八九年）、西本昌弘「八世紀の神今食と御体御卜」（『続日本紀研究』三〇〇、一九九六年）などの専論がある。以下、この神事の成立と儀式次第については、これらの論考に多くを負っている。

(8) 弥永貞三「大伴家持の自署せる太政官符について」『日本古代の政治と史料』高科書店、一九八八年、初出一九五五年。

(9) 同書は、亀卜に関する伝承と卜法次第を記した書物で、天長七年（八三〇）に卜部遠継によって奏上されたと記されているが、偽書説もあり同年の成立は疑わしいとされている。同書の翻刻を収めた『神道大系　古典編十三　海部氏系図・八幡愚童記・新撰亀相記・高橋氏文・天書・神別記』の解題（秋山吉徳氏執筆）を参照。

(10) 安江和宣前掲註（7）著書に翻刻がある。同「『宮主秘事口伝』諸本の研究」（安江註7著書、初出一九七六年）によれば、著者は永和二年（一三七六）に七二歳で没した神祇大副の卜部兼豊で、禁裏の年中行事を宮主として務めるなかで、卜部家に継承されてきた秘伝を詳述した書物である。

(11) 中村英重『古代祭祀論』吉川弘文館、一九九九年、一四〇～一四一頁。

(12) 安江和宣前掲註（7）論文、一六八頁。

(13) 山本昌治「校訂年中行事秘抄」三『大阪青山短期大学紀要』一〇、一九八二年。

(14) 甲田利雄『年中行事御障子文注解』続群書類従完成会、一九七六年。

(15) 目崎徳衛校訂『侍中群要』吉川弘文館、一九八五年。
(16) 国造の田地編成権に関わる当史料の研究史については、小口雅史「首長制的土地所有」(『新体系日本史3　土地所有史I』山川出版社、二〇〇二年)に整理がある。
(17) 註(4)『陰陽道関係史料』所載の伏見宮本の翻刻による。
(18) 山本隆志「中世検注の意義」『荘園制の展開と地域社会』刀水書房、一九九四年、七八～八二頁。
(19) 富澤清人「検注と田文」(『中世荘園と検注』吉川弘文館、一九九六年、初出一九九一年)は、中世に測量行為が「取る」と呼ばれ、測量された田地が「取田」と称されることに着目し、検注は土地を「取る」行為であり、土地の生命に関わるものと認識されていたのではないかと指摘している(九～一〇頁)。
(20) 平安後期の国家的造営事業に関わる犯土造作禁忌については、詫間直樹「平安後期の犯土造作について」(『建築史学』二五、一九九五年)があり、白河朝以降、后妃懐妊時に朝廷主催の造営事業が犯土造作として忌避されるようになることなど、注目すべき事実が指摘されている。
(21) このほか、四面大垣の国充に際して土用期間中に損色を取ることを避けた例(『小右記』治安三年〔一〇二三〕十二月十二日条)や、美作国による大垣修築を夏季土用が終わる立秋以後とした例(『小右記』万寿四年〔一〇二七〕六月十二日・二十四日条)などがある。
(22) 以下、天皇の御在所については、詫間直樹編『皇居行幸年表』(続群書類従完成会、一九九七年)を参照した。
(23) 治安二年に後一条天皇は十五歳で、遊年＝巽(南東)、禍害＝乾(北西)、絶命＝艮(北東)、鬼吏＝兌(正西)となる。
(24) 天慶七年に朱雀天皇は二十二歳で、遊年＝震(正東)、禍害＝坤(南西)、絶命＝兌(正西)、鬼吏＝乾(北西)となる。一方、この年は甲辰年で大将軍は北にあり、王相は夏三月の間、南にある。天皇が所在した内裏から見ると、内膳司南東垣は絶命の忌方(正西)に当たり、大将軍・王相方には合致しない。
(25) 寛仁三年に後一条天皇は十二歳で、遊年＝坎(正北)、禍害＝兌(正西)、絶命＝坤(南西)、鬼吏＝坤(南西)となる。一方、この年は己未年で大将軍は東にあり、王相は秋三月の間、西にある。天皇が所在した内裏から見ると、談天門以南の大垣は、絶命・鬼吏の忌方（南西）に当たり、大将軍方とは一致せず、王相方にもうまく適合しない。

(26) 改定史籍集覧が「卌五歩」とするのに対し、新訂増補国史大系は「卅五歩」とするが、『陰陽雑書』第十・犯土造作吉日に「避二土気一法、居二郭邑内一、四十五歩為二一区一、居二郭外一者、二十五歩為二一区一。堀レ土深及二三尺一為レ害、云云。今案、四十五歩者、二十七丈也。二十五歩者、十五丈也。隣里犯土、以レ之避之」とあるように、四五歩＝二七丈が正しい。この四五歩＝二七丈という数字は、「今日戌剋、立二内膳屋一。其所従二町尻一東、御倉町中也。先申二殿下一、奏二事由一。只今之御所東対廿七丈之中也。可下令レ避二犯土一御上也」（『中右記』嘉保元年〔一〇九四〕十一月三日条）、「卯剋、主上遷二御登華殿一。犯土之間、従二彼軒廊一避二廿七丈一之故也」（『兵範記』仁安二年〔一一六七〕七月三十日条）のように、実際の犯土忌避に適用されている。

(27) 以上、賀茂保憲勘文の本文解釈では、古代学協会・古代学研究所編『平安時代史事典』本編下（角川書店、一九九四年）の「犯土」の項（小坂眞二氏執筆）を参考にした。

(28) 註（4）『陰陽道関係史料』所載の伏見宮本の翻刻による。

(29) 山下克明前掲註（4）論文所載の史料編纂所本の翻刻による。

〔補記〕 繁田信一『平安貴族と陰陽師』（吉川弘文館、二〇〇五年）に、犯土・土公の禁忌に関わる諸事例が紹介されている。

御体御卜考
——古代日本の亀卜——

井上　亘

はじめに

御体御卜は「おほみまのみうら」と訓み、平安時代には、六月と十二月の年二回、それぞれ向こう半年間の天皇の身体の無事をうらなう行事であった(1)。すでに専論もあり、よく知られている儀式でもあるが、亀卜の特殊性と資料の制約とから、十分に明らかにされていないところも多かった。本稿はこの二つの問題に正面から取り組んだ基礎研究であり、また、古代の亀卜文化を総合的にとらえなおす足場となるよう試みた序説でもある。

一　『延喜式』にみる「御体御卜」

御体御卜の行事について、『延喜式』巻一・四時祭上はつぎのようにいう（以下、「延喜四時祭式上」などという。なお、引用文中の〔　〕は双行注、［　］は諸本の異文、（　）および訓点とひらがなのルビは筆者注、カタカナのルビは依拠した原本による。以下同）。

卜庭《ウラハノ》神祭二座〔御卜始終日祭レ之〕。

卜ニ御体一〔辞曰ニ於保美麻《おほみま》一〕。

布二端、庸布二段、木綿八両、麻一斤、鍬二口、酒一斗、鰒・堅魚・海藻各四斤、塩二升、盆一口、杯［坏］二口、匏一柄、槲四把、食薦二枚、席一枚〔已上、祭料〕。

亀甲一枚、竹廿株、陶椀《スエツキ》四口、小斧《ヲノ》二柄、甲掘《カタホリ》［堀］四柄、刀子四枚〔已上、卜料〕。

右、所司預申レ官（太政官）。官頒ニ告諸司一、若有ニ侵レ土者一、具注移送。即、中臣官二人、宮主一人、卜部八人、並給ニ明衣一〔中臣細布、宮主已下調布〕。始レ自ニ朔日一、十日以前、卜訖奏聞。其日平旦、預執ニ奏文一〔納ニ漆函一、置ニ案上一〕、候ニ於延政門外一。即、（神祇官）副已上執ニ奏案一、進ニ大臣一。大臣昇ニ殿上一。宮内省入奏訖、出召ニ神祇官一。称唯、伯与ニ副若祐一昇レ案入置ニ庭中一。勅曰、「参来《マウコ》」。伯称唯、共昇レ案、置ニ殿上簀子敷上一。中臣官、便就ニ版位一、自余退出。内侍取ニ奏文一奏。御覧畢、勅曰、「参来」。中臣官称唯、就ニ殿上座一、披ニ奏案一、微声奏。勅曰、「依レ奏行レ之」。大臣称唯、次中臣官称唯、退出。闈司昇レ殿撤レ案、置ニ庭中一。神祇官昇出。(2)

ここにみるように、御体御卜は三つの行事からなる。一は卜庭神祭、二は御卜、三は奏御卜である。『儀式』奏御卜儀はこれよりくわしいが、ともに記述の重点は三にある。

そこで、『儀式』を参照しつつ、「奏御卜」について解説しておく。式場は内裏、その東面南寄りに位置する「延政門外」で、大臣は御卜の奏の案文（写し）を受け取り、先に昇殿する。「殿上」とは内裏の正殿たる紫宸殿（南殿）で、『延喜式』『儀式』とも記述を欠くが、天皇はすでに出御している。その南に臨む「庭」（南庭）の中央に、奏者が立つ「版位《へんに》」があり（前に「簀」を敷いてある）、ここに宮内輔が立って、「宮内省申さく、御体（詞に於保美麻と云う）御卜供《つか》へ奉《まつ》れる事申し給へむと神祇官姓名（実名が入る）候ふと申す」と奏上する宮内省奏があり（『儀式』はその前の闈司《いし》奏＝叫門の儀をも詳述する）、「喚之《よべ》」という勅語をえて、神祇官が召される。そこで、「ヲヲ」と称唯《いしょう》（応答）して、神祇伯と副ないし祐が奏の案（つくえ）をもって入場し、「まうこ（来なさい）」という勅許をえて昇殿する。つくえを殿上に運んだあと、中臣氏の神祇官人のみそのまま版位にとどまり、ほかは退出。内侍が奏文を天皇にみせて勅許が出たあと、中臣は昇殿し、奏の案文（控え）をひらいて小声で読み上げる（『儀式』ではこのとき、大臣が持参した奏の写しをみてチェックするという）。天皇は奏の指示にしたがって対処するよう命じ、大臣・中臣ともに称唯して、退出する。闈司がつくえを庭中にもどすと、神祇官がこれを引き上げる（『儀式』は大臣の奏案を太政官の曹司に納めると注記する）。

以上が弘仁・貞観・延喜の式文にみる「奏御卜」の行事であるが、これは必ずしも九・十世紀の実態を反映していないらしい。『三代実録』元慶八年（八八四）六月十日条には、

天皇、御二紫宸殿一、神祇官大副従五位上大中臣朝臣有本、昇レ殿、読二奏御体御卜一。左大臣正二位源朝臣融、行レ事。其事、具注二別式一。承和以後、是儀停絶。是日、尋二旧式一行レ之。

とあって、紫宸殿での奏御卜が承和（仁明朝）以前の行事であったことを伝える。この年の二月に陽成天皇の退位、光孝天皇の即位が実現され、これが即位後はじめての奏御卜儀であったためか、この「旧式」の復活も、藤原公任の

『北山抄』巻二の注記によると、

元慶八年、御二南殿一、奏レ之。其後、無二出御之例一。

と、一度きりであったらしい。そういうわけで、『九条年中行事』や『西宮記』『北山抄』『江次第』といった平安中期以降の儀式書には、『延喜式』などとはやや異なる式次第が書かれているが、その変化の説明は、さしあたり本論に必要がないので省略する。

二　『宮主秘事口伝』にみる「御体御卜」

「御卜」の内容は、一日から十日までに卜しおわるというほかは、四時祭式に「卜料」の物品が列挙されるだけで、儀式書などには全くみえない。それは、この御卜が神祇官でおこなわれたためでもあろうが、神祇官の行事を記した『神祇官年中行事』でも、

六月／一日、旬日如レ例。今日、御体御卜始也。中臣一人・宮主一人幷卜部官人・氏人等、参二本官一始レ之。中臣、儲二酒肴一。（中略）／御体御卜儀〔除二公家御衰日幷子日一、卜レ之〕。当日、中臣・宮主・卜部官人・氏人等、参二本官一行レ之。／季御卜幷伊勢宮司・祢宜・神戸司等、五畿七道秡等事。（中略）／十日、御卜奏。上卿、着レ陣奏レ之。本官奏書二通、一通伊勢宮司・祢宜等秡事、一通七道秡事。長官以下官人加署奏レ之。又同案二通、長官以下、加判行〔宮主兼〇（「書」脱カ）置也〕。抑件秡、伊勢秡宮主勤、七道秡長官進二止之一。／（中略）御体御卜始、中臣一人・卜部八人参二勤之一。同斎卜、以二去日一行レ之。

とあるだけで、亀卜のことにはほとんど何もふれていない（「／」は改行箇所、以下同）。

そのなかにあって、「御卜」の内容をくわしく記述したのが『宮主秘事口伝』である。その諸本の整理と本文の校訂にあたられた安江和宣氏によると、同書は吉田（卜部）兼豊の撰で、康安二年（一三六二）の成立。(3) 内容はおもに「宮主《みやじ》」の所役を行事ごとに記したもので、ことに御体御卜はくわしく書いてある。なお、宮主とは延喜臨時祭式に、

凡宮主、取二卜部堪レ事者一任レ之。其卜部取二三国卜術優長者一（伊豆五人、壱岐五人、対馬十人）。若取二在レ都之人一者、自レ非二卜術絶レ群、不レ得二輙充一。其食、人別日黒米二升・塩二勺、妻別日米一升五合・塩一勺五撮。

とあるように、卜術に秀でた者を任じ、天皇および東宮・中宮に一人ずつ置かれた。

さて、『秘事口伝』の御体御卜の記述だが、その本文は一見して錯簡が多く、利用には注意を要する。そこで、本文の配列を整理しつつ、その要点を書き出してゆこう。

六月御体御卜　奏。／御体御卜、第一之重事也。自二六月朔日一、於二本官一始行レ之。以二此日一名二甲破一也。号二甲破一者、昔者於二本官一、今日破二亀甲一也。中古以来不レ然。宮主、兼日於二里亭一書二調季札一、弁平兆竹《ヒラサマシタケ》五・丸兆竹一・小兆竹百許（近代四五十也）、令二用意一、参二本官一也。或束帯、或衣冠也。（中略）(4)（傍書）「御卜始事」。近年朔日御卜始儀。／宮主参二本官一、入レ自二北門一、参二著東庁一。先史生、進二手水一。於二東庁東傍一沙二汰之一。／次著座（近代中臣官人不レ参）。／季札・亀甲二枚・兆竹等、令二随身一。／次作二兆竹一事、近代自二里亭一沙汰具之間、不レ及二此沙汰一。／次季札、同レ前也。自二里亭一書用二意之一。／次官掌、進二波々賀《ははか》木一。此木、官掌自二大和国笛吹社一請取也。／次誓卜。甲入二御卜筥一、納二御厨子一。兆竹・季札、同レ之。宮主可レ付レ封之処、近代無二其儀一也。／（以下、錯簡部分省略）(5)

又云、／三献畢後、如レ此付二著到一、書様云、／

六月

一日　始二御体御卜所一。

某　書二実名一。

六月一日の「御卜始儀」である。いわゆる「政始《まつりごとはじめ》」で、着座、用具の制作、酒肴（三献）からなる。[6]ここには「本官」（神祇官庁）の「東庁」とあるが、『秘事口伝』の「当時儀」には「北舎」とあって、はっきりしない。ただ、神祇官庁は齋（西）院と東院に仕切られ、東庁・北舎とよばれる建物はともに東院にある。そこで中臣・宮主・卜部の諸官人が所定の座に着くことによって、御卜の行事所の発足を儀礼的に表現し、次いで、兆竹の制作と季札の記入、「中古」以前は亀甲の作成をもおこない、これらを北舎の御厨子に納めて、酒肴となる。そして、宮主は「著到」（出勤簿）にサインをして退出する。

ここで準備される「季札」「平兆竹五・丸兆竹一・小兆竹百許」については図示があり、それによると、季札は長さ三尺八寸、幅六寸の板で（近代は長さ三尺、幅五寸という）、これを縦にして、その上段中央に「推之」と大書し、二段目右から地・天・神・人・兆の五相卜、三段目に十条祟（以上、後述）、最下段に八人の卜部の名を書いた。

また、平兆竹とは皮を削った長さ八寸の竹箇状の札で、長さをほぼ三分する位置に上下二箇所「キザミメ」（折り目）を入れ、下端を少し尖らせるように丸く削る。これを五枚つくり、つぎのように書く（「＝」は刻み目）。

天皇自来七月至于　＝　十二月平安御坐哉　＝　一

神祇官仕奉諸祭　＝　者無落漏供奉莫祟　＝　二

供奉親王諸臣百　＝　官人等事聞食者莫祟　＝　三

風吹雨降旱事　＝　聞食者莫祟　＝　四

諸蕃賓客入朝　＝　聞食者莫祟　＝　五

つぎの丸兆竹も平兆竹とほぼおなじだが、こちらは「マロクシテ、スコシフトク」つくり、折り目も入れず、おもてには何も書かない。「准御体兆竹也」という。校訂者は「御体の兆竹に准う」と訓むが、御体兆竹というものが別にあるわけではないので、「御体に准う兆竹」とよむべきであろう。天皇の身体を象徴するものらしい。小兆竹も長さ八寸だが、図によるとかなり細く、下端を少し曲げておく。数は百二十、百ばかり、七八十ばかり、四五十ともいう。小兆竹は卜占のたびに使うので、その数は亀卜の実施回数に対応する。

かくして「斎卜」となる。『秘事口伝』の「斎卜次第」にいう。(7)

先於二北舎東壇上一手水〔史生役レ之〕。／次於二同所一著二明衣一〔史生役レ之〕。但有下無二沙汰一事上。／次著座〔北面〕。／父著座之時、其子不レ同レ座、著二南面一。舎兄之儀同レ前也。／次史生置二手文一。／次加二判於季札一。又宮主者加レ名之処、近年者自二里亭一悉書整之間、不レ及二此儀一也。／次宮主召二官掌一、可レ納二季札於御厨子一之処、近年御厨子有名無実之後、宮主持二帰里亭一之間、不レ及二此儀一。／次宮主持二問札一〔副二持笏一〕。／次史生備二進供神物一。／次宮主仰二官掌一、於二南庁跡一修二大秡一。／次仰二官掌一、塩湯・縵木綿献レ之。／次詔戸師申二詔戸一。／次宮主、兆竹等立レ之。／先丸兆竹ヲ立。次枚（平）ヲハ刻目ヨリ折テ、一二三ヲ次第ニ立之。／次問札少々読レ之。／次灼レ甲。／史生、先置二水火一也。／次問札ニ直卜・交卜等可二注付一之処、近年自二里亭一書付。

要点を拾いだすと、まず、中臣・宮主・卜部らが北舎の東壇上で手水をつかい、明衣を着て着座。史生が「手文《てぶみ》」（季札・問札）を置き、季札に加判、これは上述の図の「季札書様」によると、宮主が季札の裏に年月・位署と斎卜の日を書くことをいう。これを御厨子に納め、宮主は問札を笏にそえて持つ。神祇官庁の斎院にある八神殿に供物をそなえ、東院の南庁跡で大祓を修し、清めの塩湯などを（亀卜の場に？）そなえる。(8) 次に祝詞を読む。その文は『秘事口伝』にみえない。こうして亀甲を灼く段となる。宮主が丸兆竹を立て、平兆竹は刻み目のところを折り、一の

「天皇」云々と書いた兆竹から順番に立ててゆく。これは、奏御卜で読み上げる奏文の書き出しに、

天皇我御体御卜尓卜部等止太兆尓卜供奉須留状奏久、③親王・諸王・諸臣・百官人等、⑤四方国能賓客之政、④風吹雨零旱事聞食於折放置弖問給倍良久、①自㆓来七月㆒至㆓于十二月㆒、御在所平介久御坐夜登卜供奉須留御卜乃火数一百廿四火之中、

（下略）

とある内容に合致する（『秘事口伝』奏書書様）(9)。この兆竹を折ることは、『儀式』奏御卜儀に「中臣二人〔折㆓卜竹㆒〕・宮主一人・卜部八人、並賜㆓明衣㆒」とみえ、古く宮主ではなく、中臣が兆竹を折ったこと、そしてこの卜法が少なくとも平安前期にまで遡る古儀であったことがわかる。なお、この注が追記などでないことは、次節で明らかとなる。

つぎに宮主は問札を読み上げ、甲を灼いて出た卜兆により「直卜」「交卜」などと問札に書き込んでゆく。『秘事口伝』には「中古問文」（問札書様）という問札の文例があり、百行にもわたる長文の文書で、これを長さ一メートル、幅二〇センチほどの板に書いた(10)。その内容は、亀卜の記録そのものであり、これによって御卜の概容を知ることができる。

「問文」はまず「年号六月問《トヒ》」と書き出し、一日から九日までの日程を書く。とはいえ、一日（甲子）は「此日依㆓子日㆒」、二・三・五・八日は「此日依㆓諸司物不㆑具」、四・六・七日は「此日、依㆓四廃日㆒」として、それぞれ「不㆑始㆓御卜㆒」とあり、九日になって「此日、始㆓御卜㆒」とある(11)。このあとに、亀卜の結果が書かれる。

まず、平兆竹の一の「御体平安」が卜問される。

問、天皇《スヘラ》自㆓来《キタラン》七月㆒至《イタテ》㆓于十二月《シハスニ》㆒御体平安《ゴタイヘイアム》御《ニマシマ》坐《スヤ》哉。

吉哉《ヨケンヤ》八火　直卜五火　交卜三火

凶哉《アシケンヤ》八火　直卜四火　交卜四火

二日、弥仰吉哉《イヨイヨアフリ》八火　直卜三火　交卜五火
凶哉八火　直卜六火　交卜二火
三日、返問《カヘシトフ》吉哉八火　直卜三火　交卜五火
凶哉八火　直卜四火　交卜四火

ここにみる「火」は「灼甲」の数をいい、「直卜」「交卜」とは、「斎卜事」に「直卜者、吉兆之間、不レ合也。交卜者、吉凶（ママ）兆也、今卜合、祟神是也。以レ之号二交卜一也」とあって、文意がややとりにくいが、後述の集計結果からすると、直卜が「卜不合」に、交卜が「卜合」に対応するらしい。したがって、一度目の御体平安の卜問では、吉に不合が二火多く、凶に合不合相半ばし、二度目（弥仰）は吉に卜合多く、凶に不合多しと出、三度目（返問）は吉に合多く、凶に合不合相半ばすると出たことになる。[12] つぎに、「十条祟」にうつる。

問、時推之内、可レ有二土公祟一歟　卜合
可レ有二水神祟一歟　卜不レ合　（下略）

このようにして、土公・水神の祟りをはじめ、「行幸祟」「御膳過祟」「竈神祟」「北辰祟」「鬼気祟」「御身過祟」「神祟」「霊気」の十条の祟りを推問する。「中古問文」では、卜合が「土公祟」と「神祟」の二条のみで、他の八条は卜不合と出ているが、これは口伝によるものらしい。『秘事口伝』の「斎卜事」に、「御体御卜祟者、十条内、二箇条之祟也。一箇条ニハ神祟也。（下略）」とあり、十条の祟りは二箇条で、その一方は「神祟」と決まっていた。その「神祟」から求めてゆく。

問、時推之内、神祟合者、
坐二伊勢国一太神宮祟給歟　卜合

豊受宮祟給歟　卜合　（下略）

このほか、「坐二宮中一神」「坐二京中一神」「坐二五畿内一神」「坐二七道一神」のいずれが「祟給歟」を推問する。ここでは伊勢内外宮のほか、七道が卜合と出ているが、これも口伝による（「斎卜事」に「神宮之祟者、定事也」とある）。そこで、つぎのようにつづける。

問、時推之内、大神宮并豊受宮祟合者、

依二近仕人等過一歟　卜不レ合　（下略）

こうして、「近仕人等過」をはじめ、「宮司等過」「御常供田預等過」「神戸司等過」「御厨司等過」と、どの関係者の過失による祟りであるかを推問する。ここでは御常供田預等と神戸司等とが卜合と出たので、(13) さらにつぎのように問う。

問、時推之内、御常供田預等過合者、

安濃東郡歟　卜合　（下略）

右の「安濃東郡」と「西郡」が卜合、「朝明郡」は卜不合と出た。同様に神戸司も、

問、時推之内、神戸司等過合者、

遠江本神《浜名也》戸司歟　卜合　（下略）

と問う。ここでは右のほか、「（遠江）新神戸司」が卜不合、「伊賀神戸司」「河曲神戸司」が卜合と出た。こうして祟りの原因がつきとめられたので、つぎにその対処法を問う。

問、時推之内、太神宮并豊受宮、御常田預・神戸司等祟合者、

可レ科二上祓一歟　卜合

　　可㆑科㆓中秡㆒歟　卜不㆑合
　　可㆑科㆓下秡㆒歟　卜不㆑合

「秡（祓）」とは「祓物《はらへつもの》」、すなわち贖罪の料物で、（大）上・中・下のランクがあり、そのいずれを科すべきかを推問する。[14] 以上で神宮の卜問をおえ、[15] ひきつづき七道にうつる。

　問、時推之内、坐㆓七道㆒神祟合者、
　　坐㆓東海道㆒神祟給歟　卜合　（下略）

以下、「坐㆓北陸道㆒神」「坐㆓山陽道㆒神」を推問し、三道とも卜合と出た。[16] そこでまず、

　問、時推之内、坐㆓東海道㆒神祟合者、
　　坐㆓伊賀国㆒鳥坂神歟　卜合
　　坐㆓尾張国㆒河曲神歟　卜合　（下略）

このように、国ごとに一神ずつ推問してゆく。右のほか、「参河国稲前神」「遠江国於侶神」「駿河国御穂神」「伊豆国部多神」「甲斐国笠屋神」「相模国阿夫利神」「武蔵国椋神」「安房国天比理神」「上総国姉埼神」「下総国蛟蝄神」「常陸国藤内神」をあげ、みな卜合とある。なお、伊賀と尾張とのあいだに伊勢・志摩の二国が抜けているが、『秘事口伝』の奏書・陣解文・差文の文例（書様）には、「伊勢国鴨神」がみえるので、誤脱であろう（但し志摩国はみえない）。また、延喜神名式（神名帳）をみると、安房国の天比理神のほかはみな小社で、いかなる基準で選択されたのか不明である。[17] つぎに北陸道。

　問、時推之内、坐㆓北陸道㆒神祟合者、
　　坐㆓若狭国㆒若狭比古神歟　卜合　（下略）

以下、「越前国織田神」「加賀国出水神」「能登国相見神」「越中国高瀬神」「越後国三嶋神」「佐渡国度津神」をあげ、すべて卜合とある。これらも、名神大社の若狭比古神社を除くと、みな小社である（但し相見・高瀬・度津の各社は各国神名帳の冒頭にある）。

問、時推之内、坐二山陽道一神祟合者、

坐二播磨国一宇留神歟　卜合　（下略）

山陽道は右のほか、「美作国壹粟神」「備前国大神神」「備中国鼓神」「備後国賀羅加波神」「安芸国速谷神」「周防国石城神」「長門国荒魂神」をあげ、みな卜合とする。これもまた、名神大社である長門の荒御魂神社を除くとすべて小社である（宇留・速谷・荒魂神は各国神名帳の冒頭）。かくして、伊勢神宮同様、科祓の卜問をおこなう。

問、時推之内、東海北陸山陽等道神祟合者、

可レ科二上祓一歟　卜合　（下略）

中祓・下祓は卜不合。さらに、二条の祟りのもう一方、土公の祟りについて推問する。

問、時推之内、土公祟合者、

可レ有二来秋季一歟　卜不レ合

可レ有二冬季一歟　卜合

以上で「神祟」「土公祟」という二条の祟りにかんする卜問がおわる。なお、ここでは冬季の土公の祟りに対する科祓などを推問していないが、これは前節に紹介した延喜四時祭式に「(太政)官、諸司に頒告して、若し土を侵す者有らば、具さに注して移送せしむ」とあることによるのであろう。事前に侵土の所在を注進させてあるので、その場所を祓い清めればよいわけである。[18]

問、時推之内、所レ崇貳条事、行治忌慎給《ヲコナヒヲサメイミツ、シミタマハ、》者、御体平安御坐哉《マシマスヤ》。

荒清《アラキヨメ》吉哉四火　直卜三火　交卜一火

真清《マキヨメ》吉哉四火　直卜二火　交卜二火

凶哉四火　直卜三火　交卜一火

已上火数百廿九火　直卜五十五火　交卜七十四火

地相卜十九火

天相卜十八火

神相卜十四火

人相卜十三火

兆相卜十火

右の火数の集計について、『秘事口伝』の「斎卜事」には、「此意者、『天皇御体平安御坐哉』ヨリ『荒清・真清』マテノ御卜之火数ヲ、朔日ニ作レル細兆竹ニテ計挙タル義也」とある。そこで、右の火数の算出法をしらべてみると、まず、交卜七四火はその下の地・天・神・人・兆の五相卜の火数を足した総数になっているが、はじめとおわりに御体平安の吉凶を推問して出たのは直卜三三、交卜二七で、これを右の集計から引くと、直卜二二と交卜四七が残る。一方、二条の祟りの推問で出た「卜合」の数は四七で、これは交卜の不足分と一致する。「卜不合」の数は二〇で、直卜の不足分には二火足りないが、これは前述の伊勢・志摩二国の脱落をもって補えば足りる。(19) この処置で誤りなければ、直卜は卜不合、交卜は卜合に対応するといえる。したがって、右の結果は「凶哉」「荒清吉哉」が卜不合、「真清吉哉」が合不合相半ばとなり、結局、後者を採用したのであろう。

以上が斎卜の内容であるが、『秘事口伝』の「斎卜次第」はつづけていう。

次可レ行二春宮御卜一之処、是又近年自二里亭一令二書整一、斎卜日、以二鎰取一令レ渡二春宮々主一。／次仰二官掌一、修二南門大麻一。／次又詔戸。／次各脱二明衣一。／次行二神盞一。史生等陪膳。宮主拍レ手飲レ之。／次行二例事一（有二饗膳酒肴一）。

次宮主著到。／書様、

六月某日　御体御卜

書二実名一略レ官也。

次退出。官掌揚二車簾一。

すなわち、東宮の御卜[20]をへて南門の祓、祝詞とつづき、明衣を脱いで神盞・酒肴となる。このあと、御卜の結果をもとに奏書・陣解文・差文を作成するが、ここでは省略する。

以上、「斎卜次第」（「近代略次第」とは異なる）と「中古問文」とによって、御卜の内容をみてきたのであるが、それらがいつ頃のものであるかは明らかでない。『秘事口伝』と前後する北畠親房『神皇正統記』（延元四年〔一三三九〕成立）に「光孝より上つかたは一向上古なり」というところからすると、「中古」は宇多朝以降、つまり平安中期以降となるが、『朝野群載』巻六に収める御卜の奏文二通をみると、さらに下るようである。

承暦四年（一〇八〇）六月十日付の一通は惣火数一六〇、神宮の祟として、神事過穢の伊賀・参河・遠江の神戸等や服織殿の神部等に一律「上祓」を科し、また、七道は北陸道が若狭国二神、越前五神、加賀二神、能登二神、越中四神、越後五神、佐渡四神をあげ、山陰道は丹波三、因幡二、伯耆三、出雲三、南海道は淡路二、阿波四、讃岐四、伊予三神をあげて、社司等の神事過穢により祟り給うとし、一律「中祓」を科している。さらに、秋季に土公祟と鬼気祟があるとして、季初に大宮・京の四隅と山城国の六境とを「祭治」し、その祭日に「御禊」するよう求めたうえで、以上の「参条事」（神・土公・鬼気の祟）を「行治忌慎給波、御在所平気久可二御座一」と奏する。

康和五年（一一〇三）六月十日付の一通は、惣火数一八三、神宮の祟として神事過穢の織殿麻績らと三重・多気郡司、および柴田郷専当や一志・安濃・河曲の神戸預等に中祓を科し、また、七道は東山道が近江四、美濃三、信濃二、上野三、下野二、陸奥九、北陸道は若狭三、越前四、加賀三、能登三、越中五、越後四神をあげて、社司の神事過穢により中祓を科し、さらに、冬季に土公の祟ありとして右と同様の「祭治」「御禊」を求めたうえで、以上の二条（神・土公）のことをおこない治め忌み慎み給わば、御在所平けく御座すべしとする。

右の平安後期の実例に照らすと、惣火数が多く、[21]十条祟でも二条と固定せず、神宮の祟にもあまり作為が感じられない。また、七道を二三に分けることはおこなわれていたようだが、一国に複数の祟神があげられており、「中古問文」とはまだ距離があるようである。以上から、本書の内容は遡っても平安末、ほぼ鎌倉時代のものとみておくべきであろう。

三　『新撰亀相記』にみる「御体御卜」

『宮主秘事口伝』にみる「御卜」の内容が、ほぼ鎌倉時代のものであるとして、これをもとに平安時代の内容をうかがうことも可能であろう。現に、「御体御卜」について論究された安江氏や西本昌弘氏は、『秘事口伝』に近い斎卜次第が八・九世紀に遡る可能性を想定されている。[22]しかし、一般に『新撰亀相記』の名で知られている書物に、御卜の次第がくわしく書かれていることは、従来ほとんど注目されてこなかったようにおもわれる。[23]

●供㆓奉　六月十二月　御体御卜㆒火数事

惣卌八火〔吉哉廿四火、凶哉廿四火〕

去延暦以前所灼○（「吉」脱カ）哉八十火、凶哉八十火、物（惣カ）一百六十火。
　神祇大副従五位上大中臣朝臣智治麿、大同元年奉
楊梅天皇詔〔平城太上天皇也。楊梅者山陵〕、為卌八火。

●供奉　御体御卜之方

神祇中臣官二人〔若不足二人、取化（他カ）中臣、不論散位〕、給明衣料、各細布一端〔座料茵一枚、加箒（簀）〕(24)。宮主一人、給明衣料、調布二丈七尺〔但暑（有カ）五位者、准官人細布一端給之。座料茵一枚、加箒（簀）。夜鋪設薦一枚、夏・冬因之。一枚冬柳薦夏（ママ）二枚〕。

卜長上二人・卜部六人、惣八人〔謂此四国卜部〕、毎国二人〔若天（无カ）其人、則通用北（四カ）国、據擇身才所用〕、就中灼手四人〔長上二人、卜部二人〕、相量四人。給明衣料布、同宮主。座料長畳二枚、夜鋪設同宮主。惣十一人、十箇日給百度食。

西院北堂座之。

　中臣二人〔一人座向東、一人座向南。宮主座次之、長上已下座次之、西頭東下〕。

卜庭祭神二座〔大（太）祝詞神一座、櫛真乳神一座〕。堂西第二間、立大案、其上加搆（榻カ）一枚・茵一枚、〔当宮主座可向〕茵上以庸布二段・畳二枚更加、謂此両神之座。其案上・榻下、敷薦一枚、其上・榻之左右、以調布二端・鍫（鍬）二口、毎日奠之、謂此神軾。毎月一日祭件神、其祭物不料理。御卜説日祭（ママ）之、其祭物料理。両曰（日カ）祝詞、宮主申之。朔日不扣（拍）手、後日扣（拍）手両段二度〔不唯（ママ）称、但賀耳〕。朔日以長畳一枚向西敷之、相量四人着座。中臣以坏肩縛試之、謂此誓卜。随而灼之、共対所問、即得虚実、然後供奉　御卜。大同以往、卜神今食日、在前奏

進、謂二此日問之卜一。而弘仁年中、永定三十一日班レ幣幷供二神今食一。仍今不レ卜。

朔日立二卜串一。丸竹一隻〔長八寸、不レ差(着カ)レ節、以擬二御体一〕。枚(平)竹五枚之中、一枚注曰、

天皇自二此六月一至二于来十二月十日一平安御座哉。

一枚注、神祇官仕奉　諸祭者無二落漏一供奉　莫レ祟。

一枚注、供奉　親王・諸王・諸臣・百官人等事聞食者　莫レ祟。

一枚注、風吹　雨降旱事聞食者　莫レ祟。

一枚注、諸蕃賓客入朝聞食　莫レ祟。

宮主注レ之、中臣折レ之。宮主先申二設詞一、然主(立カ)レ之。

長上一人、取二甲四枚一、先称二肩乞祝詞一。其祝詞、具二上章一。

四人俱灼。吉哉各二火、凶哉亦二火、決二吉凶説一〔宮主注レ之〕。

長上更取二甲四枚一曰、弥仰吉哉・凶哉〔同レ上〕。

二曰(日カ)、問吉哉各二火、凶哉各二火〔同返(問カ)之卜〕。

両曰(日カ)各灼二十二火一〔吉六火、凶六火〕。四人惣卌八火〔吉廿四火、凶廿四火〕。

推二決吉凶一之方

称二吉哉一卜以二外相一為レ凶〔地神〇(「相」脱カ)継・火(地カ)切振、天神相継・天切振、神押次切、兆士(上カ)也〕。

称二凶哉一卜以二内相一為レ凶〔地廻内相継、天白内相継、人押次起伏之、兆相也〕。

取二如レ此支兆一、決二憂喜一求レ祟。録云二問文一。卜部已上共署。

更注二奏文一、十日奏聞〔大同以前、十一日奏レ之。而今、十日奏レ之〕。

中臣二人署レ之。起レ自二十《（一カ）》日一至二于給《（終カ）》日一、所レ灼火数之中、卌八火謂二此恙大《（荒火カ）》一。此内所レ交、載二奏文一云、交卜若干、地相卜若干、天相卜若干、神相卜若干、人相卜若干、兆相卜若干〔是卜求レ所レ祟云。自金《（余カ）》謂二此土《（直カ）》卜若干一〕。

亀甲

紀伊国十七枚　阿波十三枚　土左十枚

但紀伊国十七枚〔中男〕　五枚〔主税甲〕

「本云《（傍書）》」天禄四年六月廿八日書訖〔庚戌〕亀卜得業生正六位上卜部宿祢雅延

右の御卜の記述は、これまで翻刻されていないようであり、『新撰亀相記』の影印本も近年入手しがたいため、あえて全文を翻刻した（八二〇〜八七二行目・二九〜三〇条）。

まず、「火数事」では、大同元年（八〇六）の平城天皇の詔により、延暦以前の惣火数一六〇が四八に減じたことを述べる。その詔を奉じたという大中臣智治麻呂は、大同三年四月三日に右少弁従五位下で神祇大副を兼ね、同年十一月十七日に従五位上となるので（『日本後紀』）、この記事は正確とはいえない。しかし、大胆な行政改革を断行した平城天皇が、御卜の火数を大幅に削減するということは、大いにありうべきことといえる。

つぎに、「御体御卜之方」では、支給される明衣や座の料物をくわしく記すが、ここで延喜四時祭式に「卜部八人」と書かれた内容がわかる。『秘事口伝』の「季札書様」には「但無二人数一之時、或三四人、或五六人ナリトモ書レ之」とあるから、この「御卜之方」は明らかに古い。また、中臣以下には「百度食」（給食）が十日間支給されるという。[25]

次いで、西（斎）院北堂に着座し、東面する中臣官人一人を右手にみて、ほかの十人が南面西上に居並ぶ座体を述べる。これは他書に全くみえない記述であるが、『儀式』などによると、斎院北堂は祈年祭などをおこなう神祇官庁の正殿であるから、東院を式場とし座を北面とする『秘事口伝』よりも、こちらの方が本来のかたちであろう。

さらに、『亀相記』は「卜庭神祭」の次第を詳述する。これも弘仁・貞観・延喜の式文にみえながら、『秘事口伝』には全くみえなかったもので、その祭神とされる「大（太）祝詞神」と「櫛真乳神」とは延喜神名式上、京中坐神三座のうち「左京二条坐神社二座」の「太詔戸《フトノトノ》命《ミコト》神」「久慈真智《クシマチノ》命《ミコト》神」とみえる神々である。『江次第』巻七に、「神祇官人、自二朔日一籠二本宮〔官〕一、迎二大〔太〕詔神一」とあり、『古事談』巻六に、「亀甲御占ニハ、春日南、室町西角ニ御坐スル社ヲバ、フトノト（太詔戸）ノ明神ト申、件社ヲ此占之時ハ奉レ念」とあって、『亀相記』によると、太詔戸神の本社は壱岐・大和・対馬の三国、櫛真智神のそれは壱岐・大和の二国にあるという（五六七～五七〇行目・一五条）。

この神々を斎院の北堂に迎えて祭る神座は、北堂の西第二間、南面する宮主と対面する位置に設置した。この神座の料物や祭物を、第一節にあげた延喜四時祭式とくらべると、「（調）布二端」「庸布二段」「鍬二口」「席一枚」は一致するが、木綿・麻や酒食の類が『亀相記』にはみえない（「食薦《すごも》二枚」は供物の敷物であろう）。原文の「料理」が酒食の供進をさすとも考えうるが、文脈上やはり前文の「奠《おく》」と同義に解すべきだろう。

卜庭神は「御卜の始終の日に祭る」（前掲延喜四時祭式）。その両日には宮主が祝詞をよみあげる。長文だが、その全文を掲げよう（『亀相記』五三六～五六六行目・一四条）。

●今略二述亀誓一。「皇親神魯岐《すめむつかむろき》〔天照大神乞〔之〕謚也〕・神魯美命《かむろみのみこと》〔高御産巣日神之謚也〕、荒振《アラフル》神者掃平《タヒラケ》、石木・草葉《クサハ》断《タツ》二其語一、詔二群神一、『吾皇御孫《すめみま》命者、豊葦原水穂（ママ）国安平《ヤスケク》知食、天降《アマクタリ》奉《マツリシ》レ寄《ヨサセ》之時、誰《イツレ》神、皇御孫尊朝之御食《アシタノミケ》・夕《ユ》之御食《ミケ》〔尋常之御膳也〕・長之《ナカノ》御食・遠之御食々聞《トホノミケニメス》（聞食カ）〔聞二食大嘗会昏暁一御膳也。故事、已上皆以卜食〕、可二仕奉《ツカムマツル》一』、神問《トヒ》賜《タマハム》之時、住二天香山一白真名鹿《シラマナカ》〔一説云、白《シラ》真男鹿〕、『吾将二仕奉一。我之肩骨内抜《ウツヌキ》々出、火成《ホナシ》卜以問之』、問給之時、已致《ス》二火偽《ホイツハリ》一。太詔戸《フトノトノ》命進《マ》啓〔天按持《アマクラモチノ》神女、住二天香池《ノ》一亀津比女命。今称二天津詔戸太詔戸命一也〕、『白真〔名〕鹿者、可レ知二上国《ウハツクニ》之事一、何知二地下《シタツクニ》之事一。吾者能知《レリ》二上国・地下・天神《アマツヤシロ》・地祇《クニツヤシロ》一。況復人情憤悒《イキトホリヲヤ》。但手足容貌、不レ同二群神一。故皇御孫《ミマ》命、放二天石座《クラ》一別《ワ》二八重雲一天降坐《マ》、立二御前一下《オリ》来《レリ》也。住レ川産者《ウフメ》、昼喫《ヒルクラヒ》二野鳥一、夜喫《クラ》二山《ノ》獣一。故《カレ》原《タツネ》二水路一往二大海《オエ》一、下水者魚放矢《イル》、上水者鳥放矢、浮二沈中水一、海菜《アマナ》為《シ》レ食、塩途《シホチ》為レ床《トコ》、石屋為レ家《イヘ》、潮落《シホオチ》以為二羽翼《ハネ》一。海《ノ》子下《ク》レ釣、吾若舎《モシステ》レ釣、放二棄掉《サヲ》〔棹〕梶《カチ》一、不レ用二其舩一、将レ為二大咎《ナルトカ》一。雖レ損二復生《イケラン》レ命《ハ》、敢莫二恨咎《トカムル》一。海子《アマノコ》以レ叉撞《ヒシヲツイ》レ之、以二八十村災一、雖二海子食《クラフト》一、朝夕《アサユフ》不《シ》レ有《アラ》二咎祟一。吾八十骨〔甲也〕乾曝《カハキサラシ》二日一、以レ斧打《ウチ》〔小斧〕、天之千別《アマノチワキ》千別、甲《コウノ》上《ノ》・甲尻《ノ》真澄《マスミ》鏡取作之《キス》〔甲表無レ瑕如レ鏡也〕、以二天刀掘《アマノかたほり》一町刺（剌）掃之〔穴体似レ町〕、採二天香山之布毛理木一、造二火燧《ヒキリ》一、擿《スリ》二出天香火一、吹着《フキツケ》二天母鹿木《ハヽカノ》一、取二天香山之无《キ》レ節竹《フシ》一、折《ヲリ》二立卜串一問之〔今佐万師《さまし》也。不レ着二其節一木（本）辞如レ之〕。曳《ヒカ》レ士者〔灼也〕、下津国《ノ》八重《ニテ》将レ聞《カマム》。曳レ天《ソラ》者、高天原八重将レ聞。通二灼神方《トホシヤカン》一者、衆神之中、天神地祇将レ聞。正青山成《ナシ》レ枯《カラヤマ》、々山成レ青《アヲヤマ》、青河成《シ》二白川一、白川成《ヲ》二青河《サン》一。国者限二退立一〔八《は》挺《て?》也〕、天雲者陰〔限〕二壁立一〔四方之雲、如レ立レ壁也〕、青雲者限二棚曳一〔東雲且也《(ママ)》〕、白雲者限二向伏《ムカ》一〔西雲夕没也〕、日正従《タヽサマニ》（縦）〔西東也〕、日正横《ヨコサマニ》〔南北也〕、将二聞通《カミトホサム》一焉。陸道者、限二馬蹄之所一レ詣《イタル》、海路者、限二舩艫《ノヘノ》之所一レ泊《トヽマル》焉。灼《ヤカ》二人方一者、衆《モロ》人心中、欝悒《イキトホリ》之事、聞正将レ知。七年《トシ》之内、病苦《ヤミクルシフ》之人《モ》、聞レ不《カマハ》レ死者、将レ生焉《イキナム》。石根木立草之片葉《イハネコノタチクサノカキハ》、雖二踏砕英雄《フミクタクマスラヲナリ》一、聞レ将レ死者、一時死レ之。故雖三打置者如レ国之広、曳立者如二高天《タカマノ》一、罪無二隠遁一』申。」／亀誓如レ之。故六月・十二月御体之卜、先誦二此辞一。

「亀誓」とは、ここにみるように、亀神が皇祖神に述べた誓詞《うけひ》の意で、卜部兼方の『釈日本紀』にも「亀兆伝曰、凡述二亀誓一」としてほぼ同文が引かれている[26]。はじめに亀卜の鹿卜に対する優越と、亀卜が天孫降臨に由来することとを述べ、河海における亀の生態をたどったあと、海子（卜部であろう）が亀を捕るさまを語り、その甲を磨きあげて、町（甲の裏に火をあてるための小さな穴）を掘り、火燧の火をハハカの木につけて、卜串を折り立てて問う、ことの次第を述べる。そして、町の土（地）・天・神・人の順にハハカの火をあてる作法（後述）にことよせて、亀卜の全知なることをうたう。

この亀誓を、御卜に先んじて誦ずる。それは、ここに迎えた太詔戸神（亀津比女）の前で、神の誓詞のままに亀卜が実修されることを意味したであろう。神意を問う北堂は、この神の登場によって神聖な「卜庭」と化す。と同時に、亀神の言霊をえて御卜の霊力は高まる。総じてマツリゴトには、ことの成り立ちを神代に帰してこれを儀礼的に再演し、原初に回帰することで、現在を活性化し秩序を更新する意味をもつものが多い。古代の人びとの神代との交わりは、このように、いま在ることと表裏するものであった。

御卜の終日にこの祝詞をよみあげるときには四度拍手するが、朔日は拍手せず、ただちに長畳一枚を西、つまり中臣の官人に向けて敷き、吉凶を推決する相量四人がここに着座。おそらくその対面の中臣が、坏をもって「肩緆」を試みる。『亀相記』の「卜雑事」条に、

凡用㆓新甲㆒、先試㆓肩緆㆒、得㆑実用㆑之〔肩者肩也《ママ》、受㆑威《盛カ》也。緆、休〔体〕也、主㆓死気㆒〕。問者以㆑器蔵隠曰、「此物肩哉」。卜者誓曰、「地直・天直・（神起・）人直《衍カ》起・兆次」。（中略）問、「此物緆哉」。誓曰、「地内継・天廻・神起・人伏押・兆相」。（下略）

とあるのによれば（六五〇～六五五行目・二八条）、これは、亀甲の虚実（善し悪し）を試すものらしい[27]。これを「誓卜」といい、そのままこれを灼いて問うところにこたえ、虚実をえたのち、御卜を供奉するとあるのは、右の問者と卜者とのやりとりをさすのであろう。

ここで、大同以往は神今食の祭日を卜して事前に奏進していたが、弘仁年中に月次祭と神今食の日を十一日と定めたことにより、今はこの「日問之卜」はないという[28]。月次祭は幣帛の制作期間などを要するので、おそらく御卜の前に祭日を卜定していたのであろう。

次いで、「卜串」を立てる。「御体に擬う」丸竹をまず立て、平竹五枚を宮主が書き、中臣がこれを折る（これは上述の『儀式』の注記と一致する）。宮主が「設詞」を申すというのは、平竹の文句をよみあげるのであろうか。その文は折り目をあけて書くところも『秘事口伝』と同様だが、一枚目が六月から十二月十日までとなっている点が注意される。これは、御卜の予言が奏上直後から発効し、次の御卜までを対象としていたわけで、翌月以降とする『秘事口伝』の平兆竹や『朝野群載』の奏文よりも、古い書式とおもわれる。

かくして「灼甲」の段となる。卜長上一人が亀甲四枚を取り、「肩乞祝詞」をとなえる。「上章に具なり」というその文句は、たしかに『亀相記』の前文にある。

●凡為㆑卜者、夕且〔思〕朝定、心意和須〔順〕、無㆑有㆓邪思㆒。斎戒沐浴、朝旦卜㆑之。」誦曰、益卜詔戸（勝㆑自㆓白鹿㆒也）、天津詔戸太詔戸命（亀之益〔謚〕也）。古昔亦誦㆓櫛間道命㆒（母鹿木神也）。而今不㆓必誦㆒。（六〇六〜六〇八行目・二一〜二二条）

目録によると、右は「為卜斎戒一条」「為卜肩乞詞一条」とあり（三九五〜三九六行目）、肩乞祝詞は「誦曰」以下の十二字とみられる。(29) 注によると、鹿卜に勝る亀卜の神、太詔戸命よ、という意味らしい。古くはハハカの木の神である櫛間道神もとなえたという。

こうして灼手四人が吉凶各二火ずつ同時に甲を灼く。この灼甲の次第について、『亀相記』二五条はつぎのようにいう（六一五〜六二〇行目）。

●凡灼卜之方、本㆑々末㆑々、先灼㆓地天㆒、発㆑自㆑下曳㆓於上㆒、然後充㆑水（下曰㆓斗於《とお》㆒、上曰㆓實（寶カ）於㆒）。更取㆓甲横㆒（本在㆑右、末為㆑左）、先灼㆓可弥《かみ》㆒（手末方也）、次灼㆓依弥《えみ》㆒（寄㆑身方也）、然溝（後カ）充㆑水（先可弥、後依弥）。仮令五分中〔斗〕、於《より》㆓寶《ほ》於《お》㆒二分継㆓可弥㆒、斗於二分継㆓依弥㆒、中央一分謂㆓此多米㆒。上古所㆑灼両支上下之別、中古為㆑別、惣称㆓五兆㆒〔々、支也〕。其○(ママ)息㆑之。

「仮令」以下は火をあてる町に「十」のしるしをつける作法を述べたもので、その縦棒の下をトオ、上をホオといい、左上の横棒をカミ、右下のそれをエミ、その中間をタメという。これを灼くときには、まず甲を縦にもって、ハハカの火をトオからホオへとあて、ひびが出やすいように（？）水を差す。つぎに甲を横にして、手先の方のカミ、体に近い方のエミの順に火をあて、同様に水を差す。この灼甲の作法は、伴信友『正卜考』が本伝として依拠した藤原斉延の『対馬国卜部亀卜次第』（元禄九年〔一六九六〕刊）に、

サテ波々加ノ木ニ火を付テ、町ノ中ニ指スナリ〔火ハ以前ニ鐩リテ設置也〕。指シヤウハ、トノ方ヨリホの方へ指シテ通ル事三度。次ニカミノ方ニ火ヲ指ス也。是モ内ヨリ初テ外へ指ス也。指テ通ル事是モ三度ナリ。次ニエミノ方ニ火ヲ指スナリ。是モ内ヨリ初テ外へ指テ通ルナリ。是モ三度ナリ。其後ハ幾度ナリトモ甲ノ破レ響マデ指ス也。

とみえる手順とほぼ一致する。[30] しかし、トオ・ホオといった呼び方は「上古」のもので、「中古」以降は地・天・神・人・兆の「五兆」を称したという。『亀相記』二六条にも、

斗於、居㆓北方㆒為㆑陰、主㆓冬・地・黒色・水・脚・婦女・母㆒〔主㆑地合(故カ)注㆓地字㆒号㆓斗於㆒〕。寶於、居㆓南方㆒為㆑陽、主㆓夏・天・赤色・大〔火〕・頭・夫㆒〔主㆑天故、注㆓天字㆒号㆓寶於㆒〕。可弥、居㆓東方㆒為㆓男子㆒、主㆓春・木・青色・神・外・在〔左〕手㆒〔主㆑神故、注㆓神字㆒号㆓可弥㆒〕。依弥、居㆓西方㆒為㆑女○(「子」脱カ)、主㆓秋・金・白色・内・右手㆒〔人(ママ)主故、注㆓人字㆒号㆓依弥㆒〕。多米、居㆓中央㆒為㆑土、主㆓四季・月・黄色・心・腹㆒〔在㆓神人両兆之間㆒故、注㆓兆字㆒号㆓多米㆒〕。古説如㆑前。而後人以㆓其主治㆒、改㆓注地天神人兆㆒。五兆惣有㆓一百卅七卦㆒。（下略）

とあって（六二三～六二九行目）、「五兆」が後人により「改注」されたことを明記する。[31] この「上古」「古説」、「中

古」「後人」の年代について、後述する卜部遠継の序のなかに、

宝亀五年、始置二卜長上一。中古以前、有二術優者一、以無レ為レ記。大夫菅生忍人、画レ卦示レ図、頗有二遺略罪一。（下略）

とあり（五九八〜五九九行目・二〇条）、この卜長上設置は宝亀六年（七七五）に訂正すべきだが（『類聚三代格』巻四）、「大夫菅生忍人」は天平宝字八年（七六四）正月に叙爵した実在の人物で（『続日本紀』）、かれが画いて図に示したという「卦」は右の「五兆惣有二一百卅七卦一」に相当するものであろうから、中古以降の五兆の説とは、およそ奈良時代後半ごろ、おそらく遣唐使のもたらす知見などによって導入されたものではなかろうか(32)。

さて、灼手四人が甲四枚を灼いたあと、その卜兆の吉凶を相量四人が推決して(33)、宮主が記録する。卜長上はさらに甲四枚を取って「弥仰吉哉・凶哉」といい、上記の灼・決・注をくりかえす。これで朔日は終わるらしく、二日になって、また吉凶各二火ずつを問う。こうして二日間で三度、各一二火を卜し、灼手四人の総計が四八火となるという。

ここで二つ疑問が生ずる。一つは甲の枚数で、右の次第では少なくとも八枚、三度目も同様とみると一二枚必要になるが、はじめに掲げた延喜四時祭式には「亀甲一枚」とあり、数が合わない。しかし、延喜式の他の卜料、「竹廿株、陶椀四口、小斧二柄、甲掘四柄、刀子四枚」は、『亀相記』の記載とよく合致するようである。まず、前掲の亀誓によると、「小斧」は亀甲を破る具で、甲を取る「卜長上二人」の料、「刀掘」（甲掘）は町を掘る具で「灼手四人」または「相量四人」の料であり、ともに木工寮が造備する「卜鑿四柄・鐫二口」を用いた（延喜木工寮式）。また、「陶椀」は甲を灼くときに使う水を入れる器、「刀子」はけだし町に「十」のかたちを刻む具で、これらも灼手ないし相量の料であろう。さらに丸竹・平竹・兆竹は「竹廿株」から切り出したもので、この竹は神祇官内の閑地に植えて採用した「年中御卜料兆竹」である（同臨時祭式(34)）。ちなみに、波々賀木は「大和国有封社」に採進せしめた「年中

御卜料婆波加木皮」（同上）、亀甲は紀伊・阿波・土佐の中男作物および交易雑物による「年中所レ用亀甲」五十枚の内より用いた(35)。以上を神祇官が事前に太政官に申請して取り寄せるわけだが、亀甲の枚数だけが著しく相違するのは不自然であり、竹と同様に一枚の亀甲を裁断したか、単純な誤記と考えるべきであろう(36)。

いま一つは火数の問題である。総計四八火は前文の「火数事」にいうところと合致し、また『秘事口伝』にみた御体平安の卜問と対照しても、その数は一致する。さらに、二度目の卜問を「弥仰」といい、三度目を「同（問）返之卜」とする点や、「此の如く支兆を取りて憂喜を決し、祟りを求む。録して問文と云う」とある点も、『秘事口伝』の記述とよく対応している。この問文をもとに奏文を作成することも、同様であったらしい。すると、平城天皇が一六〇火より減じたという四八火は、その後もながく継承された御体平安の卜問の火数であって、御卜全体の惣火数ではなかったことが明らかであろう(37)。

したがって、「延暦以前」の一六〇火も惣火数ではなく、御体平安の火数であったことになる。卜部八人が灼手四人・相量四人に分かれ吉凶各二火ずつ一六火卜問したとして、一六〇火はこれを一〇回くりかえした数である。この数は、御体御卜の式日が一〇日間とされ、「大同以前、十一日奏レ之」という『亀相記』の注記とも符合する。そこでもともと朔日から十日まで、一日一回卜問を実施したと考えてみると、『秘事口伝』の「中古問文」のはじめに「二日」「三日」と書かれていたことも腑に落ちる。ところが、『亀相記』では三度目の卜問を「二曰（日）」とし、三回分の総計を「両曰（日）各灼二十二火一」と奇妙な書き方をしている。そこで、これは「延暦以前」、つまり八世紀段階に一六〇火＝一〇回の卜問を一日二回、五日間でおこなっていた名残であり、九世紀初頭に御体平安の卜問が三回に減じたあとも、古式のまま一日二回としていたが、『亀相記』の式文以後に、一日一回の三日間とされて、それが「中古問文」に反映したと考えれば、説明がつくだろう。

では、八世紀において、一六〇火の卜問のあと、残る五日間で何を占っていたのか。『秘事口伝』の問文によると、御体平安の卜問にはその下位に「十条祟」の推問があり、さらにその一条ごとに「神宮祟」「七道神祟」といった推問が設定される。こうした祟りの捜索とその対処の可否が八世紀でも推問されていたことは、ほぼ間違いない。

たとえば、大伴家持の自署があることで知られる宝亀三年（七七二）正月十三日官符は、先学の指摘があるように、御体御卜の行事やその奏文の作成が八世紀に遡ることを証する文書であるが、これによると、山背国の「雙栗神」に「田壹段」、同「乙訓神」に「神戸壹烟弁幣帛」を充てている。(38) 延暦二十年（八〇一）に科祓のランクを定める前には（註14参照）、田や神戸を奉納していたことがわかる点でも貴重だが、この二神の祟が御卜に出たことは確実で、したがって、その御体平安の卜問が「神祟」におよんでいたことも確実視してよい。(39) むろん、「十条祟」などは歴史的に形成されたものに違いないが、上位の卜問が下位の推問の選択肢（メニュー）をひらくという御卜の基本設定は、八世紀に遡る可能性がきわめて高い。

これと同時に注目されるのが、平竹（卜串）の残りの四本である。『亀相記』や『秘事口伝』にみたこれらの卜串は、奏文にその文句が盛られるだけで、あまり意味もなく卜庭に立てられていた。しかし、軒廊《こんろう》御卜の次第をみても明らかなように、卜串は卜問のために折り立てるものである。(40) 奏文をみても、卜問の対象になっていないこれらの文句がなぜ書かれているのか理解に苦しむ。むしろ、五本ある平竹の存在こそ、八世紀段階に五つの卜問が実施されていたことを裏づける物的証拠とみるべきである。

おそらく、残る四つの卜問も、御体平安のそれとおなじく、それぞれ下位の推問の選択肢があって、卜兆の合不合により、あらゆる祟りを特定していったのであろう。たとえば、「神祇官仕奉諸祭者無二落漏一供奉莫レ祟」と卜問して、祟りありと出れば、祈年祭以下の諸祭を推問し、「供奉親王・諸王・百官人等事聞食者莫レ祟」では親王・諸王・（諸臣・）百官、さらに八省以下へと選択肢をひらき、「風吹雨降旱事聞食者莫レ祟」であれば風・雨・旱にかかわる神々を、「諸蕃賓客入朝聞食莫レ祟」ならばその国々を推問していった。(41)以上は類推にすぎないが、「延暦以前」の御卜の内容がおよそこのようであったとして、御体平安と残る四つの卜問が一〇日の式日をほぼ折半して実施されていた（あるいは、五つの卜問で一六〇火であった）とすると、これは莫大な労力を要したに違いない。これが大同の火数削減とともに廃絶した可能性は十分にあるとおもわれる。このように、御体御卜はもともと天皇の身体をめぐる世界全体を対象とした、スケールの大きなうらないであったと考えられる。(42)

『亀相記』にみる御卜の記載は、このように八世紀段階の行事を推定する有力な根拠となるのであるが、その記載にみる行事そのものは大同以降、『秘事口伝』の「中古」以前ということになり、おおむね平安時代の内容といえそうである。ところで、『亀相記』は一般に天長七年（八三〇）、卜部遠継の撰とされており、したがって右の御体御卜の記述も、天長七年を下限とするところまで絞りこめるはずであるが、この通説には疑問がある。そこで、さいごにこの問題についてふれておきたい。

現行の『新撰亀相記』は、梵舜自筆の『亀卜抄』と題する書の後半部分として伝存したものである。その冒頭に「新撰亀相記甲」という内題があり（三六二行目）、つづく序文に甲乙丙丁の四巻にまとめたとあって、さらにそのあとの目録には、三〇条にわたる甲巻の細目と、五兆の「称候」（卜兆の解説）を残りの三巻に分けたとする箇目がみえるので、現行本は甲巻のみを写したものと知られる。(43)なお、五兆の称候は『亀卜抄』の前半部分、「亀卜抄」という内題をもつ三六一行目までの本文に詳述されているが、それが『亀相記』の乙巻以下と対応するかどうかは、「亀卜抄」そのものの考察をふまえてから結論すべきであろう。

そこで、『亀相記』天長七年成立説の根拠であるが、それは甲巻の途中、六〇五行目に、

天長七年八月十一日卜長上従八位下卜部遠継尓曰

とあることによる。これを『亀相記』の奥書とみるわけだが、「尓曰《しかいう》」は通常、「序」の書き止めに用いる句で、奥書にはふさわしくない。実際、この部分はまさしく何かの序であって、五八五行目の「両儀開闢、乾坤定位」以下、右の「尓曰」までが一連の文章と認められる。[44] 内容は伏義の書契以来の書籍の歴史をふりかえりつつ、卜術の口伝を関係者五人とともに詳議して書き記したというもので、これが書物の序文であることは疑いない。しかも、「旧辞為レ先、亀相烈［列］レ後、不二敢良媒一」とあるから、これは『亀相記』の大体の構成とよく似るが、『亀相記』には上述のように序がある。では跋文かというと、文章といい書き止めの「尓曰」といい、これは序としかみえないし、跋文を甲巻の途中に置く点も理解しがたい。結局、これは先行する卜術書（原「亀相記」？）の序文を『新撰亀相記』が引用したものとみるのがよく、右の一文をもってこの書の成立を定めることはできない。もとより、『亀相記』はその序に「挙二古今一発二連類一、将レ緝二一軸一」というごとき雑纂の書であって、このような引用があっても何ら不思議ではないだろう。

では、『亀相記』の成立はいつかといえば、それは御卜の記載の末尾に「本云」とある天禄四年（九七三）を目安とするほかない。この「卜部雅延」が円融朝の人であったかどうかは未確認だが、この年次は上述の御卜の行事の推定年代とまったく齟齬しない。そこで、卜部雅延が著者であれば、天禄四年が成立下限となり、書写した人であれば、これを遡る時期となるが、十世紀中頃とみておけば大過あるまい。つまり、『亀相記』にみる御卜の次第は大同以降、天禄以前、ほぼ平安前期から中期にかけてのものと推定されるのである。

おわりに――「古意」と「漢意」との間――

本稿は御体御卜の基礎研究として、『延喜式』『宮主秘事口伝』『新撰亀相記』の記述を考証してきた。結果、この行事の古代・中世における全容がほぼ明らかになったと考える。以下、本稿の成果のうえに立ち、克服すべき問題や若干の展望などを列挙しておく。

御体御卜は、天皇の身体をめぐる祟りの捜索と対処の提示を亀卜によっておこなう行事として注目されるが、八世紀段階では天皇の身体だけでなく、祭事・政事・天災・外交と、より広汎な卜問を展開していたことが判明した。それは天皇が接続する世界全体を対象としたもので、古代天皇制の世界認識と祟りという新たな課題が提起されたものといえる。

また、御体御卜は亀卜という特殊技能を駆使した独自の行事であると同時に、月次祭・神今食といった祭事と連動する行事でもあった。かつて筆者は宮廷祭祀を整理し、古くは月はじめの〈月次祭・神今食〉と晦日の〈御贖・大祓〉からなる月次祭祀が毎月おこなわれ、

白鳳四年、以二小花下諱部首作斯一、拝二祠官頭一、令レ掌下叙二王族一・宮内礼儀・婚姻・卜筮上。夏冬二季御卜之式、始起二此時一。

と『古語拾遺』が孝徳朝のこととしていう、御卜の二季化とともに、「月次」祭祀も二季に分かれたと考えた[45]。そのとき主たる論拠としたのは、御贖や神今食に類する祭儀が令制下でも「毎月」おこなわれていた事実であったが、今回とりあげた『亀相記』によると、「卜庭神祭」もまた「毎月一日」におこなわれていた事実が明らかとなった。し

たがって、大化前代の月次祭祀には〈御体御卜〉もふくまれていた公算が大きくなったと考える。

一方、卜甲・卜骨の出土により、弥生時代より奈良時代におよぶ卜占の様相が考古学的に解明されつつあり、かつて伴信友が論じたような、日本固有の鹿卜（太占《ふとまに》）から舶来の亀卜へという理解も修正を余儀なくされてきた。しかし、『亀相記』の「亀誓」や「肩乞祝詞」にみたように、亀卜側の鹿卜に対する敵愾心ともいえるものが濃厚にみてとられることも事実である。古墳時代後期に町を「+」形に掘る卜法が流布し、また奈良時代後半ごろに「十」形の「五兆」が導入されたらしいことは本論に述べたが、そのあいだに、卜部の台頭や鹿卜の追放というようなせめぎ合いがあったことは、十分に想定できよう。

また、卜部が海人であったことは「亀誓」みずからが語るところであるが、その技術の伝来経路は、依然謎である。というのも、亀卜に適したウミガメなどは温暖な海域でしか捕獲できず、また、古代朝鮮における亀卜の記録は意外に少ないのであって[46]、現状では、単純に朝鮮半島から対馬・壱岐・伊豆の卜部へという経路を想定するわけにもいかないのである。朝鮮半島における関連資料の発掘・発見が、今後期待される。

亀卜の技術の輸入については、本論で遣唐使による中国のそれを示唆したが、『亀相記』には「亀経」という書が引用されている。目録一二条の「略述亀経・凡亀大意」、一三条の「同経四時交用五色亀・忌日」がこれであるが、これらとほぼ同文が『亀卜抄』の冒頭や、『唐六典』巻一四の太卜署にみえ、またその一部は『初学記』巻三〇などにもみえている[47]。もとより、一二条は「亀有㆓九種㆒」として「江亀」「河亀」「淮亀」といった亀の名をあげるので、その「亀経」が和書であるはずはないのだが、右の対応関係によって、『亀卜抄』や『唐六典』が「亀経」を引用していることが判明する。「亀経」なる書は、『隋書』より『宋史』に至る正史の書目録および『玉海』などに著録されるが、『初学記』に「柳隆（氏）亀経曰」とあることから、これは柳世隆『亀経秘要』二巻と考えられる[48]。そこで注目されるのは、『初学記』所引の「柳氏亀経」に「何以言之」の句をみることで、この句は『亀卜抄』に頻出する独特な文句である。[49] してみると、『亀卜抄』は「柳氏亀経」ないしこれに類似した亀卜書の抄本である可能性が出てくるわけで、しかも『唐六典』に引用されることから、それは唐制が準拠した亀卜の説である公算が大きい。日本への伝来の経緯や『亀相記』の乙巻以下との関係などもふくめ、この失われた「亀経」の追究は、魅力ある課題といえそうである。[50]

その中国では、殷墟の甲骨文はもとより、近年『周易』「日書」といった占いの文献や、占いの記録が相次いで出土している。その記録の一つ、包山楚簡の「卜筮祭禱簡」をみると、戦国時代の楚の懐王に仕えた邵𬂃という司法官（墓主）が、前三一八年から三一六年にかけて、貞人（卜人や筮人）たちに、一年間の無事（歳貞）や病気の原因（疾病貞）を占わせている。とくに歳貞は、「出入事レ王、尽二卒歳一、身身尚毋レ有レ咎」といった内容を、年度はじめに複数の貞人に卜筮させたもので、その貞問も、①我が身に咎なきかを占い、②咎や祟りがあるときはその解除法を占う、という二層構造になっている。[51] これらは本稿で明らかにした、御体御卜の行事やその卜問の基本構造に驚くほど類似している。楚文化との対応関係はこれにとどまらない。『楚辞』離騒篇の王逸注に「楚人名二結レ草折レ竹卜一曰レ篿」とあり、『荊楚歳時記』逸文に秋社のとき「折レ竹以卜」して「来歳豊歉」を占うというのは、竹簡状の「卜串」を折り立てて占う御卜の作法に一定の示唆を与えるだろう。

もとより占いは、不確実な未来を予知しようと願う人間の心に根差し、古今東西にその例をみる普遍的な風習であって、科学技術を信奉する現代においても、廃れるどころか、つぎつぎと新しい占いが登場している。他方、日本・韓国・中国における出土文字資料の劇的な増加が、各国の古代研究を一新しつつある現在、中国の戦国・秦漢期を起点とした漢字文化圏の形成にともなって、朝鮮半島や日本列島にも波及した文化のうねりと、固有の文化とのせめぎ合いを、東アジア古文化という枠組においてとらえなおす必要が出てきているが、その重要性を、われわれはまだ十分に認識しているとはいえないのではないか。「占い」という普遍的なテーマは、そうした現状を打開する突破口となるようにおもわれる。

註

(1) 「おほ」は接頭語、「みま」は天孫の意で天皇をさし、「うら」は占い、天皇の身体を占うので「みうら」と尊称する。「うら」の動詞形に「うらふ」（下二段）と「うらなふ」（四段）とがあり、前者は「卜・合」の熟合、後者はことをなす意の接尾語「なふ」がついた語とされる（「になふ」「うべなふ」の類）。ただし下文にみるように、「卜合」は御卜に頻見する語で、古訓に「卜合」を「うらふ」と訓む例もあるが、一方で「卜不合」という言い方もあり、これを「うらへず」と他動詞に訓むと、文意が通じない。「うら（に）あはず」と訓むべきで、ここから「うらなふ」に転じた可能性もあるようにおもわれる（「もちあぐ→もたぐ」「うちあげ→うたげ」の類）。

(2) 『本朝月令』所引弘仁四時祭式逸文もほぼ同文だが、弘仁式逸文は延喜式の「伯与副若祐、舁案入置庭中」を「置庭中簀上」、「闈司昇殿撤案、置庭中」を「置簀上」に作り、さらに「披奏案、微声奏」の「案」字を欠く。逸文が「簀上」につくる事由は、『儀式』奏御卜儀に、「其日平旦、主殿寮、樹二幔於殿庭東西一。掃部寮、立二大臣床子一脚於殿上一（御座東南去二許丈、西向〔面〕）、敷二簀一枚於版位前一」とみえる敷設に対応し、また、逸文が「案」字を欠くのは、「案」に案文とつくえの二つがあって紛らわしいからであろう。なお、弘仁式逸文については、虎尾俊哉編『弘仁式貞観式逸文集成』（国書刊行会、一九九二年）を参照した。

(3) 安江和宣『神道祭祀論考』（神道史学会、一九七九年）、一三七頁以下参照。なお、下文の『宮主秘事口伝』（以下、『秘事口伝』と略す）の引用は、同書所収の「校訂宮主秘事口伝」による。

(4) このあと（安江氏の校訂本二一二頁6行目）、「例事役」（酒肴などの弁備）にかんする長文の書き付けがあるが、前文に酒肴の記述などなく、竄入とみられる。下文の「斎卜事」あたりからの混入か、あるいは校訂本二五七頁1行目などのあとにつづくものかとおもわれる。

(5)　この「近年朔日御卜始儀」（「近年」の二字、文中に「近代」の略儀を注するので不審）には、甚しい錯簡が認められるが、結論だけを述べると、「近代無其儀也」（安江氏校訂本二一四頁4行目）は、けだし「酒肴」にかんする数行分の脱文を隔てて、「又云」（二一九頁）につづき、「著到」をもって結ぶこと、本文に示したとおり（あるいは「著到」の前後に「退出」の文も脱するか）。その中間が錯簡部分で、a「当時儀」（二一四頁5行目～13行目）、b「季札書様・兆竹作様」（二一五頁1行目・10行目～二二〇頁4行目）、c「近代略次第」（二一五頁2行目～9行目）からなる。bの冒頭（二一五頁1行目）に「季札書様・兆竹作様、先考被二図絵一之間、彼正本継二加之一。亀甲同持帰也」とあるように、bは後で貼り継いだものだが、傍線部はaの文末（二一四頁末行）の「宮主如レ元令二随身一退出云々」につづくべき文であるから、aとbとはもともと連続していたものとおぼしく、ここに、永徳年間（一三八一～八四）の例を応永十一年（一四〇四）に注したと明記するcが混入したのであろう。混入と断定するのは、cに「甲を灼く」などとあって斎卜の「略次第」であることが明白だからである。おそらく「当時儀」のつづきとして貼付してあったものを、誤ってbの2行目に挿入して書写したかしたのであろう。

(6)　この御卜始が「政始」であることは、「著到」の書様に「始御体御卜所」とあって、「所始」と観念されていたことから明らかである。なお、「政始」については井上亘「儀礼の場としての国府・郡家」（『民衆史研究』六六、二〇〇三年）を参照されたい。

(7)　この「斎卜次第」（校訂本二三五頁1行目～二三七頁8行目）は、上述の「近年朔日御卜始儀」につづいて二二〇頁3行目のあとに入り、4行目の「当家以二太竹一立二右方西一事」（「太竹」は丸兆竹のことであろう）をはさんで「斎卜事」（二二四頁5行目まで）へとつづく。この「斎卜事」の末尾は、後述の「中古問文」（同6行目～二三四頁1行目）を隔てて、二三四頁2行目に接続し、その末行から飛んで二四九頁の「陣解文二ヶ条事」、さらに二五六頁1行目へつづき、次頁2行目以下の衍文をはさんで（二四七頁7行目以下の「差文事」はここに入るか）、そのまま奏御卜の次第書（同

7行目～二五八頁10行目）へとうつる。そのあと、各種「書様」（二三七頁9行目以下）がつづいたと考えられるが、これも当然、「奏書」「陣解文」、「差文」「春宮御卜」の順に差し替えられるべきであろう。

(8) 「供進物」を八神殿のものとしたのは、「斎卜事」に「八神殿供進物」とあることによる。これは、吉田家や萩原家の亀卜書が日本国中の神祇を降ろして卜すというのに近く、延喜式にいう「卜庭神祭」の名残とはいえないであろう（次節参照）。なお、下文の「縵木綿」は『秘事口伝』鎮魂祭条にも「進二縵木綿一」とみえ（二九四頁）、これは延喜大蔵省式の鎮魂祭条にいう「鬘木綿」にあたる。次節の「肩緆（縵）」とは無関係であろう。

(9) この書様の実例というべき平安後期の奏文が、『朝野群載』巻六に二通あり（後述）、国史大系本はいずれも「折放置」を「抑放置」に作るが、これは『秘事口伝』に従い改めるべきである。筆者はかつて「天皇の食国」という旧稿で「仰放置」と意改してこれを引用したが（『日本古代の天皇と祭儀』吉川弘文館、一九九八年、一四四頁）、これはまったく不適切な処置であった。ここに謝して訂正する。

(10) 問札については、『秘事口伝』の「斎卜事」に、

問札者、如二去朔日季札一、以レ木横書レ之。長三尺八寸、広六寸也。但近年者長二尺許、広四五寸許也。至レ裏書レ之。／迄二中古一者、宮主参二著本官一、令レ卜書付。／伏見院・後二条院以後者、中臣官人、大略不参、宮主自二里亭一令二書整一也。御卜之合否、猶以自二里亭一書二付之一。

とあって、鎌倉末期以降は宮主が事前に卜占の結果を書いてきたものらしい。ここにかかげる「中古問文」は、右の証言によると、実際に卜して書かれたものとみてよさそうである。

(11) 九日を御卜始とすることは前掲『神祇官年中行事』でもふれているが、『秘事口伝』「斎卜事」には、斎卜は三日以後の吉日を選んでおこない、四・六・七日は四廃日として御卜を始めず、子の日も同様とすることが明記されている。『江次第』巻一八・軒廊御卜の「亀卜忌日」でも、「朔日」や「子日」は忌日とされるが、四廃日は「斎卜事」と内容が異なる（註50参照）。

(12) 安江和宣「御体御卜に関する一考察」（前掲註3書所収）は、この御体平安の総火数が直卜二五火、交卜二三火とな

り、直が二火多いことから「平安である」とし、このあと、平兆竹の二〜五の内容についても「同じように卜してゆく」とされたが（一七一頁）、『秘事口伝』にはそうした記述はみえない。また、かりに御体平安で全く祟りなしと出たならば、このあとの卜占は必要ないはずであるし、二〜五の卜問をおこなったとすると、「中古問文」の末尾の集計と数が合わなくなる。古儀の次第はともかく、ここは「問文」のとおりに解しておくべきであろう。

(13) 校訂本の底本は「宮司等過」を卜合とするが、一本に「不」字あるにしたがう。卜合と出たとすれば過失の宮司を特定する推問がおこなわれたはずだが、問文にそうした記述はないからである。但し、註15に述べるように、「斎卜事」は内外宮の祢宜にかんする口伝を記すので、宮司の推問は省かれたとも考えうるが、いまはとらない。

(14) 科祓の料物とランクは『類聚三代格』巻一所収延暦二十年五月十四日官符に規定がある。なお、『類聚符宣抄』巻一・御体御卜に収める応和二年（九六二）八月廿二日太政官符は、伊勢神宮の御厨案主および神戸預等に秡を科すべく、駅鈴を与えて神祇官人を派遣することを伊勢国や大神宮司に通告した文書だが、御厨案主の秦茂興は「修二三宝一事」により、同新家恒明・真行は「過二穢神事一」により「豊受神宮祟給」として「科二上秡一可レ令二秡清奉仕一事」とし、また、同宮鈴鹿郡神戸預等も「依レ過二穢神事一祟給」として「科二下秡一可レ令二秡清奉仕一事」とする。これによると、十世紀中頃には人物とその過失を特定したうえで個別に秡を科していたことがわかるが、『秘事口伝』の「差文書様」などには人名まで書かず、また書けという指示もない。さらに『朝野群載』所収の奏文では一律に祓を科している。しかし全体としては「中古問文」とほぼ同様の次第であったと推察される。ちなみに、『秘事口伝』によると、「諸国清秡祭物・雑事用途者、宮主之恩禄也」といい、近年は有名無実化していたという（二五六〜二五七頁）。

(15) 『秘事口伝』斎卜事は、伊勢神宮の卜問にかんする口伝としてつぎの四箇条をあげる。①六月に太神宮の祢宜一人、豊受宮の祢宜二人を卜合させたら、十二月には太神宮の祢宜二人、豊受宮の祢宜一人を卜合させ、年内に同じ人が二度卜合しないようにする。②遠江本神戸司と新神戸司のうち、六月に本神戸司を卜合させたら、十二月には新神戸司を卜合させる。③伊賀神戸司と河曲神戸司も②と同じ。④上中下の祓は一季に一つずつ「輪転」して卜合させる。これらは本文の「中古問文」に必ずしも合致せず、宮主が事前に問札を書くようになったあとの作法とおもわれる。

(16) 安江氏の校訂本によると（一二三〇頁）、東海道・北陸道との間を一行分空白とする本があり、そこに「坐二東山道一神」が入るとする注記があって、安江氏前掲註12論文もこれによってか、六月に東海・北陸・山陽・東山道、十二月に山陰・南海・西海道および五畿内を卜したとされているが（一六七頁ほか）、「斎卜事」には「次坐二七道一神祟事。是又七道ヲ二ニモ三ニモ別テ可レ卜也」とあり、また後述するように、「中古問文」の集計は、東海道で脱落している二国を補うと帳尻が合うので、東山道を入れる余地はない。ゆえに、東山道は補うべきではないと考える。

(17) なお、『朝野群載』巻六・神祇官に収める康和二年（一一〇〇）六月二日の宮主卜部兼良解によると、御卜で式外社を卜合とすることもあり、たとえ不合でも式外社を問文に注することは「常例」であるとして、延久五年（一〇七三）十二月の陣解文、同六年六月の問文、承暦四年（一〇八〇）六月の奏案、承保二年（一〇七五）十二月の問文各一巻を、証文として提出している。これは、式内社がみな卜不合と出て式外社を卜したのか、神社行政のありようの変化にもとづくのか、不明であるが、件の兼良は、「苟伝二祖父之問文一、専致二霊亀之占兆一」と述べているので、この「常例」は少なくとも十一世紀中頃まで遡るものとみられる。

(18) 『類聚符宣抄』巻一・御体御卜に収める天暦六年（九五二）十二月十日太政官符には、「応レ行御卜祟参箇条事」として「御膳水神、依二人過穢一、為レ祟」、「来年春夏両季、可レ有二鬼気祟一」、「自二御在所一南西方諸司所レ犯レ土祟」をあげ、御膳水神には「仰二預人一可レ令二掃清祭治一事」とし、鬼気祟には「季初祭二治大宮四隅・京四隅一、兼祭日可レ供二奉御禊一事」とし、犯土の祟は「中務・民部・主税・内匠・造酒・内膳・右兵衛・左馬・右馬等省寮司府所レ犯」として、「可二鎮謝一事」とする。これによると、十世紀中頃には十条祟がおこなわれていたが、二条に固定化していなかったこと、土公祟に相当するものは、犯土の諸司を注進させたうえで、その方角を卜して特定し、これを鎮めるためにあとで地鎮祭をおこなったらしいことが知られる。

(19) なお、伊勢・志摩二国を卜不合として補ったばあい、先述の奏書などの書様に伊勢の鴨神社をみることと矛盾するが、これらの書様と「中古問文」とは必ずしも対応しておらず（たとえば、伊勢神宮あての差文に御常供田預のことがみえず、山陽道のかわりに東山道あての差文があるなど）、問題はないとおもわれる。なお、「中古問文」の末尾には「但近代之義（儀）、毎レ事略義（儀）也。道許ヲ書トテ諸国神ヲハ令レ略也。此外猶令レ略レ之。是併末代之義（儀）也」とある。

⒇ 東宮の御卜については、『秘事口伝』に「春宮御卜書様」があり（校訂本二四二頁以下）、これによって大体のことがわかる。天皇の御卜とのちがいは、十条の祟りが五条のみで（土公・水神・竈神・御膳過・霊）、その推問が伊勢神宮や七道におよばない点である。なお、この「斎卜次第」では、東宮の御卜を天皇とともに一括しておこなうこととし、東宮の宮主は関与しないようであるが、これが本来の方式であったとはおもわれない。

㉑ なお、火数の内訳をみると、承暦四年の奏では惣火数一六〇で直卜一一〇・灾（交）卜一一とあり、康和五年では惣火数一八三で直卜一〇三・灾（交）卜一九と、いずれも数が合わない。しかし、この直・交の火数と、その交卜の内訳である地天神人兆の五相卜の数を足すと、それぞれの惣火数とほぼ一致するので、これはおそらく、惣火数と直卜以下の数が合わないとみた書写者が、（五相卜が交卜の内訳とは知らずに）適宜数字を書き改めてしまったのであろう。

㉒ 安江氏前掲註12「御体御卜に関する一考察」、西本昌弘「八世紀の神今食と御体御卜」（『続日本紀研究』三〇〇、一九九六年）、一五五頁。

㉓ 以下、椿実解題『東大本新撰亀相記　梵舜自筆』（大学書院、一九五七年）の影印により、その行数（および条数）を引用文の前後に指示する。なお、改行・闕字（字間アケ）などは原本のままとしたが、文字は通行の字体に改めた。訓点や（　）内の注は卑見による。以下同。ほかはこれまでの引用のしかたと同じ。

㉔ 「箐」字、観智院本『類聚名義抄』に「ス」と訓み、「貫箐、ヌキス」とあることから（僧上・七一）、「簀」字に通ずるとみられる。茵をしくのに簀を要したのは、この北堂が、卜串を折り立てていることからもわかるように、土壇の建物であったためであろう。

㉕ なお、延喜宮内省式に「凡供二奉六月・十一月・十二月神事一御卜官人已下、並給二百度食一」とある規定は、宮内省における小斎卜定にかんするもので、御卜とは別の規定とみるべきだろう。

㉖ ただし、『釈紀』巻五には「海子」の件と「土曳かば」以下の後半部分は省略されている。伴信友はこの「亀兆伝」の文を引き、鹿卜を亀卜に先行した日本固有の卜占（太占《ふとまに》）とする立場から、この亀誓を「虚説」と断じている（『正

卜考』巻二。『伴信友全集』二・五〇七頁。国書刊行会、一九〇七年）。なお、『亀卜秘伝』（『古事類苑』神祇部四二所引）の亀卜次第には「祭文」として亀誓の全文が引かれるが、吉田家の亀卜書などではおおむね「手足容貌」以下から海子の件にかけてと、「七年之内」以下の文がみえず、書き止め部分も若干異なっている。出村勝明「吉田神道における亀卜研究について」（『神道史研究』三九巻二号、一九九一年）参照。

(27)「坏」は四時祭式の祭料にみえるので、これを用いたとみるのが自然のようだが、「随而灼之」とつづく点や「卜雑事」に「凡用㆓新甲㆒」云々と明記する点、さらに『秘事口伝』「御卜始」にみた「誓卜」も「甲」を納めることと連動する点から、亀甲と解した。なお、「緆」は「縵」の俗字で「慢」に通じ、「肩」は「堅」に通ずる。「蔵隠」はしまいこむ意。

(28) 中村英重『古代祭祀論』（吉川弘文館、一九九九年）は、この文を「大同以往《（前カ）》卜神今食曰《（日カ）》在前奏、進謂此日問㆑之卜、而弘仁年中永定㆓十一日班幣弁供神今食㆒仍今不㆑卜」と訓み、「在前」を天皇と解して、a神今食の日を卜占して奏上したのか、b御卜の奏上が神今食の日におこなわれたのか明確でないとされたが（一三七〜一三九頁）、引用文にしめしたように、「謂此」は「此れを……と謂う」とよむべきで、「日問の卜と謂う」のであれば、aの解釈になることは明白であろう。

(29) なお、目録の二三条「分用亀甲条数」に対応する本文は、後掲の「●凡亀甲有㆓首尾㆒」の文であるから（註36）、目録の「肩乞詞」が「誦曰」以下の本文をさすことは間違いない。影印本の椿氏の解題は「肩乞祝詞」を「亀誓」と同一視されたが（九〇頁以下）、その根拠はしめされていない。『秘事口伝』の斎卜の前後に「詔戸師」がよむ「詔戸」は亀誓とみてよい。御卜が一日に短縮され、卜庭神祭もないために、両日の祝詞が斎卜の前後によまれたのであろう。

(30) 伴信友『正卜考』巻一（『伴信友全集』二・四五九頁）による。なお、前掲註26『亀卜秘伝』の亀卜次第に引く「伊勢祭主伝」もほぼ同文で、これらの書では灼甲の前に陶器の水を亀甲と兆竹（平竹）につけているが、『亀相記』では灼いた甲に水をつけている。「灼卜用㆑水〔亀元住㆑池、故令㆑聞［用］㆑水〕」ということだが（五七二行目）、おそらく先を曲げた小兆竹の先に水をつけて甲に充てたもので、サマシ竹とはこの謂であろう（出村氏前掲註26論文によると、上山直矩『亀卜伝口授』がこのように説く）。灼甲ごとに用いたあと、火数をかぞえる具としたもので（前掲『秘事口伝』「斎卜事」）、折り立てる「卜串」とはもとより別物とおもわれる。

(31)　「改注」後の五兆の「主治」（配当）にあたるとおもわれるものは、『亀卜抄』（後述）の一一〜三一行目にみえる。なお、引用した「古説」の方角は、甲の裏につけた「十」（町形《まちがた》）を表からみたもので、これは甲の裏に火をあてて出た表のひび割れを卜兆とみるためである。

(32)　もっとも、卜部遠継じしんは、ひろく飛鳥・奈良時代をさして「中古」といっているらしい（後掲註44参照）。なお、五兆に絶対年代が与えられるとすると、亀誓の後半部に土・天・神・人の称をみる点が問題となる。この後半部には祈年・月次祭の祝詞によるとみられる表現などがあり、あまり古いものとはおもわれないのだが、一方で地を土とし、兆に言及しない点も看過できない。神澤勇一氏によると、古墳時代後期以降、町を「+」形に作る卜法が一般化するが（「古代の占い」『占いとまじない』別冊太陽七三所収、平凡社、一九九一年）、亀誓の町の呼び方はむしろこの「+」形に対応し、「十」には対応しないともいいうる（前掲『亀相記』二五条にいう「上古所㆑灼両支上下之別」が「+」にあたるか）。「十」形と五兆が対応するとして、亀誓の原形は「上古」以前に遡り、現行の文は「中古」以来の文飾を加えたものとみるべきかもしれない。

(33)　この「推㆓決吉凶㆒之方」は前文（『亀卜抄』三二六〜三二八行目）にほぼ同文がある。

称㆓吉哉㆒卜以㆓外相枝㆒為㆑凶（地神相継・地切振、天神相継・天切振、神次・兆上也）。

称㆓凶哉㆒卜以㆓内相枝㆒為㆑凶（地廻内相継、天見内相継、人押次起伏、兆相是也）。

なお、『亀卜抄』第一葉裏の図によると、「外相」とは町の左側、「内相」は右側をいうらしい。

(34)　なお、延喜民部式下に「凡神祇官卜竹及諸祭・諸節（会）等所㆑須箸竹、柏生蒋、山藍等類、亦仰㆓畿内㆒令㆑進」とあるが、これは「御卜料」ではないとみるべきであろう。また、同宮内式に「凡神今食・新嘗祭所㆑須卜坏廿口、卜竹廿株、日影二担、並申㆓（太政）官㆒請受」とあるのも、宮内省庁でおこなった小斎の卜定の料で、御卜の料物ではないだろう。

(35) 『亀相記』の下文には「亀甲／紀伊国十七枚、阿波十三枚、土左十枚」などとあるが、これは延喜臨時祭式に「凡年中所レ用亀甲、惣五十枚為レ限〔紀伊国中男作物十七枚。阿波国中男作物十三枚、交易四枚。土佐国中男作物十枚、交易四枚〕」とある年料に対応するのであろう。なお、これらはみな民部式下および主計式上にもみえている（但し、阿波の中男作物のみみえない）。

(36) 亀甲の制作について、『亀相記』二三・二四条にはつぎのようにある（六〇八〜六一五行目）。

●凡亀甲有二首尾一、中二於首尾一、破二於正従一、分為二両枚一、枚別辟得二六条一〔惣十二条〕。百［所］レ破之背、謂二此甲尻一〔一曰レ本也〕、緑［縁］謂二甲上一〔一曰レ末〕。其頸之左右各一条、謂二此頸甲一、亦曰二圭甲一〔似レ圭〕。次一条謂二之広羽一〔自二衆条一広長也〕。次一条謂二之无レ溝。次一条謂二之高羽一。次一条謂二之元［无レ溝］〔広羽・高羽惣四主［条］者、上有レ如レ溝。而此条者、無レ也《(乙カ)》［之］故〕。溝《(衍カ)》已上、御卜用レ之。圭甲・神羽《(ママ)》、凡卜充レ之。」凡供二奉御卜一、両人安座、一人取二甲二枚一誓レ之〔甲元也〕、両人容［各］灼、謂二此相手一。二火・兆十〔兆、支〕、以レ是論二吉凶一、定二憂喜一。

右によると、亀甲は二枚、十二条に裁断され、それぞれ御卜・凡卜の料とされた。前註の臨時祭式にいう亀甲はしたがって裁断前の本体とみられ、また「白亀一枚」などと数えた例もあるので（『文徳実録』嘉祥三年八月丙辰条）、卜料の「亀甲一枚」も裁断前とみれば八ないし一二枚は確保できよう。ただ、年料五〇枚の内、夏・冬の御体御卜で二枚しか使わないというのも、少なすぎるようである。なお、二四条の「御卜」の次第は御体御卜とは別の御卜であろう。

(37) 一六〇火が四八に圧縮されたのに、月次祭と神今食の式日は十一日に固定されたので、御卜の行事は間延びすることとなり、『亀相記』の段階では朔日からただちに斎卜を始めていたのが、卜問結果の固定化などもあって、『秘事口伝』では九日に始めるようになったのであろう。なお、伴信友は「亀卜ヲスル者、前斎七日」という本伝の記述と関連づけて、一日に卜庭神を迎え、八日の斎（中七日）をへて九日に御卜をおこなったと解しているが（『正卜考』巻一）、これはもとより結果論にすぎず、むしろ前斎七日が中七日おく慣例から出た可能性もあるだろう。

(38) 弥永貞三「大伴家持の自署せる太政官符について」（『日本古代の政治と史料』所収。高科書店、一九八八年）参照。

なお、註18に参照した天暦六年官符は、ここに紹介した宝亀三年官符と同種の文書であるが、西本氏は、これらの官符がひく神祇官解を『秘事口伝』にいう「陣解文」と解された（前掲註22論文一五二〜一五四頁）。たしかに天暦六年官符の引用する官解は、『秘事口伝』の「書様」の書き止め文言、「依レ例供二奉御体御卜一、所レ祟　奏聞既訖。仍録二祟状一謹解」とほぼ一致するので（校訂本二五三頁）、陣解文とみてよかろうが、宝亀三年官符もこれと同列にみてよいかは問題がある。というのも、宝亀三年と天暦六年の官符をくらべると、後者はおそらく御卜の結果をすべて盛り込むが、前者は山城国の二神の祟りを記すのみである。むろん、これが宝亀二年十二月の御卜のすべてであった可能性もあるが、その内容はむしろ個別の祟りに対処するものとみるべく、宝亀と天暦との間に隔たりがあったことを窺わせる。これはおそらく御卜が紫宸殿出御儀から、左近衛陣経由で奏上されるようになったことと関係がある。第一節に述べたように、天皇が内裏正殿で大臣と中臣に「依レ奏行レ之」と同時に命じていた承和以前は、大臣がすでに奏文の内容をチェックしているので、奏文とおなじ内容の解文をあらためて太政官に提出する必要はない。ただちに個別の祟りに対処する解文を作成し、その奉行を命ずる官符を得た。宝亀三年官符はその一つで、御卜から一月近く時間を要したのは科祓の田や神戸の手配のためであろう。これが左近衛陣を経由するようになると、天皇に奏文をみせて勅許を得、そのあと、太政官に同じ内容を申告して（これが陣解文）、その奉行を命ずる官符を得（これが天暦六年官符に相当）、それから個別の祟りに対処する「差文」を作成し（『朝野群載』巻六所収の長治二年一二月二二日付差文および『秘事口伝』二三七〜二四一頁参照）、これを施行するための官符を得る（註14の応和二年官符がこれに相当）、という手順になる。もっとも、『秘事口伝』の奏御卜の次第では奏文・陣解文・差文を一括して上卿に渡しているが（二五七頁）、それは論外として、以上の推測に大過なければ、宝亀まで陣解文を遡らせるのはやはり穏当でなく、また承和以前には、宝亀三年官符と同様の文書が、対処すべき祟りの数だけ作成されたことを想定することができるのではないか。

(39) このほか、宝亀五年八月二十七日官符に「御卜所レ祟」として、正税に混合されていた「多気・度会二箇神郡百姓逃亡口分田地子」を神税に改めた例がある（『類聚三代格』巻一）。

(40) たとえば、源師時の『長秋記』保延元年（一一三五）四月二二日条に、つぎのようにある。

（前略）軒廊御卜〔霖雨事〕。（中略）仰云、「霖雨渡レ旬、有二何咎祟一哉。令二（神祇）官・（陰陽）寮卜申一」者。
（中略）卜部神祇祐兼長（中略）、座前置二辛櫃一、開レ之取二出手文一、開レ之取レ紙、先書二事趣一。次折二立細竹《サマシタケヲ》一東向。次葉若木《はわか》を入レ火。次取レ甲、其北左右ノ指《(ヲ)》二入水一。次咒、以レ面向二身方一。次焼綴《(ママ)》了、以二葉若木無レ火之方一入レ水、滴二甲上一、見レ兆。次置レ甲、書二卜形一、次図二焼目一、次加二礼紙一置二座傍一、指二入畳端一也。（下略）

右の「卜形」は「⊦」、「焼目」はひびのことで、この卜兆により「巽艮方大神、依二不浄不信一致レ祟也」と推決したという。また、「咒」は肩乞祝詞であろうか。なお、『秘事口伝』にも軒廊御卜の卜者次第がみえる（校訂本二七八〜二八〇頁）。神今食や新嘗祭の小斎《をみ》卜定でも卜串を折り立てるが、『儀式』にみる宮内省の儀では、卜串を折り立てたあと卜問の次第がない。しかし、『西宮記』などをみると、たしかに宮内省で八男・八女などを卜定していたようである。

(41) 西本氏前掲註22論文は、諸蕃の平竹をあげて「外国使節がさかんに来朝した七〜九世紀でなければ問題にならないもの」と指摘されている（一五五頁）。

(42) 八世紀段階の御卜がかくも大規模であったとなると、その縮小は祟りの放置をもたらすわけで、これを埋め合わせるような手段の開発が祭事・政事・天災・外交の各方面でおこなわれた可能性もでてくる。そうした観点から、九世紀の宗教政策などをとらえなおすこともできるだろう。なお、大江篤「『祟』現象と神祇官の亀卜」（『続日本紀の時代』所収。塙書房、一九九四年）は、宝亀年間を「祟」現象の展開における画期とし、この時期から神祇官の亀卜が重視されてきたと指摘されたが、むしろそうした急激な変化が、御卜の規模縮小を促したとも考えられるかもしれない。

(43) なお、神道大系本の翻刻を担当された秋本吉徳氏は、『亀相記』の目録にいう二二条（肩乞詞）および二八（卜雑事乞卜詞方）・二九（供奉御体卜火数増減）・三〇条（供奉御体卜吉凶称候）の本文がみあたらないとする一方、乙巻以下の内容が圧縮して六二九〜六四八行目に組み入れられたとし、六四九行目以下は『亀相記』ではないとみて翻刻から除外された（神道大系古典編一三所収解題、および同氏「新撰亀相記の研究」『清泉女子大学紀要』二六号、一九七八年）。しかし、『亀相記』ではないとされた六四九行目は「●凡卜雑事、誓所レ云吉凶得不、往来等方」とあって、これはみあたらないとされた二八条の本文とみられるし、二九・三〇条や二二条の内容が『亀相記』にあることは、本節に述べたとおりである。また、乙巻以下を組み入れたとされる部分も、五兆一三七卦の概述にすぎず、総論部分にあたる甲巻にあっても不思議はない。したがって目録によるかぎり、現行本が『亀相記』甲巻の写本であることは疑いない。ただし、この目録は本文の分章符「●」に対応せず、恣意的に項目を取り出したものも多いことから、個人的関心にもとづくインデックスともいうべく、原著者の手になるものとはおもわれない。

また、工藤浩氏は『亀相記』の諸本を調査し（「『新撰亀相記』諸本について」『古代研究』二八号、一九九五年）、その校本を提供されているが（「校本　新撰亀相記」同上二六号、一九九四年）、その本文は三六二～六〇五行目で、それ以下は翻刻されていない。これは諸本のうちに六〇六行目以下を欠く本があるためかとも推察されるが、右の諸論考にその理由は述べられていない。

他方、木下文理氏は目録と本文の対応関係について、卑見とほぼおなじ見方をしめされつつ、五九八～六〇五行目を「跋文」とし、それ以下を乙丙丁三巻にあたるとされたが（「『新撰亀相記』の構成について」『古事記年報』四二、二〇〇〇年）、目録の甲巻二一～三〇条が乙以下三巻にあたるというのはやはり矛盾するのではないか。なお、「跋文」説についていては下文に述べる。

(44)　寓目のかぎり、五八五～六〇五行目を一連の文とみた説はないようなので、原文を掲げておく。

両儀開闢、乾巛（坤）定レ位、人民茲起、世質無レ文。伏羲造二書契一代二結縄一、書二易卦一通二鬼神一。然則五経・六籍、非下与二天地一所上生也。案二古事記一、飛鳥清御原宮御宇天皇詔、諸家之所レ賷帝紀及本辞、既違二正実一、多加二虚偽一。当今所（不カ）レ改、曷称二其真一。舎人薭田阿礼、年具［是］廿八、為レ人聡明。詔二阿礼一令レ誦二皇帝曰［日］継及先代旧辞一。運移世異、無レ成レ記焉。和銅四年、正五位上勲五等太朝臣安万、奉レ詔撰録也。志貴嶋宮御宇天国排開広庭天皇（欽明）、始注二年代一。此御代「御宇」脱カ、百済献（孝カ）二仏法一。小治田宮御宇推古天皇御代、百済国僧観勒、将二暦術・道［遁］甲・薬方術書一来献レ之。飛鳥板葺宮〇軽万徳天皇大化二年、新羅国貢二五経博士一。案二此書記［紀］一、上古以往、不レ伝二書籍一。中古之後、書未［来］礼楽備也。況復今是上都二神所レ化、上代旧辞、皆以二口誦一。亀卜亦復如レ是。宝亀五年、始置二卜長上一。中古以前、有二術優者一、以無レ為レ記。大夫菅生忍人画レ卦示レ図、頗有二遺略罪一。以因［同］学遠継、才識不レ撰、任二長上一、朝畏夕慄、伏深二戦越（ママ）一。卜之興雖二元是口伝一、歴世為レ用、彼其至妙、不レ可二勝謀一。故旧辞為レ先、亀相烈［列］レ後、不二敢良媒一。与二大史正六位上卜部勝謀麻呂・宮主正六位上伊豆嶋直益長・後［従］六位上勲八等卜部嶋継・散位正六位上壱岐直氏成・斎宮主神司宮従七位下直広吉一、辞議注レ之。天長七年八月十一日卜長上従八位下卜部遠継尓曰。　（傍点・傍書、筆者注）

なお、坤を「巛」に作るのは古文の字体で（『広韻』『古文四声韻』など）、異体字ではない。

(45) 前掲註9井上「天皇の食国」、一一七～一三二頁。

(46) 朝鮮総督府『朝鮮の占卜と予言』調査資料第三七輯、一九三三年参照。

(47) 参考に、『亀相記』一二・一三条と『亀卜抄』『唐六典』『初学記』の原文を掲げておく。

・『亀相記』一二条、「●（「弁」脱カ）略案二亀経一、亀有二九種一〔石亀・泉亀・蔡亀・江亀・洛亀・海亀・河亀・淮亀・旱亀〕。雖二亀同二大類一、用則異○其九。亀有二五色一、用授（依カ）二四時一。春用二青霊亀一、夏用二赤霊亀一、秋用二白霊亀一、冬用二黒霊亀一、四季之日用二黄霊亀一。春三月灼二前左足一、夏三月灼二後左足一、秋三月灼二前右足一、冬三月灼二後右足一〔所レ謂左右前後之足、此謂二申［甲］之左右一〕。春忌二庚辛日一、夏忌二壬癸日一、秋忌二甲乙日一、冬忌二丙丁日一〔案、陰陽相剋之理也〕。以レ錠［鑚］灼レ之。又医家曰、以レ甲充レ薬、骸骨用レ卜。」

・『亀相記』一三条、「●案二亀経一、四時之月、用二五色亀一。忌日多焉。令［今］此聖廟［朝］、一種海亀用レ之、不レ論二甲乙一、唯忌二子日一〔古老伝曰、子卜レ之、九鬼罰向、及卜不レ吉［告］二其実一。故忌レ之。今子日所レ不［下］無二其真一〕。」

・『亀卜抄』一～一〇行目、「亀卜抄／石亀第一　泉亀第二　蔡亀第三／江亀第四　洛亀第五　海亀第六／河亀第七　淮亀第八　旱亀第九／亀雖二大類是同一、用則有レ異、弁二其九一。亀有二五色一、依二四時一用レ之。／春用二青霊亀一、夏用二赤霊一、秋用二白霊一、冬用二黒霊一、四季用二黄霊一。／卜忌日〔春三月忌二庚辛日一、夏三月忌二壬癸日一、秋三月忌二甲乙日一、冬三月忌二丙丁日一〕。是四時四度日、不レ可レ卜レ之。」

・『唐六典』巻一四・太卜署条、「凡亀占、弁二亀之九類・五色一、依二四時一而用レ之〔一曰石亀、二曰泉亀、三曰蔡亀、四曰江亀、五曰洛亀、六曰海亀、七曰河亀、八曰淮亀、九曰旱亀。春用㆓青霊㆒、夏用㆓赤霊㆒、秋用㆓白霊㆒、冬用㆓黒霊㆒、四季之月、用㆓黄霊㆒。亀、上員（圓）象㆑天、下方法㆑地。甲有㆓十三文㆒、以象㆓十二月㆒、一文象㆑閏。辺翼甲有㆓二十八匡㆒、法㆓二十八宿㆒。骨有㆓六間㆒、法㆓六府㆒。匡有㆓八間㆒、法㆓八卦㆒。文有㆓十二柱㆒、法㆓十二時㆒。故象㆓天地㆒、弁㆓万物㆒者矣。欲㆑知㆓亀神㆒、看㆓骨白如㆒㆑銀。欲㆑知㆓亀聖㆒、看㆓亀千里径正㆒。欲㆑知㆓亀志㆒、看㆓亀十字㆒。分㆓四時所㆑灼之体㆒而用㆑之。春灼㆓後左足㆒、夏灼㆓前左足㆒、秋灼㆓前右足㆒、冬灼㆓後右足㆒」。

・『初学記』巻三〇・亀、「柳氏亀経曰、亀一千二百歳、可㆑卜㆓天地之終始㆒。何以言㆑之。三千四十二占㆓於天地㆒。千歳之亀、甲黒。亀有㆓五色㆒、依㆑時用㆑之。」（『太平御覧』巻九三一所引「柳氏亀経」も同じ）

・同右、「柳隆亀経曰、亀有㆓五色㆒、依㆑時用㆑之。青霊之亀、春宜㆑用㆑之、西坐東向。赤霊之亀、夏宜㆑用㆑之、北坐南向。」

以上を簡単にまとめておくと、『亀相記』所引の「亀経」には亀のa九種・b五色、c灼法、d卜忌日などが書かれているが、このうち、『亀卜抄』にabd、『唐六典』にabc、『初学記』にbがみえている（ただしcは『周礼』大卜の鄭玄注ないし『三礼図』を出典とする）。

(48)『南斉書』巻二四の柳世隆伝に「著㆓『亀経秘要』二巻㆒、行㆓於世㆒」とある。なお、『新唐書』芸文志に柳世隆と柳彦詢の『亀経』三巻が別個に著録されるが、世隆の字は彦緒で（前掲本伝）、両者は同一の書である公算が大きい。これらの『亀経』は、ちょうど『漢書』芸文志の亀卜書が隋唐までにすべて失われたのとおなじく、宋代以降ほとんど散逸したようで、逸文が『初学記』『太平御覧』や『五行大義』などに若干みえるものの、亀卜を包括的に考証した清の胡煦撰『卜法詳考』などにも、ほとんど反映されていないようである（四庫提要参照）。

(49)一例をあげると、『亀卜抄』五一～五二行目にはつぎのようにいう（卜兆の図は省略）。

卜㆓征伐㆒、可㆑勝。何以言㆑之。地内・天内逢、為㆑得㆑実。以㆓神押㆒、主㆑敗㆑他。以㆓人次押㆒、主㆓兵杖㆒。故可㆑勝。

これは卜問の答えを提示して、「どうしてそう言えるのか」と自問し、その理由を五兆の解釈により述べたもので、『亀卜抄』にはこうした卜兆の解説が五一条あるが（三一～二〇三行目）、そのほとんどに「何以（以何）言之（知之）」

の文句があり、際立った特徴となっている。

(50) なお、『江次第』巻一八・軒廊御卜条には、卜忌についてつぎのような興味深い記事がある。

『史記』亀策伝曰、卜禁日［曰］、子・亥・戌、不レ可二以卜及殺レ亀。日中如食已レ卜、暮昏亀之徼也、不レ可二以卜一。庚辛日可二以殺及以損［鑽］一也。／(傍書)「亀卜忌日、出二真人水鏡第下(ママ)一」。一、五子日〔不レ卜。亀本姓蔡、名教、字子禹、以二甲子一死。故子不レ卜、甲子弥忌〕。／一、庚辛日〔不レ卜〕、是殺レ亀日也。／一、反支日〔不レ卜〕、子・丑朔〔六日〕、寅・卯朔〔五日〕、辰・巳朔〔四日〕、午・未朔〔三日〕、申・酉朔〔二日〕、戌・亥朔〔自反支〕。／寅月午、卯月未、辰月未、／巳月申、午月申、未月酉、／申月酉、酉月戌、戌月戌、亥月戌(亥カ)、子月巳、丑月午。／一、四廃日〔不レ卜〕、時亦准レ之。／春〔庚・辛〕、夏〔壬・癸〕、秋〔甲・乙〕、冬〔丙・丁〕。／一、朔日〔不レ卜〕。／一、正・九〔子〕、十・五〔巳(赤カ)〕、四・八・十二〔酉〕、二〔戌〕、六〔卯〕、三・七・十一〔午〕、不レ卜。／青亀〔春用レ之、西座東向〕紫〔夏用、北座南向〕／白亀〔秋用レ之、西向〕黒(亀)〔冬用、南座北向〕／黄亀〔四季用、向二其月建一〕／『史記』亀策伝曰、卜必向レ北(北向カ)。／四日・七日・廿日、以上、神不レ在。／無レ神日勿レ用。卜レ之亦不レ中。／神所レ在。／一日〔前左足〕、二日〔右翼、一云、二三並在〕、三〔右翼〕、五〔左足、一云、左翼〕、／六日〔右翼〕、八日〔頭〕、九〔前左足〕、十〔左翼〕、／十一〔右翼〕、十二〔後右足〕、十三〔後左足〕、十四〔右翼〕、／十五〔前左足〕、十六〔後右足〕、十七〔前右足〕、十八〔前左足〕、／十九〔左足〕、廿一〔右足〕、廿二〔後左足〕、廿三〔後右足〕、／廿四〔在レ頭〕、廿五〔前左足〕、廿六〔左翼〕、廿七〔後左足〕、／廿八〔尾〕、廿九〔前右足〕、卅〔左翼〕。／六壬卜忌日、／子日。／亀卜必具二五行一。水〔灌レ之〕、火〔故［放］レ之〕、木〔立レ之〕、金〔為二懸レ水器一〕、土〔以二亀甲一徹［之］〕。／水〔卜〕、火〔ホ〕、神〔カミ〕、人〔エミ〕、／土〔ため〕。金〔エミ〕・人(傍書)、木〔カミ〕・神(傍書)。

右のうち、「五子日」「四廃日」や五色の亀の記述は、『亀相記』や『亀卜抄』のｂｄに対応するものであるが、右に引いた前田家巻子本（尊経閣善本影印集成一〇）の傍書にいう「真人水鏡」とは、『隋書』『旧唐書』経籍志（子部兵書）に「十巻」「陶弘景撰」とみえる逸書である。この書は『梁書』の陶弘景の本伝にはみえず、また、逸文が『太平御覧』

ほかにみえるものの、『江次第』の文とは対応しないので、その真偽は確かめえないが、この傍書は準拠するに足る説かどうかを確認したものであろうから、その記載を疑う理由もなかろう。ゆえに、『真人水鏡』のまとまった逸文（「六壬卜忌日」までか）として貴重なだけでなく、南斉の柳世隆『亀経』などをうけて書かれた卜占書として、『亀卜抄』と『亀経』の関係を傍証するものといえるのではないか。

(51)　引用は湖北省荊沙鉄路考古隊『包山楚簡』（文物出版社、一九九一年）により、釈読して通行の字体に改めた。ただし、同書の釈文では原文（簡一九七）の「穿〻」（「〻」は重文記号）を「躬身」の合文とするが、図版にしたがい「身身」と釈読した。なお、工藤元男「包山楚簡『卜筮祭禱簡』の構造とシステム」（『東洋史研究』五九巻四号、二〇〇一年）参照。

大嘗祭と太政官

武光　誠

はじめに

私は、神祇官と太政官との関係を論じた前稿[1]のなかで、「律令制定時には宮廷の祭祀の大部分は、太政官の関与なしに神祇官が専行する形で進められたのではあるまいか」と述べた。これは、神祇官がきわめて多数の祭祀を扱うのに、そのなかで太政官がかかわるものの件数が、比較的少ないことにもとづく意見である。

また、雨乞いの行事[2]や宮廷の卯杖の儀式[3]にも、太政官の関与はみられない。

太政官と朝廷の祭祀とのかかわりの全体の傾向は、以上に述べたとおりであるが、個々の祭祀への太政官のかかわり方は、それぞれ異なる。そして、一つ一つの祭祀の宮廷での位置づけと、そこにおける太政官の役割を探っていくことを通じて、太政官制の本質にせまれると思われる。

こういった観点にもとづく考察の手はじめに、本稿で太政官と大嘗祭とのかかわりを扱いたい。(以下、天皇一代ごとに一度行われる践祚大嘗祭を「大嘗祭」、毎年秋にひらく収穫感謝の祭祀を「新嘗祭」と表記する）。

大嘗祭の儀式次第やその意味については、きわめて多くの研究[4]が出されているが、本稿ではそれに深入りせず、大嘗祭での太政官の役割についての要点のみをみていくことにする。

一　太政官と神祇官の役割分担

まず『延喜式』などを手がかりに、太政官の大嘗祭へのかかわり方の特性を指摘しておこう。私は、それをつぎの五点に要約してみた。

①大嘗祭の悠紀・主基の執行機関として検校・行事が定められること。

『延喜式』太政官式八四条の大嘗祭の規定に、

大臣奉レ勅、召二神祇官一、卜二定悠紀・主基国郡一。並封卜之。奏可訖、即下知。依レ例准凝。又定二検校・行事一。

とある。これによって、大嘗祭のはじめに、おかれたどの国郡を悠紀・主基とするかうらなう行事がなされるとともに、検校・行事が任命されたありさまがわかる。『延喜式』神祇官式七の一条にもこれに対応する「又定二検校・行事一」の文がある。

『儀式』巻二に大・中納言二人、参議一人が検校に、四位の官人一人、五位の官人（弁官を含む）三人、判官以上（太政官の史を含む）四人などが行事になったとある。[5]かれらは、行事所で大嘗祭の執行にあたる。これによって、大嘗祭の雑務が太政官の大・中納言の監督のもとで行なわれたありさまがわかる。

②大嘗祭に参加する小斎人のなかにまとまった数の太政官の官人がみえること。

『延喜式』宮内省式五条の践祚大嘗祭に供奉する小斉人に関する規定によって、「中納言已上一人、参議一人、外記二人、史生二人、史二人、史生二人」の計一〇人の太政官の官人が小斉人をつとめたことがわかる。その規定に記された官司ごとの小斉人の数はつぎのようになる。

神祇官	一五〇人	中務省	四五人
大舎人寮	四二人	図書寮	四人
縫殿寮	一〇人	内蔵寮	二〇人
宮内省	五人	大膳職	八四人
大炊寮	二六人	主殿寮	二二人
典薬寮	六人	掃部寮	一〇人
内膳司	一六人	造酒司	四〇人
采女司	四人	主水司	一二人
近衛府	一〇六人	兵衛府	四四人
衛門府	九二人	内侍以下	五九人

太政官・神祇官の他に、天皇家の内廷である中務省、宮内省と武官、女官が小斉人として大嘗祭にかかわっていたありさまがわかる。太政官の小斉人の人数は、他の官司のそれとくらべて多いとはいえないが、小斉人のなかでもっとも高い地位にあるのが太政官が出す中納言以上の者になる。

このことや、小斉人を出さない官司が大部分である点を考えれば、太政官の者の小斉人のなかに占める位置はそう軽くはない。

③大嘗祭の祭儀の当日（卯の日）とそのあと三日間にわたって行われる節会（辰の日、巳の日、午の日）に大臣以下の太政官の構成員が参列すること。

大嘗祭の祭儀の当日の亥の刻に、天皇が大嘗宮に入るとき、皇太子、諸親王、大臣以下五位以上は、「幄下座」（『延喜式』神祇式七、三一条）につく。そして、六位以上は「暉章・修式二堂」（『延喜式』神祇式七、三一条）の後に列立する。

また、このとき「大臣若大中納言一人」が中臣、忌部、御巫、猿女をひきいて大嘗宮に入る天皇の先導をつとめる（『延喜式』神祇式七、三一条）。

節会では、大臣なども含む五位以上の官人と六位以下の官人が豊楽院の儀式に参加し、そこで五位の弁官一人が「両国所レ献供御及多明物色目」（『延喜式』神祇式七、三二条）を奏する。悠紀の国の別貢の物を献じるときには、大臣が「侍二殿上一、喚二五位以上一」（『延喜式』神祇式七、三二条）という役目をつとめる。ついで、主基の別貢の物についても同じ手順の儀式がなされる。

さらに、悠紀・主基両国の多明物は、「令三弁官班二給諸司一」（『延喜式』神祇式七、三二条）とされる。

このような大嘗祭の儀式次第から、大嘗祭が神祇官のうけもつ祭祀ではなく、すべての官人が参加して行なう朝廷全体にかかわる祭祀であると考えられていたことがわかる。そして、そのような大嘗祭で、太政官の長官である大臣がすべての官人を指揮する役目を、弁官が事務的職務の重要な部分をうけもつ役目を担っていた。

④神祇官が大嘗祭の準備の要所となるところで必ず太政官の監督・指揮をうけること。

たとえば、神に供えるための盆、瓶などの雑器は「諸司具注二三所レ須物数一、預前申レ官、八月上旬、差二宮内省史生一、遣二五国一監造一」（『延喜式』神祇式七、一七条）とされる。また、大嘗宮の南北の門に建てる神楯四枚、戟八竿

は、「左右衛門府、九月上旬申レ官、令二兵庫寮一依レ様造備」（『延喜式』神祇式七、二四条）

ここの「官に申す」とある手つづきは、弁官の指示をうけることをあらわす。『延喜式』掃部寮式一四条には、

践祚大嘗会、十月下旬装二束八省院頓宮一、其所レ須薦席者、依二弁官宣一下用。

とある。これによって掃部寮が、弁官から下された文書にもとづいて大嘗祭のための薦席を用意したありさまがわかる。当然のことであるが、神祇官が他の官司の大嘗祭にかかわる職務について、直接口出しすることはできなかった。あらゆる官司が、太政官の指揮のもとに大嘗祭とかかわったのである。

また、『延喜式』太政官式のつぎの規定にしめされるように、神祇官式が行なう大嘗祭の手順のうえでの重要な事項は、太政官の命令によって、ときには勅をうける形でなされた。

大臣奉レ勅、召二神祇官一、卜二定悠紀・主基国郡一。並封卜之。奏可訖、即下知。（八四条）

また、そのあとの「遣二使両国一、卜二抜穂田及斎場雑色人一、令二行事一」という規定から、『延喜式』では悠紀・主基両国における抜穂の行事も、太政官の指令によるものだと考えられていたと思われる。

こういった規定から、大嘗祭当日以前のさまざまな雑務が、太政官の監督のもとに行なわれたありさまがわかってくる。神祇官の手で大嘗祭の準備がなされたのちに、はじめて太政官が大嘗祭に関与し、太政官の指揮によって大嘗祭当日の行事が行なわれたのではない。

⑤中臣・忌部・卜部などが大嘗祭のなかの祭祀を通じて地方にたいする支配を強化する部分を担っていること。

悠紀・主基の国郡の卜定は、神祇官が行なう（『延喜式』神祇式七、一条）。ついで、大嘗祭の前のきよめを行なう大祓使として、「左右京一人、五畿内一人、七道各一人」（『延喜式』神祇式七、二条）が選ばれるが、この大祓使は大中臣氏がつとめる（『日本三代実録』元慶元年八月二十五日条など）。

そのあと、「供㆓幣帛天神地祇㆒使」が派遣される。伊勢神宮には「諸王五位以上一人、中臣一人、忌部一人、卜部一人」が、五畿内や七道への使者には「中臣・忌部両氏」（以上『延喜式』神祇式七、三条）が送られる。悠紀・主基の国で神饌に用いる稲穂を収穫する抜穂使には「宮主一人、卜部三人」（『延喜式』神祇式七、九条）があてられる。さらに大嘗祭の祭祀の当日には、中臣、忌部などが各々の家につたえられた秘事にもとづいて、さまざまなまつりを行なう。

こういった点をみていくと、大嘗祭は実質的には大中臣氏、忌部氏、卜部氏などの律令制以前に王家の神事に仕えた氏（うじ）だけの手によって行なわれていたことがわかる。かれらは、太政官の監督のもとで行動していた。しかし、儀式の手順が公開されて誰でもがそれを担当できる形になり、太政官の構成員が大嘗祭の祭祀の担い手となることはありえなかった。

朝廷の祭祀における、太政官と神祇官とのそのような関係は、「律令」の理念とどのようにかかわるのであろうか。「職員令」神祇官条は神祇伯の職掌をつぎのように規定する。

掌。神祇祭祀、祝部神戸名籍、大嘗。鎮魂。御巫。卜兆。惣㆓判官事㆒。

これによって、神祇官が神祇の祭祀に関するあらゆる職務をうけもっていたことがわかる。「大嘗」や「鎮魂」は、「神祇祭祀」に含まれるのであろうが、その二つがとくに重視されていたために、「職員令」はそれらが神祇伯の職務であると記した（『令集解』の「鎮魂」の説明の「義解」の後の問答）。

『令集解』職員令神祇官条の「古記」などによって、神祇伯の職務とされる「大嘗」は践祚大嘗祭と毎年ひらかれる新嘗祭とをあわせたものであったことがわかる。

一方、太政官は「統㆓理衆務㆒、挙㆓持綱目㆒」（「職員令」太政官条の左大臣の職掌）の職務によって、神祇官を監督する立場にある。古くから大和朝廷の祭祀をになってきた豪族の伝統的慣行をうけつぐ神祇官が、律令制成立期に新たにつくられた太政官の支配下にくみ入れられたわけであるが、大嘗祭以外の祭祀では太政官と神祇官とはどのようなかかわりをもったのであろうか。

二　朝廷の祭祀と太政官

『延喜式』を手がかりに、太政官が「神祇令」が規定する朝廷の祭祀にどのような形でかかわっていたかをみていこう。

祈年祭、月次祭、新嘗祭では、大臣以下が神祇官におもむいて祭祀に参加する形がとられていた。これらは、いずれも稲作と深くかかわる行事である。

祈年祭については、次の規定がある。

凡二月四日奉レ班二祈年幣帛一。大臣及参議以上、赴二神祇官一。弁外記史各一人、及諸司五位以上六位以下各一人共集（『延喜式』太政官式六三条）

月次祭に関しては、「凡六月、十二月十一日月次祭、奉レ班二幣帛一。大臣以下集二神祇官一如二祈年儀一」（『延喜式』太政官式七三条）と規定されている。新嘗祭については「辰日賜二宴於五位已上一。大臣行事如レ常」（『延喜式』太政官式七六条）とある。

また、大祓と鎮魂祭では、儀式が行なわれる場所に大臣以下が行く形がとられる。

つぎに記すように、大祓は官人すべてが大内裏の正門である朱雀門にあつまって行なう。

凡六月、十二月晦日、於二宮城南路一大祓。大臣以下五位以上就二朱雀門一（中略）弁史一人率二中務式部兵部等省一、申二見参人数一。（『延喜式』太政官式七四条）

鎮魂祭については、つぎのようにある。

其鎮魂者、十一月中寅於二宮内省一祭レ之。大臣以下赴二祭所一。（『延喜式』太政官式七六条）

つぎにあげる神嘗祭、相嘗祭、大忌祭、風神祭は神祇官がおもに関与する祭祀であるが、その重要な部分で太政官の監督をうけるものである。

神嘗祭は、伊勢神宮のまつりで、そのとき朝廷が伊勢神宮に使者をおくり、幣帛をささげる。この儀式は、

天皇臨二大極後殿一奉幣。事見儀式。其使諸王五位已上、及神祇官中臣忌部各一人給二当色一。（『延喜式』神祇式二、一条）

と規定される。神祇官の中臣や忌部が深くかかわる祭祀であるが、つぎの条文から使者の選定に太政官が深くかかわったことがわかる。[6]

其使者、太政官預点二五位以上王四人一卜定用卜食者一人。大臣奏聞、宣命授二使王一、共二神祇官中臣忌部一発遣（『延喜式』太政官式七五条）

太政官が選んだ四人の諸王のなかの一人が、神祇官の卜定によって選ばれるのである。

相嘗祭は、新嘗祭に先だって畿内および紀伊国の四一社で行なわれる祭祀である。神祇官が四一社に幣帛を送るものであるが、幣帛の扱いについて、つぎの規定がある。

其所レ須雑物、預申レ官請受。付二祝等一奉レ班（『延喜式』神祇二、四七条）

相嘗祭の幣帛も、太政官の監督のもとに用意されたのである。

大忌祭と風神祭の使者は、式部省が決めたものを弁官に報告する形で任命される。このことについて、『延喜式』太政官式には、つぎのようにある。

凡大忌風神二社者、四月・七月四日祭レ之。式部省四月・七月朔日点二定社別王臣五位已上各一人一、申二送弁官一。弁官下二知大和国一（六四条）

そして、『延喜式』神祇式一の大忌祭・風神祭についてのつぎの規定から、この祭祀に神祇官が深くかかわっていたことがわかる。

右二社、差二王臣五位已上各一人、神祇官六位以下官人各一人一充レ使。卜部各一人、神部各二人相随。（一五条）

この他に、神祇官が祭祀の日をあらかじめ太政官に申し、散斎の一日前に少納言がその日程を奏上する規定（『延喜式』太政官式七七条）もある。また、祭祀の「専当人名簿」（『延喜式』太政官式七八条）も、祭司にかかわる諸司から弁官に送られていた。

このように、太政官はさまざまな面で朝廷の祭祀に関与していたのであるが、そうであっても神祇官の主導のもとに行なわれる祭祀は多い。『延喜式』神祇式一、二にみえる毎年恒例の朝廷の祭祀のなかの約三分の二が、太政官の関与なしに神祇官の官人だけの手で執行されるものである（神祇官は祭りの日程だけを太政官に報告する）。

そういったもののなかの、鎮花祭、三枝祭、神衣祭、鎮火祭、道饗祭が「神祇令」にみえるものである。たとえば、鎮花祭で大神社と狭井社にささげる幣帛や三枝祭で三枝社にささげる幣帛は、神祇官が「付二祝等一令レ供レ祭」（『延喜式』神祇式一、一三条）とされている。

全体的にみれば、太政官は律令制下の重要な祭祀をその監督のもとに行なったが、それほど重要でない祭祀の執行は神祇官に一任していたということになろう。また、重要な祭祀であっても、太政官はそのなかの伝統的神事にあたる部分には関与しなかった。つまり、律令制下にあっても、大中臣氏や忌部氏が朝廷で古くからうけつがれてきた祭祀の主役でありつづけたのである。

このような太政官と朝廷の祭祀とのかかわり方は、どのようないきさつでつくられたのであろうか。この点について、大隈清陽氏(7)の興味深い研究が出されている。

氏は『延喜式』太政官式を手がかりに、太政官を構成するさまざまな官職がどのような形で朝廷の行事にかかわっていたかをみていった。そして、つぎの二点を指摘した。第一に、弁官が行事の場でさまざまな官人を引率する役目をつとめていることである。第二に、弁官による行事に中納言ないし参議が加えられ、より上位の立場から行事を監督するばあいがあることである。

氏は、弁官のそのような職務は、大宝令施行当初、ないしそれ以前までさかのぼり得るという。それに対し、参議以上の公卿が儀式運営の主体として位置づけられるようになるのは、平安時代初期であると大隅氏はいう。そして、それは狭義の太政官の内裏への吸収と、参議以上の近臣化によるものであったと主張する。

朝廷の行事全体のおおまかな動向についてのこの評価は、おおむね正しいのであろう。しかし、太政官が大嘗祭、大祓などの天皇支配と密接に結びついた祭祀にかかわりはじめるのが平安初期であると考えてよいのであろうか。

太政官の監督のもとに行なわれる祭祀には、一つの共通性がある。それらが、稲作に欠かせない神事だと考えられていた点である。祈年祭は神に豊作を祈る神事であり、大嘗祭（新嘗祭）は収穫感謝の神事である。伊勢神宮の新嘗祭にあたるものが神嘗祭で、新嘗祭に関連する諸社への奉幣が相嘗祭である。

穢れを清める大祓は、稲作に欠かせないものであり(8)、鎮魂祭が天岩戸神話と深くかかわるものである点も指摘されている(9)。天岩戸に隠れた太陽神をよび出すことも、稲作に必要な太陽の力を得るための行為とみてよい。大忌祭でまつる広瀬社の神も、風神祭でまつる竜田社の神も、稲作と深くかかわる自然をつかさどる神である(10)。

これまでの諸研究によって、ここにあげたような稲作にかかわる祭祀が天武朝から持統朝にかけて急速に整備されていったことが明らかにされている。

高森明勅氏(11)は、供御田の稲・粟をまつりに用いるのではなく、国司の手で悠紀・主基の稲を貢上する制度が確立された時点をもって大嘗祭の成立とみる。この考えにたてば、浄御原令制で大嘗祭の儀式の形式が整えられたことになる。西宮秀紀氏(12)も大嘗祭を通じて地方への支配を強化する行事が持統朝に成立したとする立場をとる。

大嘗祭は、孝徳朝ごろから大宝令制にかけて徐々に整備されていったのであろうが、それが浄御原令制で大きく発展したことはまちがいない。

佐々田悠氏(13)は、天武朝に重んじられた広瀬社と竜田社の祭祀を発展させることによって持統朝に祈年祭の班幣が成立したことを明らかにしている。そして、それは浄御原令制での神官から神祇官への発展に対応するものであるという。大祓も、「浄御原令」制定と深くかかわる形で天武朝後半に整備された(14)。また、菊池照夫氏(15)は相嘗祭が天武朝に成立し、浄御原令制で制度的に確立したことを明らかにしている。

神嘗祭に関する最古の確実な史料は、『続日本紀』の養老五年（七二一）の記事である。ゆえに、神嘗祭と「浄御原令」とのかかわりはつかみづらいが、律令制の祭祀の整備の動きのなかで浄御原令制が重要な区切りになっていることは認めてよいと思われる。

天武朝の神官は、中臣氏や忌部氏の主導下におかれた閉鎖的な組織だったのではあるまいか。それは、朝廷の中国風の官制を整備していこうとする流れからとり残されたものであった。

そして、最初の整った中国風の政務の規範である「浄御原令」の制定にあたって、神官は「令制」にあわせた形をとる神祇官に再編された。このとき、中臣氏や忌部氏と持統天皇とその周辺の朝廷の有力者とのあいだに一つの妥協がなされたと考えることはできまいか。

神祇官を太政官の下にくみ入れないかわりに、朝廷にとってとくに重要だと思われる祭祀に太政官の官人を介入させるというものである。『延喜式』に規定されたような祭祀の場での太政官と神祇官とのかかわり方は、このようないきさつで持統朝につくられたのではあるまいか。

むすび

『延喜式』をみると、朝廷の祭祀の場での太政官の役割と神祇官の役割とのかかわりについて、きわめて細かい規定がつくられていたことがわかる。あらゆる祭祀について、太政官が一律に一定の形式の命令を神祇官に下し、神祇官がそれに沿って行動するといったわかりやすい形にはなっていないのである。

これまで多くの推測を重ねつつ、朝廷の祭祀における太政官と神祇官とのかかわりをみてきた。そして、太政官が稲作と密接な関係をもつ祭祀をその監督のもとにおいていたことが明らかになった。この方式は、浄御原令制でつくられたものであるらしい。

しかし、実際には大和朝廷の築いた伝統にもとづいて中臣氏や忌部氏が行なってきた祭祀のありかたは、きわめてつかみにくい。たとえば本稿では、悠紀・主基の国からの稲の貢上の開始を「律令制」的な大嘗祭の成立とする立場をとったが、悠紀・主基の地域と朝廷とのつながりは律令制以前の古くからあるものだとする説もある(16)。今後も、さまざまな視点によって個々の律令制下の祭祀の意味を一つ一つ明らかにしていく作業にとりくみたい。それによって、律令制支配と朝廷の祭祀との関係がみえてくると思われる。

註

（1）武光誠「神祇官と太政官との関係」『律令太政官制の研究』吉川弘文館、一九九九年。
（2）武光誠「日本古代の雨乞いについて」埴原和郎編『日本人と日本文化の形成』朝倉書店、一九九三年。
（3）武光誠「古代天皇家と卯杖」『律令制成立過程の研究』雄山閣、一九九八年。
（4）この方面の研究のもっとも詳細なものとして倉林正次『饗宴の研究』儀礼編（桜楓社、一九六五年）がある。
（5）木本好信「平安時代の大嘗会行事所」『神道史研究』三三—二、一九八五年参照。
（6）小松馨「神宮奉幣使考」『大倉山論集』一九、一九八六年参照。
（7）大隅清陽「延喜式からみた太政官の構成と行事」『延喜式研究』四、一九九一年。
（8）武光誠「稲作と大祓」武光誠・山岸良二編『古代日本の稲作』雄山閣、一九九四年。
（9）本居宣長『古事記伝』、井上光貞「神祇令注釈と補注」『日本古代の王権と祭祀』東京大学出版会、一九八四年。
（10）福島好和「天武持統朝政治の一考察」『関西学院史学』一二、一九七〇年など参照。
（11）高森明勅「大嘗祭の成立についての管見」『國學院雑誌』八九—一〇、一九八九年。
（12）西宮秀紀「律令制国家の〈祭祀〉構造とその歴史的特質」『日本史研究』二八三、一九八七年。
（13）佐々田悠「律令制祭祀の形成過程」『史学雑誌』一一一—一二、二〇〇三年。
（14）矢野建一「天下（四方）大祓の成立と公民意識」『歴史学研究』六二〇、一九九一年。
（15）菊池照夫「律令国家と相嘗祭」虎尾俊哉編『律令国家の政務と儀礼』吉川弘文館、一九九五年。
（16）井上辰雄「大嘗祭と新嘗祭の地域的構造」『國學院雑誌』九一—七、一九九〇年。

弘仁「儀式」の構想

——「事見儀式」の基礎的検討——

栗木 睦

はじめに

本稿では、『弘仁式』『貞観式』『延喜式』の条文中にみえる割注「事見儀式」に基礎的検討を加えることにより、『弘仁式』を編纂する際に構想されていたであろう「儀式」の編目構成を可能な範囲で明らかにしたいと考えている。(1)

周知の通り、現行本『儀式』(十巻)に三代の区別はない。ただ『本朝法家文書目録』(以下『文書目録』と略称)の中に「弘仁儀式」「貞観儀式」「延喜儀式」(各十巻)の目録がみえ、このうち「貞観儀式」の目録が現行本『儀式』の編目とほぼ一致することなどから、三代式とともに三代儀式が編纂、施行されたものの、「貞観儀式」たる現行本『儀式』のみが伝存し、「弘仁儀式」「延喜儀式」の写本は散逸してしまったと考える立場がある(2)〔A案〕。その一方で、

『文書目録』の信憑性に疑問があることから、その史料性を否定的に捉え、目録にみえるままの三代儀式が、三代式とともに個別に編纂されていた事実はなく、式の編纂と内容的に密接な関わりをもちつつも、結果として『貞観式』とともに準備されていたであろう「儀式」をもとに一定の改訂を加えた、現行本『儀式』一種類のみが完成したのだと考える立場がある〔B案1〕。

そのほか、同じく『文書目録』の史料性を否定的に捉えつつも、院政期の書物中にわずかに見出される「延喜儀式」逸文の存在を重視し、『延喜式』と併行して『延喜儀式』が編纂、施行されたのは事実であると判断し、三代儀式の中で、現行本『儀式』と『延喜儀式』の二種類が完成に至ったと考える立場がある〔C案〕。ただこの場合も、現行本『儀式』の中に延喜年間以降の改訂の跡がみえたり、「延喜儀式」逸文の内容が院政期の儀式次第（『江家次第』など）とよく合致したりすることなどから、この「延喜儀式」とは院政期以降に改めて編纂された書物にすぎないと考える批判的な立場がある〔B案2〕。むろん院政期であっても、『延喜式』とともに準備されていた「儀式」の草稿をまとめ直したのだと考えれば、一概に偽書とはいえないわけであるが、それだけ一定の期間をへて完成した書物に、延喜「儀式」としての実質的な効力を想定するのは困難であろう。いわゆる三代儀式の一としての『延喜儀式』は完成、施行に至らなかったと判断するのが穏当ではなかろうか。

本稿では、こうした『儀式』全体にわたる問題の中から、『儀式』編纂の端緒に位置する弘仁の『儀式』について検討してみたい。いわゆる『弘仁儀式』については、『文書目録』の信憑性に疑問があるだけでなく、写本はもとより逸文もまったく見出されていないので、『文書目録』にみえるままの「弘仁儀式」が、『弘仁式』とともに完成し、施行されていたと考えるのは困難であろう。実際、現行本『儀式』をみても、前式たる弘仁の「儀式」など存在しないかのように、今案と前式との異同をまったく記しておらず、『貞観式』が『弘仁式』との異同を逐一明記しているのに比べて、大きな違いをみせている。もし弘仁の『儀式』が完成し、施行されていたのであれば、貞観の『儀式』でその存在を無視することは普通ありえないように思われる。現存する史料による限り、『弘仁儀式』が『弘仁式』とともに完成し、施行されていたとは考えがたい。

このように私は、弘仁の『儀式』は施行に至らなかったと考えるものであるが、最終的に施行に至らなかったからといって、弘仁の「儀式」を編纂する構想までもが、はじめから存在しなかったと判断するわけにはいかない。なぜならすでに『弘仁式』の条文中に、少なからざる数の割注「事見儀式」が見出されるからである。この割注を無視してしまわない限り、最終的に完成、施行にまで至らなかったとしても、『儀式』編纂の構想それ自体は『弘仁式』の段階から存在していたと考えざるをえないのである。そしてたとえ構想段階であったとしても、『弘仁式』とともに準備されていた「儀式」の構想（編目構成）が明らかになるのであれば、『儀式』の研究においてまず第一に明確にすべきことと考えられる。

本稿では、このような観点にもとづき、三代式の条文中にみえる割注「事見儀式」に基礎的検討を加え、『弘仁式』を編纂する際に構想されていたであろう「儀式」の編目構成をできる範囲で復原していきたい。

一

まずはじめに検討すべきは『弘仁式部式下』断簡である。(3) 冒頭に若干の欠落があるものの、『弘仁式』当時の年中行事に関する条文をまとめて列挙する中で、『儀式』との対応が想定される条文には「事見儀式」との割注を付してある。以下、『弘仁式部式下』断簡の現存条文（三十四条）を、『延喜式部式下』および現行本『儀式』の対応条文とともに掲げておく。条文名の下にある○×は「事見儀式」との割注が有るか無いかを示すものである。

表1 『弘仁式部式下』断簡と現行本『儀式』・『延喜式部式下』の対応関係

『弘仁式部式下』断簡掲載条文	現行本『儀式』対応条文	『延喜式部式下』対応条文
1 (元正朝賀)?	⑥1「元正受朝賀儀」	10「元正朝賀〈即位准之〉」○
2「二日皇后受賀」×	⑥4「正月二日朝拝皇后儀」	11「二日皇后受賀」×
3「同日皇太子受賀」×	⑥5「同日拝賀皇太子儀」	12「同日皇太子受賀」○
4「七日叙位賜宴」○	⑦1「正月七日儀」	16「正月七日叙位賜宴」○
5「七月七日相撲」○	⑧4「相撲節儀」	※対応文なし。
6「九月九日菊花宴」○	⑧5「九月九日菊花宴儀」	24「九月九日菊花宴」○
7「践祚大嘗会」○	②~④「践祚大嘗祭儀」	3「践祚大嘗会」○
8「毎年大嘗会」○	⑤3「新嘗会儀」	4「新嘗会」○
9「四孟月告朔」○	※対応条文なし。	13「孟月告朔」○
10「収薪」○	⑨1「正月十五日於宮内省進御薪儀」	18「収薪」○
11「受諸蕃使表及信物」○	※対応条文なし。	25「受諸蕃使表及信物」○
12「賜蕃国使宴」○	※対応条文なし。	26「賜蕃国使宴」○
13「考選目録申太政官」○	⑨3「二月十日於太政官庁申三省考選目録儀」	19「二月十日考選目録申太政官」○
14「諸司長上成選人列見太政官」○	⑨4「二月十一日列見成選主典已上儀」	20「十一日諸司長上成選人列見太政官」○
15「諸司番上成選人列見省」×	※対応条文なし。	21「諸司番上成選人列見省」×
16「奏成選短冊」○	⑨9「四月七日奏成選短策儀」	22「四月七日奏成選短冊」○
17「授成選位記」○	⑨10「四月十五日授成選位記儀」	23「十五日授成選位記」○
18「任官」○	⑧8「内裏任官儀」	17「任官」○
19「諸司送五位以上上日」×	※対応条文なし。	15「諸司送五位以上上日」×
20「諸司申送朔日見参人数」×	※対応条文なし。	14「諸司申送朔日見参人数」×
21「諸司進禄文并給」○	⑨5「二月十日申春秋季禄儀」 6「二月廿二日賜春夏季禄儀」両条?	27「諸司進禄文并給」○
22「給位禄」×	⑩4「賜位禄儀」	28「給位禄」×

23「諸司進馬料文並給」×	⑨2「正月廿二日賜馬料儀」	29「諸司進馬料文並給」×
24「諸司畿内長上考選文進左弁官」○	※対応条文なし。	30「諸司畿内長上考選文進左弁官」○
25「諸司畿内番上考選文進省」×	※対応条文なし。	31「諸司畿内番上考選文進省」×
26「諸家考選文進省」×	※対応条文なし。	32「諸家考選文進省」×
27「考問并引唱」×	※対応条文なし。	33「考問并引唱」×
28「試貢人及雑色生」×	※対応条文なし。	34「試貢人及雑色生」×
29「試補諸司史生」×	※対応条文なし。	35「試補諸司史生」×
30「試諸国郡司主帳以上」×	※対応条文なし。	36「試諸国郡司主帳以上」×
31「叙任諸国郡司大少領」○	⑨11「奏銓擬郡領儀」 12「太政官曹司庁叙任郡領儀」両条?	37「叙任諸国郡司大少領」○
32「叙任諸国主政帳」×	※対応条文なし。	38「叙任諸国主政帳」×
33「任僧綱」×	⑧9「任僧綱儀」	39「任僧綱」○
34「毀罪人位記」○	⑩18「毀位記儀」	40「毀罪人位記」○

『弘仁式部式下』断簡は計三十四条からなる。このうち「事見儀式」の割注があるのは、

4「七日叙位賜宴」　**5「七月七日相撲」**
6「九月九日菊花宴」　7「践祚大嘗会」
8「毎年大嘗会」　**9「四孟月告朔」**
10「収薪」　**11「受諸蕃使表及信物」**
12「賜蕃国使宴」　13「考選目録申太政官」
14「諸司長上成選人列見太政官」　16「奏成選短冊」
17「授成選位記」　18「任官」
21「諸司進禄文并給」　**24「諸司畿内長上考選文進左弁官」**

31「叙任諸国郡司大少領」　34「毀罪人位記」

の十八条である。このうち十四条は現行本『儀式』に対応条文があるが、残りの四条、

9「四孟月告朔」　11「受諸蕃使表及信物」

12「賜蕃国使宴」　24「諸司畿内長上考選文進左弁官」

は現行本『儀式』に対応条文がない。これに対して『延喜式部式下』との関係をみると、十八条中、

5「七月七日相撲」

の一条をのぞく十七条は『延喜式部式下』に対応条文があり、その十七条すべてに「事見儀式」の割注を付してある。さらにそのうち十三条は現行本『儀式』に対応条文がある。残りの四条（13「孟月告朔」・25「受諸蕃使表及信物」・26「賜蕃国使宴」・30「諸司畿内長上考選文進左弁官」）に対応する条文が現行本『儀式』にないのは、『弘仁式部式下』の場合と同じである。

『弘仁式部式下』の三十四条中、「事見儀式」の割注がないのは十六条である。このうち現行本『儀式』にも対応条文がないのは十条であり、残りの六条、

1（元正朝賀）　2「二日皇后受賀」

3「同日皇太子受賀」　22「給位禄」

23「諸司進馬料文並給」　33「任僧綱」

は現行本『儀式』に対応条文がある。このうち1（元正朝賀）条はその末尾部分（十一字）が現存するだけなので、原文中には「事見儀式」の割注があった可能性も想定しうる。しかし、残りの五条にはもともと「事見儀式」の割注がない（にもかかわらず、現行本『儀式』に対応条文がある）。これに対して『延喜式部式下』との関係をみると、

『弘仁式部式下』で「事見儀式」の割注がない十六条は、すべて『延喜式部式下』に対応条文があり、そのうち十三条には『弘仁式』と同じように「事見儀式」の割注がない。ただ残りの三条、

10「元正朝賀〈即位准之〉」　12「同日皇太子受賀」

39「任僧綱」

には「事見儀式」の割注があり、この三条の場合は現行本『儀式』に対応条文がある。また『延喜式部式下』で「事見儀式」の割注がない残りの十三条のうち三条、

11「二日皇后受賀」　28「給位禄」

29「諸司進馬料文並給」

は現行本『儀式』に対応条文がある。よって残りの十条には現行本『儀式』に対応条文がない。

続いて『弘仁式部式下』断簡の欠落部分について検討しておこう。まず『延喜式部式下』の全条文（四十条）を、現行本『儀式』および『弘仁式部式下』断簡の対応条文とともに掲げる。

表2　『延喜式部式下』と現行本『儀式』・『弘仁式部式下』断簡の対応関係

『延喜式部式下』掲載条文	現行本『儀式』対応条文	『弘仁式部式下』断簡対応条文
1「祈年月次二祭」○	①1「二月四日祈年祭儀」	※対応条文なし。
2「鎮魂祭」○	⑤2「鎮魂祭儀」	※対応条文なし。
3「践祚大嘗会」○	②～④「践祚大嘗祭儀」	7「践祚大嘗会」○
4「新嘗会」○	⑤3「新嘗会儀」	8「毎年大嘗会」○
5「出雲国造奏神寿詞」○	※対応条文なし	※対応条文なし。
6「六月十二月晦日大祓」○	⑤6「大祓儀」	※対応条文なし。

7「釈奠」○	⑦4「釈奠講論儀」	※対応条文なし。
8「正月講最勝王経」○	⑤1「正月八日講最勝王経儀」	※対応条文なし。
9「国忌斎会」×	※対応条文なし	※対応条文なし。
10「元正朝賀〈即位准之〉」○	⑥1「元正朝賀儀」	1（元正朝賀）？
11「二日皇后受賀」×	⑥4「正月二日朝拝皇后儀」	2「二日皇后受賀」×
12「同日皇太子受賀」○	⑥5「同日拝賀皇太子儀」	3「同日皇太子受賀」×
13「孟月告朔」○	※対応条文なし。	9「四孟月告朔」○
14「諸司申送朔日見参人数」×	※対応条文なし	20「諸司申送朔日見参人数」×
15「諸司送五位以上上日」×	※対応条文なし。	19「諸司送五位以上上日」×
16「正月七日叙位賜宴」○	⑦1「正月七日儀」	4「七日叙位賜宴」○
17「任官」○	⑧8「内裏任官儀」	18「任官」○
18「収薪」○	⑨1「正月十五日於宮内省進御薪儀」	10「収薪」○
19「二月十日考選目録申太政官」○	⑨3「二月十日於太政官庁申三省考選目録儀」	13「考選目録申太政官」○
20「十一日諸司長上成選人列見太政官」○	⑨4「二月十一日列見成選主典已上儀」	14「諸司長上成選人列見太政官」○
21「諸司番上成選人列見省」×	※対応条文なし。	15「諸司番上成選人列見省」×
22「四月七日奏成選短冊」○	⑨9「四月七日奏成選短策儀」	16「奏成選短冊」○
23「十五日授成選位記」○	⑨10「四月十五日授成選位記儀」	17「授成選位記」○
24「九月九日菊花宴」○	⑧5「九月九日菊花宴儀」	6「九月九日菊花宴」○
25「受諸蕃使表及信物」○	※対応条文なし。	11「受諸蕃使表及信物」○
26「賜蕃国使宴」○	※対応条文なし。	12「賜蕃国使宴」○
27「諸司進禄文并給」○	⑨5「二月十日申春秋季禄儀」 6「二月廿二日賜春夏季禄儀」両条？	21「諸司進禄文并給」○
28「賜位禄」×	⑩4「賜位禄儀」	22「給位禄」×
29「諸司進馬料文并給」×	⑨2「正月廿二日賜馬料儀」	23「諸司進馬料文並給」×
30「諸司畿内長上考選文進左弁官」○	※対応条文なし。	24「諸司畿内長上考選文進左弁官」○
31「諸司畿内番上考選文進省」×	※対応条文なし。	25「諸司畿内番上考選文進省」×
32「諸家考選文進省」×	※対応条文なし。	26「諸家考選文進省」×
33「考問并引唱」×	※対応条文なし。	27「考問并引唱」×
34「試貢人及雑色生」×	※対応条文なし。	28「試貢人及雑色生」×

35「試補諸司史生」×	※対応条文なし。	29「試補諸司史生」×
36「試諸国郡司主帳以上」×	※対応条文なし。	30「試諸国郡司主帳以上」×
37「叙任諸国郡司大少領」○	⑨11「奏銓擬郡領儀」 12「太政官曹司庁叙任郡領儀」両条？	31「叙任諸国郡司大少領」○
38「叙任主政帳」×	※対応条文なし。	32「叙任諸国主政帳」×
39「任僧綱」○	⑧9「任僧綱儀」	33「任僧綱」×
40「毀罪人位記」○	⑩18「毀位記儀」	34「毀罪人位記」○

『延喜式部式下』は計四十条からなる。冒頭の九条、

1「祈年月次二祭」　2「鎮魂祭」
3「践祚大嘗会」　**4「新嘗会」**
5「出雲国造奏神寿詞」　6「六月十二月晦日大祓」
7「釈奠」　8「正月講最勝王経」
9「国忌斎会」

のうち、「践祚大嘗会」「新嘗会」の二条をのぞく七条は『弘仁式部式下』に対応条文がない。この七条をのぞく残りの三十三条はすべて『弘仁式部式下』に対応条文がある。この三十三条に「七月七日相撲」の一条を加えると、『弘仁式部式下』の三十四条に等しくなる。つまり配列に異同はあるものの、冒頭部分を除けば、『弘仁式部式下』の条文はほぼそのまま『延喜式部式下』に引き継がれていることがわかる。よって『延喜式部式下』の冒頭にみえる、

1「祈年月次二祭」　2「鎮魂祭」
5「出雲国造奏神寿詞」　6「六月十二月晦日大祓」
7「釈奠」　8「正月講最勝王経」

9「国忌斎会」

の七条はそのまま『弘仁式部式下』冒頭に掲載されていた可能性が想定される。このうち9「国忌斎会」条をのぞく六条には「事見儀式」の割注がある。今後の考証で若干の異同は生じるであろうが、一応の見通しとして『弘仁式部式下』においても、これら六条に「事見儀式」の割注が付されていた可能性を想定しておきたい。なお現行本『儀式』との関係をみると、9「国忌斎会」とともに5「出雲国造奏神寿詞」の二条は現行本『儀式』に対応条文がない。現行本『儀式』に対応条文があるのは残りの五条（1「祈年月次二祭」・2「鎮魂祭」・6「六月十二月晦日大祓」・7「釈奠」・8「正月講最勝王経」）である。

以上を整理すると、『弘仁式部式下』断簡（計三十四条）のうち「事見儀式」の割注がある十八条、

4「七日叙位賜宴」　5「七月七日相撲」
6「九月九日菊花宴」　7「践祚大嘗会」
8「毎年大嘗会」　9「四孟月告朔」
10「収薪」　11「受諸蕃使表及信物」
12「賜蕃国使宴」　13「考選目録申太政官」
14「諸司長上成選人列見太政官」　16「奏成選短冊」
17「授成選位記」　18「任官」
21「諸司進禄文并給」　24「諸司畿内長上考選文進左弁官」
31「叙任諸国郡司大少領」　34「毀罪人位記」

は『弘仁式』の編纂段階に構想されていた「儀式」の編目として確実なものである。さらに『延喜式部式下』冒頭の

九条中『弘仁式部式下』の冒頭に掲載されていた可能性が想定される七条のうち、「事見儀式」の割注がある、

1「祈年月次二祭」　2「鎮魂祭」
5「出雲国造奏神寿詞」　6「六月十二月晦日大祓」
7「釈奠」　8「正月講最勝王経」

の六条は『弘仁式』の編纂段階に構想されていた「儀式」の編目に含まれていた可能性がある。そのほか『弘仁式部式下』断簡の冒頭にみえる1（元正朝賀）条も末尾部分が現存するだけであるが、『延喜式部式下』の対応条文に「事見儀式」の割注があること、現行本『儀式』に対応条文がみえることなどを踏まえ、本来は「事見儀式」の割注があった可能性を想定しておくべきであろう。

すなわちこれらを合わせた二十五条が『弘仁式部式下』の範囲内で復原しうる弘仁「儀式」の編目となる。このうち1～7はいまだ論拠不十分であるが、全体的な見通しを立てるためその全体を掲げると次のようになる。

表3　『弘仁式部式下』断簡から復原される弘仁「儀式」の編目

『弘仁式部式下』断簡で「事見儀式」の割注がある編目（あると推測される編目を含む）	現行本『儀式』との対応	『延喜式部式下』との対応
1（祈年月次二祭）	○（対応条文がある）	○（対応条文があり「事見儀式」との割注がある）
2（鎮魂祭）	○	○
3（出雲国造奏神寿詞）	×（対応条文がない）	○
4（六月十二月晦日大祓）	○	○
5（釈奠）	○	○
6（正月講最勝王経）	○	○

7（元正朝賀）	○	○
8「七日叙位賜宴」	○	○
9「七月七日相撲」	○	×（対応条文自体がない）
10「九月九日菊花宴」	○	○
11「践祚大嘗会」	○	○
12「毎年大嘗会」	○	○
13「四孟月告朔」	×	○
14「収薪」	○	○
15「受諸蕃使表及信物」	×	○
16「賜蕃国使宴」	×	○
17「考選目録申太政官」	○	○
18「諸司長上成選人列見太政官」	○	○
19「奏成選短冊」	○	○
20「授成選位記」	○	○
21「任官」	○	○
22「諸司進禄文并給」	○	○
23「諸司畿内長上考選文進左弁官」	×	○
24「叙任諸国郡司大少領」	○	○
25「毀罪人位記」	○	○

この復原案のうち、現行本『儀式』に対応条文があるのは二十条であり、残りの五条、

3（出雲国造奏神寿詞）　13「四孟月告朔」

15「受諸蕃使表及信物」　16「賜蕃国使宴」

23「諸司畿内長上考選文進左弁官」

は現行本『儀式』に対応条文がない。その一方で、『延喜式部式下』に対応条文があるのは9「七月七日相撲」の一

条をのぞく二十四条であり、そのすべてに「事見儀式」の割注がある。つまり『弘仁式部式下』にみえる「儀式」の構想は、概ねそのまま『延喜式部式下』に引き継がれているのに対して、現行本『儀式』にはそのままの形では引き継がれていない（一定の取捨選択が行われている）ことがわかる。

このほか『弘仁式部式下』で「事見儀式」の割注がない十六条をみると、そのうち、

2「二日皇后受賀」　3「同日皇太子受賀」
22「給位禄」　23「諸司進馬料文並給」
33「任僧綱」

の五条は現行本『儀式』に対応条文がある。これらはいずれも『延喜式部式下』に対応条文があるが、「事見儀式」の割注を付してあるのは、そのうち「同日皇太子受賀」「任僧綱」の二条に限られている。「二日皇后受賀」「給位禄」「諸司進馬料文並給」の三条には『弘仁式』と同じように「事見儀式」の割注がない。

二

続いて『弘仁式』『貞観式』逸文を検討する。これまでに収集された逸文の中で「事見儀式」の割注まで含めて引用してあるものは意外に少なく、『本朝月令』所引の逸文八条（「弘仁官式」六条・「弘仁中務式」一条・「貞観官式」一条）に止まる。(4) しかもそのうち六条（「弘仁官式」五条・「貞観官式」一条）から想定される「儀式」の編目は、先に『弘仁式部式下』から復原された弘仁「儀式」の編目（表3、計二十五条）に一致している。より重要なのは、この復原案に当てはまらない二条（「弘仁官式」一条、「弘仁中務式」一条）の方なので、それを先に紹介する。そ

のうち一条は『本朝月令』五月「五日節会事」条所引の「弘仁官式」逸文①一条である。(5)

弘仁官式云、「①凡五月五日、天皇観騎射并走馬。弁及史等検校諸事。所司設御座於観射殿。是日、内外百官皆着菖蒲鬘。諸司各供其職。〈事見儀式。〉」

これによって『弘仁式』段階で構想されていた「儀式」の編目には「五月五日」条が含まれていたことが明らかとなる。(6)同条に対応するのは『延喜太政官式』「五月五日」条であり、こちらにも「事見儀式」の割注を付してある。現行本『儀式』では巻八「五月五日節儀」条に対応する。(7)

もう一条は『本朝月令』六月「九日中務省奏給諸司春夏時服文事」条所引の「弘仁中務式」逸文②一条である。(8)

弘仁中務式云、「②時服。神祇官・太政官・左弁官云々。右雖有定員、待本司解、明知見定。然後給之。其自十二月一日、至五月卅日上日、長上百廿以上、番上八十以上、給春夏服。秋冬准此。(中略)其親王及参議以上者、不在給限云々。六月十二月一日、惣造解文、十日申太政官。〈事見儀式。〉」

これによって『弘仁式』段階で構想されていた「儀式」の編目には、「時服」条が含まれていたことが明らかとなる。同条に対応するのが『延喜中務式』「時服」条であり、こちらにも「事見儀式」の割注を付してある。(9)ただ現行本『儀式』をみても「時服」に関する条文は存在しない。

これらの逸文①②の二条によって、『弘仁式』段階で構想されていた「儀式」の編目に「五月五日」と「時服」に関する条文が含まれていたことが新たに確認された。

続いてほかの逸文六条をみていくと、まず『本朝月令』六月「同日(晦日)大祓事」条所引の「弘仁官式」逸文③一条がある。(10)

弘仁官式云、「③凡六月十二月晦、於宮城南路、大祓。大臣以下五位以上、就幄下座。弁・史各一人、率中務・

式部・兵部等省、申見参人数。〈太政官人数亦録送式部、入惣目。〉百官男女悉会祓之。臨時大祓亦同。〈事見儀式。〉」

同条は『延喜太政官式』「大祓」条に対応し、こちらにも「事見儀式」の割注を付してある。[11] これは先に『弘仁式部式下』から復原された「儀式」の編目（表3）のうち、

　4（六月十二月晦日大祓）

に対応する。この編目は『弘仁式部式下』冒頭の欠落部分に当たる復原案（推測）であったが、逸文③によって、『弘仁式』段階で構想されていた「儀式」の編目に「大祓」条が含まれていたことが確認されたことになる。ちなみに現行本『儀式』では巻五「大祓儀」条に対応する。[12]

次に『本朝月令』四月「七日奏成選短冊事」条所引の「弘仁官式」逸文④⑤⑥三条、および「貞観官式」逸文⑦一条がある。[13]

弘仁官式云、「④凡諸司官人得考并応成選数者、中務・式部・兵部三省、二月十一日申太政官。其成選応叙位者、式部・兵部二省、各率諸司主典已上、列見大臣。二省依簿引唱。若当昇降者、親自執筆点定。〈事見儀式。〉番上者於式部引唱。⑤凡式部・兵部二省、進成選擬階短冊者、各預造簿三通、月内入外記。外記惣造奏文、預申参議以上。其日、大臣以下共率奏聞。〈事見儀式。〉⑥凡成選応叙位者、奏短冊後、式兵二省、預書位記、請印。〈所須丹膠等物預先請受。〉大臣就朝座。二省率応叙人、就位。弁大夫宣命。二省唱名賜之。〈事見儀式。〉」**貞観官式**云、「（中略。④の改正）」**同式**云、「（中略。⑤の改正）」**貞観官式**云、「（中略。⑥の改正）⑦凡授成選位記、并補任郡司、内記進宣命文。外記直進請其文、授宣命大夫。宣命畢、選人・任人称唯、再拝舞踏。〈事見儀式。〉」

各条は逸文⑦をのぞいて『延喜太政官式』に対応条文があり、それぞれ「事見儀式」の割注を付してある。[14] ⑦は『貞観式』において新設された条文であり、しかも「事見儀式」の割注がみえる唯一のものであるが、『延喜式』には継

受されていない。またあくまで『貞観式』であるから、弘仁「儀式」の編目を考える上での補強史料にはならない。

逸文④⑤⑥⑦は、『弘仁式部式下』から復原される「儀式」の編目（表3）のうち、

18「諸司長上成選人列見太政官」④
19「奏成選短冊」⑤
20「授成選位記」⑥⑦
24「叙任諸国郡司大少領」⑦

の四条に対応する。これらはいずれも現行本『儀式』に対応条文を見出すことができる（表1参照）。

残る一条は『本朝月令』六月「廿五日任左右相撲司事」条所引の「弘仁官式」逸文⑧である。(15)

弘仁官式云、「⑧凡六月九日、任左右相撲司。太政官簡定参議正次侍従、奏聞。〈人数臨時処分。〉中務任之、如式部儀。〈事見儀式。〉」

同条は『延喜太政官式』「相撲」条に対応し、こちらにも「事見儀式」の割注を付してある。(16) これは先に『弘仁式部式下』から復原された「儀式」の編目（表3）のうち、

9「七月七日相撲」

に対応する。現行本『儀式』では巻八「相撲節儀」条に対応する（表1参照）。

以上をまとめると、逸文①②の二条によって、『弘仁式』段階で構想されていたであろう「儀式」の編目に、「五月五日」「時服」の両条が含まれていたことが新たに確認された。また残りの六条（逸文③〜⑧）から想定される編目は、いずれも先に『弘仁式部式下』から復原された「儀式」の編目（表3）にみえていたものである。ただそのう

ち逸文③から想定される「大祓」条は、先の復原案では推測項目に過ぎなかったので、同条によって『弘仁式』段階で構想されていた「儀式」の編目に「大祓」条が含まれていたことが確定したことになる。残りの逸文④⑤⑥⑧の四条はそれぞれ『弘仁式部式下』から復原される「儀式」の編目（表3）のうち、

18「諸司長上成選人列見太政官」（④）

19「奏成選短冊」（⑤）

20「授成選位記」（⑥）

9「七月七日相撲」（⑧）

に対応し、それぞれの補強史料となる。なお逸文⑦は『貞観式』であるから、弘仁「儀式」の編目を考えるうえでの補強史料にはならない。ただし「事見儀式」の割注がみえる唯一の『貞観式』逸文であり、その点独自の史料的価値を有する。

三

最後に、『延喜式』の一部の条文に付されている標註「弘」「貞」「延」「弘貞」「弘延」「貞延」「弘貞延」に注目したい。まずはこれらの標註について通説的見解を整理しておこう。(17)「弘」「貞」「延」とあるのはそれぞれ『弘仁式』『貞観式』『延喜式』で成立した条文であることを示す。「弘貞」「弘延」とあるのは『弘仁式』で成立した条文に『貞観式』で改訂を加えたことを示し、「貞延」とあるのは『貞観式』で成立した条文に『延喜式』で改訂を加えたことを示している。さらに「弘貞延」とあるのは『弘仁式』で成立した条文に『貞観式』と『延喜式』の両

方で改訂が加えられたことを示すと考えられている。これらの見方は、実際に現存する『弘仁式』『貞観式』逸文と対照してみると、合致しないケースもわずかながら見出されるようなので、[18]全面的に信用してしまうのは問題があるが、おおむね事実を反映していると推測し、一応の結論を得ておくことは基礎的な作業として重要であろう。

本稿の関心からいえば、「弘」の標註に注目することにより、『延喜式』の中から『弘仁式』にそのまま遡る可能性の高い条文を選び出せる点が重要である。つまり『延喜式』で標註に「弘」とある条文とは、『弘仁式』で成立したのち、概ねそのままの状態で『延喜式』に引き継がれた可能性が高い条文ということになる。よってそこから「事見儀式」の割注がある条文を選び出せば、『弘仁式』段階における「儀式」の編目について考える材料が大幅に増えることになるのである。そこでまずは『延喜式』の条文中、「弘」の標註と「事見儀式」の割注をあわせもつ条文を表4として整理しておこう。

表4　『延喜式』の中で、標註「弘」と割注「事見儀式」をあわせもつ条文一覧

▽巻第十一　太政官［15条］		表3との対応	現行本『儀式』との対応
1【弘】「進薪」条　＊標目「弘」「進薪」 ・文頭「凡大臣以下応進薪数……」	文中割注「事見儀式」	14「収薪」	⑨「正月十五日於宮内省進御薪儀」
2【弘】「仁王会」条　＊標目「弘」「仁王会」 ・文頭「凡天皇即位、講説仁王般若経。……」	文末割注「事見玄蕃式并儀式」	対応項目なし。	対応項目なし。
3【弘】「視朔」条　＊標目「弘」「視朔」 ・文頭「凡天皇孟月臨軒視朔。……」	文中割注「事見儀式」	13「四孟月告朔」	対応項目なし。
4【弘カ】「元宴」条　＊標目「弘カ」「元宴」 ・文頭「凡元日朝賀畢、賜宴……」	文末割注「事見儀式」	7（元正朝賀）	⑥「元日御豊楽院儀」

5【弘】「七日賜宴」条　＊標目「弘」「七日」 ・文頭「凡正月七日、賜宴於五位已上。……」	文末割注「事見儀式」	8「七日叙位賜宴」	⑦「正月七日儀」
6【弘】「任官」条　＊標目「弘」「任官」 ・文頭「凡内裏任官者、……」	文末割注「事見儀式」	21「任官」	⑧「内裏任官儀」
7【弘】「十六日賜宴」条　＊標目「弘」「十六日」 ・文頭「凡正月十六日、賜宴於次侍従以上。……」	文末割注「事見儀式」	対応項目なし。	⑦「正月十六日踏歌儀」
8【弘】「十七日大射」条　＊標目「弘」「十七日」 ・文頭「凡正月十七日大射。……」	文末割注「事見儀式」	対応項目なし。	⑦「十七日観射儀」
9【弘】「五月五日」条　＊標目「弘」「五月五日」 ・文頭「凡五月五日、天皇観騎射并走馬。……」	文末割注「事見儀式」	対応項目なし。	⑧「五月五日節儀」
10【弘】「九月九日」条　＊標目「弘」「九月九日」 ・文頭「凡九月九日、御神泉苑、賜菊花宴……」	文末割注「事見儀式」	10「九月九日菊花宴」	⑧「九月九日菊花宴儀」
11【弘】「追儺」条　＊標目「弘」「追儺」 ・文頭「凡十二月晦日追儺者、……」	文末割注「事見儀式」	対応項目なし。	⑩「十二月大儺儀」
12【弘】「諸司畿内考文」条　＊標目「弘」「諸司畿内考文」 ・文頭「凡諸司及畿内国司長上考選文者、……」	文中割注「事見儀式」	23「諸司畿内長上考選文進左弁官」	対応項目なし。
13【弘】「諸国考文」条　＊標目「弘」「諸国考文」 ・文頭「凡諸国考選文及雑公文、附朝集使、……」	文中割注「事見儀式」	対応項目なし。	対応項目なし。
14【弘】「任郡司」条　＊標目「弘」「任郡司」 ・文頭「凡諸国銓擬言上郡司大少領者、……」	文中割注「事見儀式」	24「叙任諸国郡司大少領」	⑨「太政官曹司庁叙任郡領儀」
15【弘カ】「任出雲国造」条　＊標目「弘カ」「国造」 ・文頭「凡出雲国造、国司依例、銓擬言上……」	文末割注「事見神祇式及儀式」	対応項目なし。	⑩「太政官曹司庁任出雲国造儀」
▽巻第十二　中務省［13条］			
1【弘】（元会版位）条　＊標目「弘」「版位」	文末割注「……事見	7「元正朝賀」	⑥「元正朝賀儀」

・文頭「凡元会、前一日録率史生・省掌等置版位……」	儀式」		
2【弘】（正月七日御弓）条　＊標目「弘」 ・文頭「凡正月七日、兵部供御弓者、……」	文末割注「事見儀式」	8「七日叙位賜宴」	⑦「正月七日儀」
3【弘】（告朔版位）条　＊標目「弘」 ・文頭「凡視告朔者、前一日置版位……」	文末割注「事見儀式」	13「四孟月告朔」	対応項目なし。
4【弘】「大祓」条　＊標目「弘」「大祓」 ・文頭「凡六月・十二月晦日大祓、……」	文末割注「事見儀式」	4（六月十二月晦日大祓）	⑤「大祓儀」
5【弘】「奉幣伊勢太神」条　＊標目「弘」 ・文頭「凡奉幣伊勢太神者、九月十一日平旦、……」	文末割注「事見儀式」	対応項目なし。	⑤「九月十一日奉伊勢大神宮幣儀」
6【弘】「進暦」条　＊標目「弘」「進暦」 ・文頭「凡十一月一日平旦、……」	文末割注「事見儀式」	対応項目なし。	⑩「十一月一日進御暦儀」
7【弘】「奉詔」条　＊標目「弘」「奉詔」 ・文頭「凡奉詔書者、……」	文中割注「事見儀式」	対応項目なし。	対応項目なし。
8【弘】（女官叙位）条　＊標目「弘」「叙位」 ・文頭「凡叙内親王以下品位者、……」	文末割注「……事見儀式」	対応項目なし。	⑧「正月八日叙内親王以下儀」
9【弘】「飛驛」条　＊標目「弘」「飛驛」 ・文頭「凡在外官上飛驛函者、……」	文末割注「事見儀式」	対応項目なし。	⑩「飛驛儀」
10【弘】「任女官」条　＊標目「弘」「任女官」 ・文頭「凡任女官者、……」	文末割注「事見儀式」	対応項目なし。	⑧「任女官儀」
11【弘】「上表」条　＊標目「弘」「上表」 ・文頭「凡五位已上有上表者、……」	文末割注「事見儀式」	対応項目なし。	対応項目なし。
12【弘】「神寿辞」条　＊標目「弘」「神寿辞」 ・文頭「凡出雲国造応奏神寿辞者、……」	文末割注「事見儀式」	3（出雲国造奏神寿詞）	対応項目なし。
13【弘】「追儺」条　＊標目「弘」「追儺」 ・文頭「凡年終行儺者、……」	文末割注「事見儀式」	対応項目なし。	⑩「十二月大儺儀」

▽内記［1条］			
1【弘】「飛驛」条　*標目「弘」「飛驛」 ・文頭「凡在外官飛驛奏事者、……」	文末割注「事見儀式」	対応項目なし。	⑩「飛驛儀」

※標目が条文の内容をよく表している場合は、標目をそのまま条文名とした。標目をみても条文の内容がよくわからない場合は、できるだけ条文中の語句を用いて、改めて条文名をつけなおしてある。

『延喜式』の中で、標註「弘」と割注「事見儀式」をあわせもつ条文は、「太政官式」に十五条、「中務省式」に十三条、「内記式」に一条の計二十九条見出される。このうち先に表3で挙げた弘仁「儀式」の編目二十五条に一致しないものを選び出すと計十六条になり、その内訳は「太政官式」七条、「中務省式」八条、「内記式」一条となる。このうち「太政官式」と「中務省式」各二条の内容が重複しているので、結局のところ計十四条が（表3で挙げた二十五条とは別に）弘仁「儀式」の編目として新たに確認されたことになる。この十四条を現行本『儀式』との対応関係とともに列挙すると次のようになる。

「仁王会」	太政官式2	×	（現行本『儀式』に対応項目がない）
「十六日賜宴」	太政官式7	○	（現行本『儀式』に対応項目がある）
「十七日大射」	太政官式8	○	
「五月五日」	太政官式9	○	
「追儺」	太政官式11・中務式13	○	
「諸国考文」	太政官式13	×	
「任出雲国造」	太政官式15	○	

「奉幣神宮太神」	中務式5	○
「進暦」	中務式6	○
「奉詔」	中務式7	×
「女官叙位」	中務式8	○
「飛驛」	中務式9・内記式1	○
「任女官」	中務式10	○
「上表」	中務式11	×

このうち「仁王会」「諸国考文」「奉詔」「上表」の四条は、『弘仁式』の段階で「儀式」の編目に入れられていたものが、そのまま『延喜式』に採られたと判断されるのであるが、その間に編纂されたはずの現行本『儀式』にはまったく採られていない点に注意されたい。『弘仁式』にみえる「儀式」の構想が、ほぼそのまま『延喜式』に引き継がれているのに対して、現行本『儀式』については一定の取捨選択が行われていたことを示しており、興味深い。また「任出雲国造」条（太政官式15）は標目に「弘カ」とあるので、『弘仁式』まで遡りえない可能性もある。そのほか次の三条は、表3で推測項目とした冒頭の七条中の三条に対応しており、弘仁「儀式」の構想にこれらの項目が含まれていたことを示す具体的な論拠となる。

「元宴」	太政官式4	（元正朝賀）
「大祓」	中務式4	（六月十二月晦日大祓）
「神寿辞」	中務式12	（出雲国造奏神寿詞）

このうち「元宴」条（太政官式4）については標目に「弘カ」とあるだけなので、十分な論拠とはいえないであろう

が、補強史料の一つとして確認しておきたい。

おわりに

本稿では、三代式の条文中にみえる割注「事見儀式」に基礎的検討を加えることにより、『弘仁式』を編纂する際に構想されていたであろう「儀式」の編目構成を可能な範囲で明らかにしてきた。最後に、これらの検討によって復原しえた弘仁「儀式」の編目構成について整理しておく。

まず『弘仁式部式下』断簡の検討から復原された弘仁「儀式」の編目は次の二十五条である。

1（祈年月次二祭）　2（鎮魂祭）
3（出雲国造奏神寿詞）　4（六月十二月晦日大祓）
5（釈奠）　6（正月講最勝王経）
7（元正朝賀）　8「七日叙位賜宴」
9「七月七日相撲」　10「九月九日菊花宴」
11「践祚大嘗会」　12「毎年大嘗会」
13「四孟月告朔」　14「収薪」
15「受諸蕃使表及信物」　16「賜蕃国使宴」
17「考選目録申太政官」　18「諸司長上成選人列見太政官」
19「奏成選短冊」　20「授成選位記」

21「任官」　　22「諸司進禄文并給」

23「諸司繖内長上考選文進左弁官」　　24「叙任諸国郡司大少領」

25「毀罪人位記」

このうち冒頭の七条は『延喜式部式下』との比較にもとづく推測項目であるが、そのうち三条（3出雲国造奏神寿詞、4六月十二月晦日大祓、7元正朝賀）は、『本朝月令』所引「弘仁官式」逸文および『延喜式』に附される標目「弘」の検討によって、その存在を裏づけることができる。そしてこの復原案のうち、現行本『儀式』に対応条文があるのは二十条であり、残りの五条（3出雲国造奏神寿詞、13四孟月告朔、15受諸蕃使表及信物、16賜蕃国使宴、23諸司繖内長上考選文進左弁官）は現行本『儀式』に対応条文がない。それに対して、『延喜式部式下』に対応条文があるのは9「七月七日相撲」の一条をのぞく二十四条であり、そのすべてに「事見儀式」の割注がある。つまり『弘仁式部式下』にみえる「儀式」の構想は、概ねそのまま『延喜式』段階における「儀式」の構想に引き継がれているのに対して、現行本『儀式』では一定の取捨選択が行われ、そのままの形で引き継がれていないことがわかる。

続いて『本朝月令』所引「弘仁官式」「弘仁中務式」逸文各一条の検討から、

1「五月五日」　　2「時服」

の二条を追加しえた。このうち現行本『儀式』には「五月五日節儀」条があるのみで「時服」条はない。それに対して『延喜式』では対応条文の両方に「事見儀式」の割注を付してある。つまりここでも、弘仁「儀式」の構想が、現行本『儀式』よりもむしろ『延喜式』の方に受け継がれていることが確認できる。

最後に『延喜式』の条文中、「弘」の標註と「事見儀式」の割注をあわせもつ条文を検討した結果、右の『弘仁式部式下』断簡による復原案二十五条に当てはまらない編目として、次の十四条を追加しえた（このうち4「五月五日」

条は右の「弘仁官式」逸文一条から復原された項目と重複する)。

1「仁王会」　2「十六日賜宴」
3「十七日大射」　4「五月五日」
5「追儺」　6「諸国考文」
7「任出雲国造」　8「奉幣神宮太神」
9「進暦」　10「奉詔」
11「女官叙位」　12「飛騨」
13「任女官」　14「上表」

このうち「仁王会」「諸国考文」「奉詔」「上表」の四条は、『弘仁式』の段階で「儀式」の編目に入れられたものが、そのまま『延喜式』に残されたと判断しうるのに対して、その間に編纂されたはずの現行本『儀式』にはまったく採られていない。すなわちこの場合も、『弘仁式』にみえる「儀式」の構想が、ほぼそのまま『延喜式』に引き継がれているのに対して、現行本『儀式』については一定の取捨選択が行われていたことを示している。

以上を整理すると、次の表5のような弘仁「儀式」の編目構成（復原案）計四十条の存在が明らかになる。

表5　弘仁「儀式」の編目構成（復原案）

『弘仁式』所引「事見儀式」により復原される「儀式」の編目構成	現行本『儀式』との対応関係	『延喜式』所引「事見儀式」との対応関係
a『弘仁式部式下』断簡によるもの		
1（祈年月次二祭）	○（対応条文がある）	○（対応条文がある）

2 （鎮魂祭）	○	○
3 「出雲国造奏神寿詞」	×（対応条文がない）	○
4 「六月十二月晦日大祓」	○	○
5 （釈奠）	○	○
6 （正月講最勝王経）	○	○
7 「元正朝賀」	○	○
8 「七日叙位賜宴」	○	○
9 「七月七日相撲」	○	×（対応条文がない）
10 「九月九日菊花宴」	○	○
11 「践祚大嘗会」	○	○
12 「毎年大嘗会」	○	○
13 「四孟月告朔」	×	○
14 「収薪」	○	○
15 「受諸蕃使表及信物」	×	○
16 「賜蕃国使宴」	×	○
17 「考選目録申太政官」	○	○
18 「諸司長上成選人列見太政官」	○	○
19 「奏成選短冊」	○	○
20 「授成選位記」	○	○
21 「任官」	○	○
22 「諸司進禄文并給」	○	○
23 「諸司畿内長上考選文進左弁官」	×	○
24 「叙任諸国郡司大少領」	○	○
25 「毀罪人位記」	○	○
b 「弘仁式」逸文によるもの		
26 「五月五日」	○	○
27 「時服」	×	○

c『延喜式』の標目「弘」によるもの

28「仁王会」	×	○
29「十六日賜宴」	○	○
30「十七日大射」	○	○
31「追儺」	○	○
32「諸国考文」	×	○
33「任出雲国造」	○	○
34「奉幣神宮太神」	○	○
35「進暦」	○	○
36「奉詔」	×	○
37「女官叙位」	○	○
38「飛驛」	○	○
39「任女官」	○	○
40「上表」	×	○

はじめに述べておいた通り、最終的にこれらの構想は、弘仁の『儀式』として結実すること（完成、施行されること）はなかったと考えられるのであるが、完成されなかったことを前提としつつも、『儀式』の最初の構想がどのようなものであったのかについて明らかにしてきた結果がこの復原案となる。今後はこの復原案を一つの定点として、『内裏式』『内裏儀式』『儀式』『延喜儀式』などとの比較検討を進めることにしたい。

また今回、現行本『儀式』と『延喜式』との比較検討をしてみたところ、弘仁『儀式』の構想は、ほぼそのまま延喜『儀式』の構想へと引き継がれているのに対し、現行本『儀式』の構想には直接つながっていないことが確認できた。貞観『儀式』の構想とは、『貞観式』の性格からして大部分『弘仁式』の存在を前提としたものとなるはずであるが、現行本『儀式』の構想は必ずしも弘仁『儀式』の構想を前提としていない。それはなぜなのか、今後の検討課題としたい。また『延喜式』にみえる延喜『儀式』の構想が、『弘仁式』のそれをほぼそのまま引き継いだものである可能性が出てきたことにより、いわゆる『延喜儀式』の位置づけについても再検討する必要が出てきた。今後これらの課題についても個々に検討を進めた上で、改めて公撰儀式書の編纂についてその全体像をまとめ直してみたいと考えている。

註

(1) 現行本『儀式』を中心とした三代儀式に関する研究には、次のようなものがある。現行本『儀式』のテキストは、活字本として『改訂増訂故実叢書三一』(明治図書出版、一九九三年)所収本と、『神道大系 朝儀祭祀編一』(神道大系編纂会、一九八〇年)所収本の二種類が、影印本として荷田在満校訂『続日本古典全集 貞観儀式』(現代思潮社、一九八〇年。原本は延享三年〔一七四六〕成立)が、注釈本として林良通編『仙台叢書別集第一巻 儀式考』(仙台叢書刊行会、一九二四年。原本は享保二十一年〔一七三六〕成立)がある。そのほか『延喜儀式』の逸文が、国書逸文研究会編『新訂増補国書逸文』(国書刊行会、一九九五年)に集成されている。

写本・版本の研究は、秋元信英「書物奉行下田師古の事蹟」(『國學院雑誌』七十二巻十号、一九七一年)、同「江戸幕府「儀式」校訂事業の沿革・覚え書」(『國學院雑誌』七十三巻一号、一九七二年)、同「荷田在満の学績」(『朱』十三号、一九七二年)、同「近世の『儀式』写本と荷田在満」(前掲『続日本古典全集 貞観儀式』)に詳しい。そのほか小論ではあるが、今江広道・渡辺直彦「『儀式』校訂の諸前提」(『國學院大學日本文化研究所報』十一巻一・二合併号、一九七四年)、西本昌弘「『儀式』古写本に遡る手がかり」(『日本歴史』六百十六号、一九九九年)などが重要である。

戦前の研究としては、栗田寛「貞観儀式考―附十陵八墓考―」(『続日本古典全集 栗里先生雑著四』現代思潮社、一九八〇年。初出は一九〇一年)、和田英松「弘仁儀式」「貞観儀式」「延喜儀式」「儀式」(『本朝書籍目録考証』明治書院、一九三六年)、などがあるが、戦後の一般的見解は、岩橋小彌太「儀式考」(『増補上代史籍の研究』下巻、吉川弘文館、一九七三年。初版は一九五八年)、宮城栄昌「儀式の編纂」「儀式と延喜式」(『延喜式の研究 論述篇』大修館書店、一九五七年）などに代表される。宮城氏にはこのほか「内裏式・貞観儀式」（『神道大系月報』十三、一九八〇年）があり、また同じく小論であるが、西山茂「貞観儀式の成立年代について」（『宗教研究』百三十一号、一九五二年）も注目される。

戦後の研究の転機になったのは、石塚一石「三代儀式の成立について」（『日本上古史研究』七巻二号、一九六三年）、同「『儀式』批判」（『風俗』十三巻一号、一九七四年）であり、氏の論に触発されて生まれた成果として、武光誠「『儀式』の選定と伝来」（『古代文化』三十巻六号、一九七八年）、森田悌「儀式書の編纂」（『日本古代律令法史の研究』文献出版。初出は一九七九年）、所功「『儀式』の成立」（『平安朝儀式書成立史の研究』国書刊行会、一九八五年。初出は一九七七年）などがある。森田氏にはこのほか「『儀式』と『新儀式』」（前掲『日本古代律令法史の研究』。初出は一九八四年）、所氏には「『鴨脚秀文文書』の紹介」「『大嘗祭』儀式文の成立」（ともに前掲『平安朝儀式書成立史の研究』。初出は一九七六・一九八二年）、「貞観『儀式』と『三代実録』の関係」（『宮廷儀式書成立史の再検討』国書刊行会、二〇〇一年。初出は一九八九年）などの関連論文がある。

さらに唐礼との関連を論じた研究として、坂本太郎「儀式と唐礼」（『坂本太郎著作集』七巻、吉川弘文館、一九八九年。初出は一九四一年）、滝川政次郎「江都集礼と日本の儀式」（『岩井博士古稀記念　典籍論集』一九六三年）、同「大唐開元礼と貞観儀式」（『儀礼文化』七号、一九八五年）、同「中国礼制と日本の儀式（一～四）」（『儀礼文化』三十一～三十四号、二〇〇二～二〇〇四年）がある。そのほか滝川氏の論を受け、現行本『儀式』の編目構成について論じた神谷正昌「『儀式』の篇目配列」『古代史研究』十四号、一九九六年）が注目される。

（2）　詳しい研究史は、現行本『儀式』の成立について私見をまとめる際に、改めて取り上げる予定である。ここでは代表的な学説の内容を大まかに類型化するに留めておく。

（3）　『弘仁式部式下』断簡のテキストは、虎尾俊哉編『弘仁式貞観式逸文集成』（国書刊行会、一九九二年）一七八～一九九頁に所収のものを用いる。

（4）　前掲『弘仁式貞観式逸文集成』、西本昌弘「『官曹事類』『弘仁式』『貞観式』などの新出逸文」（『続日本紀研究』三百十五

号、一九九八年）、鹿内浩胤「田中教忠旧蔵『寛平二年三月記』について」（田島公編『禁裏・公家文庫研究』第一輯、思文閣出版、二〇〇三年）参照。なお『本朝月令』所引逸文は、清水潔編『神道資料叢刊八　新校　本朝月令』（皇學館大學神道研究所、二〇〇二年）から直接引用する。

(5) 神道資料叢刊本『新校　本朝月令』三七頁。併せて前掲『弘仁式貞観式逸文集成』四一頁を参照。

(6) 新訂増補国史大系本『延喜式』三三七頁。

(7) 神道大系本『儀式』二一七頁。

(8) 神道資料叢刊本『新校　本朝月令』四四頁。併せて前掲『弘仁式貞観式逸文集成』五二頁を参照。

(9) 新訂増補国史大系本『延喜式』三五四頁。

(10) 神道資料叢刊本『新校　本朝月令』五六頁。前掲『弘仁式貞観式逸文集成』三九頁を参照。

(11) 新訂増補国史大系本『延喜式』三三三頁。

(12) 神道大系本『儀式』一四七頁。

(13) 神道資料叢刊本『新校　本朝月令』二一～二二頁。前掲『弘仁式貞観式逸文集成』四三～四五頁を参照。

(14) 逸文④は『延喜太政官式』「列見」条、⑤は「擬階」条、⑥は「位記召給」条に対応する（新訂増補国史大系本『延喜式』三四一～三四二頁）。

(15) 神道資料叢刊本『新校　本朝月令』五一頁。前掲『弘仁式貞観式逸文集成』四一～四二頁を参照。

(16) 新訂増補国史大系本『延喜式』三三七頁。

(17) 早川万年「弘仁式・貞観式研究の成果と課題」（前掲『弘仁式貞観式逸文集成』）二四二～二四四頁等を参照。

(18) 早川万年「弘仁式・貞観式研究の成果と課題」（前掲）二四三頁等参照。

神宮祭主成立再考

藤森　馨

一　はじめに

昭和六十一年、筆者は、「平安時代前期の大中臣祭主家―祭主制度成立に関する一試論―」（二十二社研究会編『平安時代の神社と祭祀』国書刊行会、一九八六年）という祭主成立に関する論考を発表した。祭主は、補任形態や『延喜式』に見られる職掌などから令外の官の宣旨職であり、平安時代初頭に創置された官職である、と主張したものである。

ところで、当時の祭主に関する研究は、『中臣氏系図』および『大中臣氏系図』に見られる大化前代に中臣御食子が初任されたという祭官の後身と考えるか、奈良時代の中臣氏の当主意美麻呂（?～七一一）もしくはその子清麻呂（七〇二～七八八）が初任された官職と考えるのが、一般的であった。こうした学説は、北畠親房が、『職原抄』の中で開陳する、

垂仁天皇御宇、天照太神鎮二座伊勢国度会郡五十鈴川上一之時、命二中臣祖大鹿島命一為二祭主一、其後代々為二祭主一、朝廷被レ置レ官以後、神祇伯昔為二祭主頭一伊勢神宮祭主、又各別、但見二伯職掌一、掌為二祭主一云々、然乃其職已一本為二一体一、以レ之可レ知者也、然乃祭主官之職者上古之重任也、又神国之故以二当官一置二太政官上一乎

という、神宮鎮座に際し中臣の祖大鹿島命が初任されたのが嚆矢であり、令制官職が施行されるに及んで神祇伯と神宮祭主に分化したとする、それまでの中世的理解を進めたものではある。しかしながら、その主張は、

小墾田朝廷以二御食子一為二祭官一、補二中納言一、大島卿之時為二祭主一、（『大中臣氏系図』御食大連公条）

天智天皇即位元年壬戌、経二祭官三代一、以二中納言兼神祇伯直大弐中臣朝臣大島卿一、改二祭官一補二祭主一、従レ是以降祭主相承補任来也、（『祭主補任』祭主次第条）

意美麻呂、国足一男、始為二祭主一、改二祭官字一為レ主者也、（『二所太神宮例文』）

という、いずれも『中臣氏系図』等も含めて中世に降ってから成立する編纂史料ばかりに根拠を求めるものが多い。

一方、祭主の国史上の初見記事が、『続日本後紀』嘉祥三年（八五〇）三月辛巳条の大中臣淵魚卒伝中に見られる、

自二弘仁六年一至二承和九年一都廿八ケ年、兼掌二伊勢大神宮祭主一、

であることを前提にした研究も、天武朝や奈良時代の国家による神宮の諸制度改革に注目し、該時期に祭主設置を推考するものがほとんどであった。

しかしながら、たとえ祭主創置の蓋然性が高くても、後世に成立した史料からの検討や、時代背景などからの類推は、所詮憶測にすぎない。

そこで、筆者は、平安時代における確実な史料から祭主の補任形態や具体的な職掌、および初見記事前後の祭主の神宮祭祀上における位置づけ等を検討し、前述のような結論に至った。

その後約二〇年の間に、祭主に関しては、拙論に対する賛否両論のものを含みいくつかの論考が発表された。筆者が祭主に関するものを含む数本の旧稿をまとめ、『平安時代の宮廷祭祀と神祇官人』として刊行した際、旧稿発表以後の諸氏の祭主制度に関する研究に、筆者なりの見解を求めたいと、ある書評の中で要請された(1)。そこで、そうしたいくつかの管見に及んだ祭主に関する論考に対して、本稿では改めて愚考を廻らし、祭主とは何時頃成立し、どのような性格を有する官職であったのかを再考してみたい。

二　祭主に関する旧稿における私見

(1)　令外の官の宣旨職としての祭主

昭和六十一年以後の、管見に及んだ祭主に関する各氏の論考を検討する前に、拙論について、まずその梗概を述べてみたい。

祭主については、前述のように奈良時代以前に創置された官職と一般に考えられてきた。しかしながら、平安時代初頭成立の「延暦両宮儀式帳」および斎部広成著『古語拾遺』にも寓目されず、その初見が、『続日本後紀』嘉祥三年（八五〇）三月辛巳条の大中臣淵魚卒伝まで降ることに注目し、何故初見記事が降るのかを考察することとした。

後世の史料ではあるが、二条良基が、その著『百寮訓要抄』の中で祭主について「百官には入ざれども、次にし侍る也。伊勢大神宮の事をつかさどる。昔は可レ然人もなりけるにや。今は一向地下の者にて有なり。二位三位などになれども、昇殿などする事なし」と述べ、祭主が百官外の官、すなわち令外の官であると指摘している。そこで、良基の祭主に関する見解を前提に、祭主という官職の補任方法について検討した。

まず、祭主の任用基準を規定した「伊勢大神宮式」五十条(2)の、

其以二神祇官五位以上中臣一任二祭主一者、初年給二稲一万束一、除レ此之外、不レ得二輙用一、

を検討し、神祇官の官職を本官に持つ五位以上の中臣が補任され、着任時には稲一万束を給され、五位以上と官位相当制が明確ではないが、上記の条件に合致するもの以外の中臣は、たやすく任用されなかったことを確認。同じく伊勢大神宮の官職でありながら、大・少宮司には前条四十九条で官位相当が明白に定められているのに対し、祭主には、官位相当制が無く、必ず神祇官の令制官職を帯するものが任命されている、という顕著な補任条件があったことを指摘。そのことをさらに平安時代の故実書・儀式書で検討し、『西宮記』巻十三諸宣旨に、

祭主、上卿奉レ勅令レ給二官符於神祇官一、

とあることや、『本朝世紀』・『後二条師通記』等の古記録から、祭主補任の形態が令外の官の宣旨職の補任形態に合致することを検証し、祭主は、人事会議ともいうべき除目を経ず、宣旨によって補任される蔵人・検非違使と同様の令外の官の宣旨職であったと結論づけた。

なお、宣旨職についての代表的な研究には今江廣道氏の「『令外の官』の一考察」があるが、今江氏はその中で、令外の官の宣旨職について「直接天皇から任命されるのであるから、天皇との私的な関係の上に成り立ってゐると云ひ得る」とされている(3)。祭主は、こうした特殊な官職であったが故に、『続日本後紀』嘉祥三年三月辛巳条の任職者大中臣淵魚の卒伝中に、

自二弘仁六年一至二承和九年一都廿八ケ年、兼掌二伊勢大神宮祭主一、

と、わずかに初見を見出すことができるのであり、「兼」という形式で補任されたと考えた。このような補任形態の特徴は、検非違使の史上への登場形式と軌を一にする。さらに任職者を弘仁年間に初めて確認できるという点は、検

非違使のみならず蔵人とも共通する。

今江氏は前掲論文の中で、天皇により直接任命される検非違使・蔵人等宣旨職の成立事情について、弘仁年間であろうと推測する先学の学説を踏まえ、以下のように述べられている。

従来、「令外の官」と云はれてゐたものの中で、B類（宣旨職）（筆者注）の主要なものは、或は便宜的処置として、或は官職の権限の一部の拡大されたものとして、又は秘密裡に置かれたものである事が知られる。

今江氏の令外の官の宣旨職に関する学説について、成立期の蔵人について研究されている玉井力氏は、「蔵人所の官人は太政官においては、他の正官を帯するのが原則であった。この官職は官位相当制の適用をうけなかった」とし、蔵人が宣旨職であったことを明言、その官職の特徴を、

この宣旨職の主要なものは、あるものは便宜的処置として、あるものは官職の権限の一部が拡大されたものとして、また秘密裡に置かれたものであるとする。さらに、藏人所官人の帯官についても、本来の律令制諸官司から宣旨をもって散直せしめられたものとする。筆者は、この指摘をきわめて重要なものと考える。

と述べられ、今江説を支持、高く評価されている。(4) また、令外の官の宣旨職である蔵人・検非違使等を内廷官として把握されている古瀬奈津子氏は、その成立の背景について、

平安時代初期に、太政官を中心とした官僚機構が外廷として確立したのであった。前述の次侍従・侍臣＝公的伺候者の成立もその一環と捉えられる。また、このような外廷の確立に対応して、内廷の機構整備が行われ、外廷と内廷の分化が進められたのだと考えられる。蔵人や検非違使の設置、本稿で扱っている天皇の私的側近の制度である昇殿制の成立などがそれにあたる。

と述べられ、さらに、

平安時代初期には、奈良末期の政争によって動揺した律令国家の支配層が天皇の下へ結集したという政治史的要因、及び奈良時代を通じて支配層において官僚制社会が確立したという社会構造的要因によって、天皇の権威・権力が拡大し、支配層内部で天皇を中心とした新たな秩序が再編成されつつあった。

右両氏の指摘は、蔵人を含む平安時代前期までに成立した近臣・近習を、天皇の私的伺候者と定義づけられていると端的に指摘され、蔵人・検非違使のみにとどまらない。初見の時期や史上への登場の仕方が右二職にきわめて類似する祭主にも、当然該当することであろう。今江氏の提唱された令外の官の宣旨職を前提としない限り、祭主という官職は理解できないのである。右のような歴史的脈絡の上で、祭主も蔵人（弘仁元年設置）・検非違使（弘仁七年設置）と同様平安時代前期に創置され、具体的には大中臣淵魚が弘仁六年（八一五）に初任されたと考えた。すなわち、たとえ記紀神話以来の氏族の職掌を反映しているとはいえ、祭主は奈良時代以前に顕著な令制官職とは相違し、平安時代以降、宮廷社会を領導するようになる蔵人・検非違使、摂政や関白等と同様の令外の官の宣旨職として、新たに設置されたのである。また、その補任も、令外の官の宣旨職という点から考えて、大中臣氏側の事情よりも、蔵人・検非違使等と同様、天皇からの強い要請のもと行われたものと推測される。

(2) 祭主の職掌

それでは、その職掌は如何なるものであったのであろうか。一つには伊勢神宮への四度使（祈年祭・両度月次祭・神嘗祭）の勤仕と神宮行政であり、一つには淵魚以降制度化される祭主祈祷の奉仕であったと考えられる。

（1）神宮年中四箇度祭と祭主

伊勢神宮には、二月祈年祭、六月月次祭、九月神嘗祭、十二月月次祭に国家より幣帛を捧持した幣帛使（奉幣使）が差遣された。ただ幣帛使の構成は上記の祭祀全てが一様ではなく、祈年祭・両度月次祭には、中臣のみが単独差遣され、神嘗祭には、王・中臣・忌部が差遣されることになっていた。前にも触れたように、「延暦両宮儀式帳」には、内外両宮を問わず「祭主」という記載は見られない。単に「中臣」とあるだけである。この四箇度祭中、国家が神宮の「常祀」と認識していたのは神嘗祭だけである。(6) 祈年祭・月次祭は、中央神祇官で執行される班幣儀に対応して神宮で執行されるものであった。余官社であれば祭祀に際し、上京した祝部に幣帛が班たれるが、神宮ということで官人である中臣に付され、その幣帛を神宮に奉献する儀礼が行われた。したがって、天皇や国家に穢汚等が発生し、班幣儀を含んだ祭祀が中止になると、神宮においても祈年祭・月次祭奉幣儀（由貴大御饌儀を中心とする神宮での月次祭儀は別である）は中止になることになっていた。また、儀式帳段階では、祈年・月次両祭儀に、幣帛使である中臣による祝詞奏上は行われておらず、月次祭に至っては、外宮では十六日午前、内宮では十七日の午前に斎王参向のもと執行される祭儀の中に、幣帛使中臣の参向は組み込まれていなかった。幣帛使中臣が到着した時に別立てで、幣帛奉献儀が執行されていたのである。すなわち、儀式帳の段階では、祈年祭・月次祭奉幣儀には宮司のみが祝詞を奏上。斎王参向のもと執行される祭儀に、中臣による祝詞奏上儀が組み込まれた神嘗祭のみに、

　即駅使中臣進二版位一跪、告刀申畢就二本座一、次大神宮司進二版位一跪、常例祭告刀申畢（『皇太神宮儀式帳』九月例）

と、駅使中臣と宮司による祝詞奏上が逓次に行われていた。つまり、「延暦両宮儀式帳」が神祇官に上申された延暦二十三年（八〇四）までは、祈年祭・月次祭における中臣の職責は、幣帛を捧持して神宮に参向するだけであり、相対的に中臣の役割は低かったといえよう。(7) それでは、こうした中臣参向の法的根拠は奈辺にあったのであろうか。それは、天平宝字元年（七五七）六月乙未に出された、

伊勢大神宮幣帛使、自レ今以後、差二中臣朝臣一、不レ得レ用二他姓人一

であったと、考えられる。これにより、中臣氏は神宮における祈年・月次・神嘗祭への参仕が保証されたのではなかろうか。なぜなら、ここには奉幣使任用を左右する顕著な「五位以上」という条件は付されていない。単に中臣朝臣を差遣せよと見えるだけである。斎部広成は『古語拾遺』所遣十一の中で、この制は行われなかったとしているが、『神祇令』の、

凡常祀之外、須下向二諸社一、供中幣帛上者、皆取二五位以上卜食者一充、唯伊勢神宮、常祀又同、

に、抵触しない祈年・月次両祭使や神嘗祭神祇官使を、この制が規定しているとすれば、広成の誤解も容易に理解できよう。

このような、中臣の位置づけが、『延喜式』伊勢大神宮式四十五条を見てみると、一変している。まず、幣帛使と四箇度使が、

凡神嘗祭幣帛使、取二王五位已上卜食者一充之、其年中四度使祭主供之、若有レ故者、取二官并諸司官人、及散位中臣氏五位已上一充之、五位已上有二故障一者、六位亦得、斎王初参之時、必用二五位已上一、

と規定され、神嘗祭幣帛使には卜食にかなった五位已上の王が任用され、神嘗祭を含めた四箇度使は祭主がこれを供し、祭主に故障があれば、神祇官もしくは諸司の官人である中臣、ないしは散位五位已上の中臣に代行させ、さらに五位已上の中臣に故障があれば、六位の中臣でも構わない、とされている。なお、割注には、斎王の初参の時には、必ず五位已上の中臣を任用せよと見える。ここには、「両宮儀式帳」には見えなかった祭主という官職名が見え、その祭主が四箇度使を供することと、故障があっても必ず中臣の中から選出されるべきことが知られる。この祭主および中臣が、如何なる職責を果たしたかは、「延喜祝詞式」の十八条から二十六条にかけての伊勢神宮関係祝詞や

「延喜伊勢大神宮式」十一条の月次祭儀から窺知される。詳細は旧稿を参照していただきたいが、上記条項によれば、大神宮（内宮）でも、豊受宮（外宮）でも、祈年祭には祭主、あるいは祭主が故障の際には他の中臣が、単独祝詞を奏上。月次祭では、延暦二十三年時の「両宮儀式帳」とは相違し、使いの中臣の祝詞奏上儀が内宮でも外宮でも明確に祭儀に組み込まれ、中臣と宮司が逓次に祝詞を奏上しており、祭儀構造は神嘗祭と酷似している。祝詞奏上者の交代や祭儀の変容は、神宮の祈年祭および月次祭が、神嘗祭に代表される奉幣型祭祀へ改変されたことを意味していよう。つまり、『延喜式』から見る限り、延暦二十三年時に比較して、神宮恒例四箇度祭（神嘗祭は前代から）は、国家主体の奉幣行事の比重が高くなっているのである。「延喜伊勢大神宮式」四十五条によれば、四箇度祭に使者となったのは祭主である。したがって、国家と神宮との交渉に関わる中臣＝祭主の職掌は、延暦二十三年から延喜年間の間に、その重要性を飛躍的に増大させたということになろう。それでは何故、伊勢神宮四箇度祭の祭儀構造が奉幣型へと比重を移すようになったのであろうか。

このあたりは旧稿では触れなかったが、延暦末年に桓武天皇の叡慮のもと、格式編纂の気運が澎湃として起こった際、「伊勢大神宮式」編纂の資料として、延暦二十三年三月および八月に伊勢神宮内外両宮より神祇官に解が提出された。その解が、「延暦両宮儀式帳」であると考えられる(8)。都から遠隔の地ということで、儀式や運営の実態をあまり把握していなかったであろう中央は、この儀式帳を閲覧した時に、天皇および国家の意思を伝達する幣帛使が、祈年祭・月次祭の祭儀の中に明確には位置づけられていないことに気づいたのではなかろうか。そこで、成立の時代が他の「祝詞式」所載祝詞と比較して、新しいと指摘される祈年祭・月次祭の幣帛使祝詞を作成(9)。祈年祭には祝詞奏上者を宮司から幣帛使中臣に交代させ、月次祭の祭儀に幣帛使を確固として位置づけ、幣帛使中臣と宮司が逓次に祝詞を奏上する形式に改変したものと推定される。虎尾俊哉氏は、祝詞式が『弘仁式』で編纂・作成され、『貞観式』で改変されることなく、そのまま「延喜祝詞式」に踏襲されたことを、『本朝月令』所引の祝詞と「延喜祝詞式」の比較から解明されている。[10] この祝詞式の成立事情からも、神宮祈年祭および月次祭の中央主体の奉幣主導型への改変は、『弘仁式』編纂の段階で行われたと考えられよう。こうして、神宮祈年祭と両度月次祭奉幣儀は、限りなく神嘗祭に近似した中央主体の奉幣型へと『弘仁式』段階で変容した。こうした改変にともない、中臣も五位以上者の補任が要請され、「延喜伊勢大神宮式」五十条に見られるように単なる中臣ではなく、「神祇官五位以上」という文言が付加されたものと考えられる。祭主は、このような神宮祭祀の奉幣型への改変の過程と関連し、成立したのである。この時期は、『続日本後紀』嘉祥三年三月辛巳条の大中臣淵魚卒伝中に見られる、

自二弘仁六年一至二承和九年一都廿八ケ年、兼二掌伊勢大神宮祭主一、

という、大中臣淵魚が祭主に在職した時期と、奇しくも符合する。

（2）祭主祈祷の成立

祭主祈祷は、主に神祇官西院を舞台に執行され、摂関時代には祭主の重要な職掌となった。この祈祷は、とくに祈雨に際して多く行われ、『西宮記』臨時一（乙）祈雨事条に、

仰二祭主一於二神祇官斎院一奉二仕御祈一、

と見え、『北山抄』巻第六「備忘略記」「奉幣諸社事」にも、

或召二祭主一、仰下於二神祇官斎院一、可レ祈二申伊勢及諸社一之事上、若無二祭主一、令二中臣官人祈申一、禁中有レ穢之時、

令二外記伝仰一、或就二左衛門陣一仰レ之、

とあるように、伊勢神宮および諸社を対象にして執行されていた。天皇に直属した令外の官の宣旨職に相応しく、祈

祷の効果があった時には、祭主は殿上の口で内蔵寮の禄を給されることになっており、『禁秘抄』下祈雨条には、

又神祇官人参二本官一、承レ仰祈申、諸社奉幣随二御卜方一有二沙汰一、神祇者有レ験、召二殿上口一給二内蔵寮禄一、蔵人給レ之、寛治八年、神祇少副中臣輔弘祈雨、於二殿上口一給レ禄、内蔵寮大褂、本官七ケ日祈、永久任二此例一、卜部兼貞如レ此、

と見える。しかしながら、実際には、祈雨だけには限らず、大嘗祭の停止報告をはじめ、穢汚の発生、地震の発生、瑞祥の発生、天変地異、兵革、神社の祟り等、あらゆる事象を対象として行われ、祈祷事由は多岐に亘っていた。

二官八省の一つである神祇官は、令制祭祀の執行と全国の官社を統轄するためにおかれていた官庁である。長官伯以下の官人は、巨勢氏・石川氏・文室氏・藤原氏など非神祇系氏族の出身者も少なからず任官しており、基本的には他の諸司と同様の令制官司であり、その官人が令制の範囲を逸脱して、祈祷に従事するということはなかった。ところが、平安時代になると、

弘仁七年（八一六）六月丙辰、伊勢太神宮司従七位下大中臣朝臣清持有二犯穢一、并行二仏事一、神祇官卜レ之有レ祟、科二大祓一、解二見任一、（『類聚国史』十九　神祇十九神宮司）

天長元年（八二四）四月乙酉、御二大極後殿一、差二使少納言従五位上継野王、中臣神祇大副正五位下大中臣朝臣淵魚、忌部大祐正六位上忌部宿祢雲梯等一、奉二遣御剣并幣帛于伊勢太神宮一、有レ祟故也、（『類聚国史』三　神祇三伊勢太神）

とあるように、伊勢神宮が頻繁に祟りを起こすようになり、天皇や国家を震撼せしめる事態が惹起した。この時期は、ちょうど大中臣淵魚が、祭主在職中であったが、

承和九年七月辛亥、頃者炎旱渉レ旬。秋稼焦枯。詢二諸卜筮一。伊勢八幡等大神為レ祟。命二神祇伯大中臣朝臣淵魚一祈祷焉。（『続日本後紀』）

とあるように、仁明天皇の承和九年（八四二）七月十九日、祭主神祇伯大中臣淵魚が伊勢神宮・宇佐八幡宮の祟除去のため祈祷を行うことが命じられている。これが祭主祈祷の初見記事であり、以後祭主、もしくは祭主に故障が有れば、大中臣氏のものによって執行され、管見に及んだ事例は後一条朝まで四十五例を数える。あまり注目されていないが、『大中臣氏系図』所引の延喜本系解状に、

此氏供二奉神事一、良有レ以矣、苟非二其人一、恐致二咎祟一、

とあるように、伊勢神宮即ち天照大神の神事を大中臣氏が供奉しなければ、伊勢神宮の祟りを招来すると、当時大中臣氏の人々は考えていた。また、解を受けた国家側にも、あまり違和感がなかったようである。こうした思潮は、延喜年間より早く延暦年間にも、

延暦十一年閏十一月乙酉、正四位下丹治比真人子姉卒去、故右大臣正二位大中臣朝臣清麻呂之妻、参議従四位下守近衛大将兼神祇伯式部大輔近江守諸魚之母也、先レ是、諸魚等進二家牒一云、中臣朝臣任二神祇伯一者、是天照太神々主也、累世相承、遭レ喪不レ解者、（『祭主補任』大中臣諸魚条所引『日本後紀』逸文）

という諸魚の揚言に窺知できる。(11) しかしながら、神祇伯を「天照太神」の神主と、天皇をはじめ廟堂の人々は理解していなかった。母の喪にあっても神祇伯は解任されるものではないという諸魚の請願も、

勅雖レ不レ躬二喪紀一、不レ可レ供二神事一、宜レ令レ修二其服一、

と、勅により却下されている。つまり、延暦十一年（七九二）当時は、諸魚や大中臣氏の人々が「天照大神」の神主と主張し、喪を回避しようとしても許容される状況ではなかったのである。換言するならば、当時、神祇伯を天照大神の神主とする認識は無く、さらに、補任されていれば当然主張の根拠としたであろう祭主という官職すら存在していなかったということとなろう。(12)

なお、諸魚がこうした主張をするには、それなりの理由があった。それは、前に「延暦両宮儀式帳」にも見たように、祈年祭・両度月次祭には中臣（大中臣）のみが単独幣帛を捧持して伊勢神宮に参向。神嘗祭にも王・忌部と共に参向して、祝詞を奏上するという忌部氏に比較して中臣氏が伊勢神宮における卓越した地位を確立していたためと考えられる。こうした中臣・大中臣氏の地位は、前項「(1)　神宮年中四箇度祭と祭主」で触れたように、天平宝字元年六月乙未制に起因し、この制により伊勢神宮の神主的存在となってはいたが、延暦十一年当時は、後世の祭主のように天皇から認められたものではなかったものと思われる。

やはり、天照大神の祟り鎮めのために祈祷を行い、神宮四箇度祭には祝詞を奏上するという伊勢大神宮祭主として、中臣・大中臣氏が国家における伊勢神宮の専当官的地位を確立するのは、弘仁六年に「伊勢大神宮祭主」に補任された淵魚以降のことと考えるのが自然であろう(13)。

(3)　祭主の成立

これまで縷述したように、祭主が成立するには、まず蔵人・検非違使等に顕著な令外の官の宣旨職が成立していなければならない。一方、職掌の上からは、神宮年中四箇度祭の国家主体の奉幣型への改変と、祭主祈祷の成立が必須であった。官職制度と職掌は、令外の官の宣旨職が「或は便宜的な処置として、或は官職の権限の一部の拡大されたもの」という傾向が見られる以上、多少の前後はあるであろうが、こうした条件が整備されるのは、弘仁年間以降のことである。そこで、筆者は、祭主制度成立の背景を国家を震撼させる「二所朝廷」という異常事態をもたらした、大同五年（八一〇）勃発の薬子の乱に求めた。この乱に際して、政治的には蔵人が設置され、平城上皇への対応が図られている。また、神祇信仰の上からは、弘仁元年（八一〇）に伊勢神宮斎王を範とする賀茂斎王が創始されている。

こうした平安時代初頭の政治的状況の中で、嵯峨天皇が自己の正統性に関わる皇祖伊勢神宮を掌握するために祭主を設置したものと考えた。一方、中臣氏側にも諸魚を最後に神祇伯に任命されることが無くなり、平安時代になると、伯が天皇の外戚に独占されるようになっていた。そのため、そうした事態に対する危機感があったと考えた。

三　旧稿発表後の祭主に関する諸研究と私見

昭和六十一年の旧稿刊行後に、管見に及んだ祭主に関係する論考には、森脇文子「古代氏族の変貌—中臣・大中臣氏を中心に—」(『奈良史苑』第三十二号、一九八七年)、石附敏幸「宣旨職についての一考察」(『文学研究科紀要別冊一八集』哲学・史学、早稲田大学大学院、一九九一年)、岡田精司「律令制祭祀における伊勢神宮」(『古代祭祀の史的研究』第Ⅱ部第十一章、塙書房、一九九二年、初出一九八八年)、古川淳一「祭官小考」(『国史談話会雑誌』第三十五号、一九九五年)、舟杉真理子『古語拾遺』から見た中臣氏の虚・実」(『史窓』五二号、一九九五年)、西山良平「〈神〉・怨霊・山陵—タタリの全体史あるいは〈御霊〉信仰再考」(『アマテラス神話の変身譜』森話社、一九九六年)、春名宏昭「神祇少副について」(『律令国家官制の研究』Ⅱ章、吉川弘文館、一九九七年)、阿部真司「伊勢の祭主・大神宮司と中臣氏」(『高知医科大学紀要』十三号、一九九七年)、早川万年「神宮幣帛使と中臣氏—『祭主』成立の史的背景—」(国學院大學日本文化研究所編『大中臣祭主藤波家の研究』続群書類従完成会、二〇〇〇年)等各氏のものがある。各氏の研究は、祭主が『中臣氏系図』および『大中臣氏系図』に見られる祭官の後身であるとするもの。もしくは、中臣氏の記紀神話以来の職掌の反映として祭官を認識し、その後身として祭主を把握し、その連続性を考えるもの。中世の編纂史料『二所太神宮例文』や『祭主補任』・『中臣氏系図』等の記事を検証せず、自身の論考に都合の良い部分を利用して論を展開しているもの、さまざまである。しかし、弘仁期における神宮祭祀の国家主体の奉幣型への改変や、令外の官の宣旨職としての祭主や、その職掌等について正面から言及しているものは少ない。おしなべて、政治史上の中臣氏の浮沈の中で、わけても忌部氏との奉幣使任用を廻る角逐の結果として祭主の成立を把握しようとする傾向が強い。以下、上記の研究中、主なものについて、私見を呈してみたい。

　祭主が令外の官であることを前提にする研究には、石附氏・岡田氏・古川氏・舟杉氏のものがある。しかしながら、祭主を令外の官と考える上で、研究の対象とする時代の違いに起因するものと思われるが、四氏の関心には差異がある。とくに、大化前代から奈良時代に焦点を当てた研究には、祭主の宣旨職としての視点が捨象されているように思われる。

石附氏は、広く令外の官の宣旨職を考察し、祭主については、「伊勢大神宮式」五十条の、

　其以㆓神祇官五位以上中臣㆒任㆓祭主㆒者、初年給㆓稲一万束㆒、除㆑此之外、不㆑得㆓輙用㆒、

を、前条四十九条で伊勢神宮の大・少宮司が正六位上官・正七位上官と官位相当が定められているのに対し、五十条は祭主の官位のあいまいな任用資格と、着任に際しての給禄に関する規定である。「神祇官五位以上」は、厳密な官位相当制を規定したものでは無いという拙論を前提に、その補任方法等をさらに詳細に検討され、

　宣旨職たる祭主は、①官位相当制が欠如し、②本来的には公卿の銓擬を経ないで任官を決定し、③式部省が人事を把握していない、という点において除目官と異なる性格を有していたことがわかる。さらに、④補任に際しての上卿の宣が弁官に下され、⑤関係官司への補任の告知は正式に官符で行われたことが理解できた。こういった特質は祭主以外の宣旨職についても広く当てはまるものと思う。

と、その宣旨職としての特徴を分析、他の宣旨職にも同様のことが広く当てはまるとされている。摂関期に公卿銓擬を経るようになった祭主の補任については、小野宮実資が天皇と関白頼通の諮問に、

内々被レ命云、案二此事一尤大事也、先例只以二宣旨一被レ補、不レ及二儀定一、而数度改定、又諸卿定二不吉之由一、（『春記』長暦三年十二月九日条）

と答えているように、「先例は祭主はただ宣旨を下して補任し、公卿の議定には及ばなかった」という点に石附氏は注目されている。こうした視点は、本来、公卿銓擬を経ず天皇より宣旨で直接補任されていた祭主について考える上で看過できない。なお、石附氏は令外の官の宣旨職全般について考察しているため、とくに祭主の成立については触れられていない。

岡田氏は、祭主は弘仁六年に大中臣淵魚が補任されたのが嚆矢という拙稿にふれつつ、西田長男氏(14)や田中卓氏の祭主に関する論考を参考として、祭主は臨時官であった可能性が高い、という自説を展開されている。岡田氏が依拠する田中氏の論考は、『伊勢神宮の創祀と発展』所収の第二章第三節の「祭主と中臣氏」である(15)。その中で田中氏は、

国史では、それ以前の祭主の確実な事例を見ないので、一応、弘仁六年を祭主の明らかな初見とすべきであらう。

（中略）

要するに、「祭主」はもともと朝廷より神宮の祭祀のために差遣せられる臨時の役職であつたのであらうが、その始まりは、天武天皇の御代前後であり、その時期は、恐らく天武天皇初年における斎王制の復活と深い関係があるやうに思はれる。そして当時は、後の神祇官にあたる「祭（神）官」の中より任命せられたのであらうが、大化以来の功臣である藤原朝臣鎌足の一統である中臣氏が「祭（神）官」の要職を占め、従つて「祭主」もおの

づから中臣氏に独占せられるに至つたのであらう。そして中臣氏の「供㆓神事㆒」ことの職掌は、文武天皇二年、意美麻呂に対して、藤原姓より中臣姓への復姓を命ぜられた詔によつて再確認せられたが、少なくともその子の清麻呂の頃には、すでに延喜式に見られるような祭主の職制が成立しつつあつたやうに思はれる。この形勢は、また天武天皇の御代以後における神宮の発展及び中央官制との交渉の深まりを物語るであらう。

と、祭主の初見を弘仁六年とされ、祭主を神宮祭祀のため差遣される臨時の役職であったろうと推定、斎王制度の整備時期を勘案され、その成立を天武天皇の頃に求められている。そして遅くとも、大中臣清麻呂の頃には、『延喜式』に見られるような祭主の職制が成立しつつあったと考察されている。この田中氏の研究を参考にしつつ、岡田氏は、

一方、「中臣氏本系帳」などに見える「祭官」を祭主の前身として、非常に古く見ようとする北畠親房『職原抄』以来の説を、現在でも継承する人々も少なくない。しかし、祭主は四度幣の折に任ぜられる臨時官であるとして、天武朝の成立とみる説もある。これからみるように、この臨時官説の方が可能性が高いであろう。

と、臨時官説の方が可能性が高いとされ、次いで、

さて、「祭主」というのは、『令義解』の祝部の語釈に「祝部、為㆓祭主㆒、賛辞也」とあるように、本来祭祀を行う人をさす普通名詞に過ぎぬものであろう。神祇官上級官人のうち、神宮監督の任に当たるものが、四度幣の祭使に加わり、神宮の祭儀に参加して祝詞を読むなどの行為のあることから、別の呼び名としてこのように通称（祭主カ＝藤森注）されたものと考えられる。神宮の監督と四度幣の任務が、神祇官先行官司である「祭官」においても重要な職掌の一つであったから、後世には親房のように祭官を祭主そのものの前身のように誤解するに至ったものであろう。律令制下の祭主は神宮に常置された官職ではなく、神祇官の上級官（伯・大副）が四度の奉幣ごとに下向して祭典の執行を監督し、あわせてその折に現地の大宮司以下の職務の状況を視察するものであ

ったと考えられる。

「大神宮式」にも、先に引いたように「神祇祭主」の称がみえることからも知られるように、祭主は本来官職名でなく神祇官人の職掌の一部にすぎない。したがって、それが『令』に規定されず、『儀式帳』や、一例を除いては「六国史」にもみえないのは当然であろう。この職務に「祭主」という用語を当てることすら平安時代に入ってからのことと思われる。祭主が平安時代に入ってから令外の官のように扱われる独立した職掌のようになるのは、九世紀も終りであり、大中臣淵魚の卒伝の「祭主」の語も『続日本後紀』の編纂段階の問題ではあるまいか。

と、述べられている。令外の官の宣旨職である祭主は、縷述したように、令制神祇官の本官を帯していることが補任の必須条件であったから、任職者が神祇官人であったとされる点は首肯できる。しかし、それが祭官以来のものとなると、あまりにも時代に懸隔がありすぎ、判断に苦しむ。ちなみに、筆者は、祭官はたとえ存在したとしても中臣氏の氏族的職掌を意味した祭祀関係の官であったと考えており、忌部氏等の他の神祇氏族をも吸収した官とは見ていない。このことは、祭官が、中臣氏関係の系図や編纂資料にのみ見えることからも裏づけられよう。[16] また、後の神祇官が他の神祇氏族を官人や神部として組織化している点から考えると、中臣氏のみに限定されている祭官が令制神祇官へと発展したと見るのは無理がある。西宮秀紀氏が、祭官の存在や、その展開について、

敏達朝に「祭官」という官職の設定は言えても、官司名と捉えてよいか疑問に思う。また、第一節で述べた律令神祇官制の構造的・機能的側面からみて、厳密な意味で律令神祇官制の直接的な先行官司と言うわけにはいかないであろう。

と、慎重に言及されているように、神祇官の先行官司として祭官を想定するのは難しいのではなかろうか。[17]

　さて、祭主が本来普通名詞であったことは、理解できる。[18] しかし、「神祇官上級官人のうち、神宮監督の任に当たるものが、四度幣の祭使に加わり、神宮の祭儀に参加して祝詞を読むなどの行為のあることから、別の呼び名としてこのように通称（祭主カ＝藤森注）されたものと考えられる」という見解は、いかがなものであろう。四度幣即ち祈年祭・月次祭・神嘗祭の確立が令に規定されて以降のことになるから、祭主的存在の成立も「大宝令」施行前後のことということになろう。そうであるならば、本稿二節「祭主に関する旧稿における私見、(2)祭主の職掌」で見たように、「延暦両宮儀式帳」の内外両宮の祈年祭・月次祭条に、幣帛使の祝詞奏上がなければならない。しかしながら、「延暦両宮儀式帳」を見る限り、中臣は祈年祭には、単に幣帛を捧持して伊勢神宮内外両宮に参向しているだけであり、中重での祭儀には、ただ参列しているだけという存在である。月次祭に至っては、式段階のように祭儀構造の中に幣帛使の参加が組み込まれていなかった。祈年祭と同様の儀式が、月次祭終了後に執行されるのみである。一方、神嘗祭には王・中臣・忌部が奉幣使として参向しており、中臣と宮司による祝詞奏上も確認される。祈年祭・月次祭における中臣の幣帛を捧持しての伊勢神宮への参向は、天平宝字元年乙未制に淵源し、神嘗祭における祝詞奏上もまたこの制に淵源するものと考えられるが、四度幣に中臣＝祭主が祝詞奏上をするようになるのは、「弘仁式」以降のことである。「弘仁式」成立以前に祭主が祝詞奏上をともなう四度幣を参仕したとは考えられない。確実な史料からは、「延暦両宮儀式帳」以前に四度幣で中臣＝祭主が祝詞奏上していたことを検証することは不可能である。

　さて、岡田氏は祭主が六国史などに一例を除いて見出せない理由について、「『大神宮式』にも、先に引いたように『神祇祭主』の称がみえることからも知られるように、祭主は本来官職名ではなく神祇官人の職掌の一部にすぎない。したがって、それが『令』に規定されず、『儀式帳』や、一例を除いては『六国史』にもみえないのは当然であろう」と述べられている。しかしながら、こうした理解は、祭主の史上への登場が蔵人や検非違使と軌を一にするという視点を捨象したものではなかろうか。令外の官でも内大臣・中納言等の除目官であれば、六国史に記載される。一方、平安時代初頭に設置された令外の官の宣旨職は「或は便宜的処置として、或は官職の権限の一部の拡大されたものとして、又は秘密裡に置かれたもの」であり、秘密裡に置かれたが故に、正史に登場しないのであって、「官職名ではなく神祇官人の職掌の一部にすぎない」から「延暦両宮儀式帳」や六国史に見えないわけではない。また、宣旨職であることに明らかなように、その設置は、天皇の側からの要請によるものであった。したがって、天武朝や律令神祇官の設置時、もしくは大中臣清麻呂の活躍時には、たとえ蓋然性は高いといっても、宣旨職の諸条件が整っていない以上、祭主の成立を求められない。のみならず、神宮祭儀の側面からも見ても、式段階の神宮祭儀のように祈年祭・月次祭が奉幣型に大幅に改変された後でなければ、祭主登場の必然性はないと思われる。

古川氏の祭主に関する見解は、筆者の別稿「古代の大中臣祭主家」（藤波家文書研究会編『大中臣祭主藤波家の歴史』続群書類従完成会、一九九三年）を前提に論じられているものである。その関心は主に『中臣氏系図』や『大中臣氏系図』の御食子と国子等の官位記載に見られる祭官と、祭主との系譜的関係にある。古川氏は、平安時代初頭に祭主が設置されたが、この祭主は大化前代に存在したと見える祭官の後身ではないという拙論に対し、祭主が令外の官であり、設置も平安時代に降ることを認めながらも、若干の問題があるとし、

その氏としての職掌の淵源が祖先神である天児屋命についての記紀神話にまで遡るのはいうまでもない。前節で述べたように祭官は中臣氏の伴造としての職掌をあらわす官職名であり、祭官の職掌には「天照大神神主」という役割も含まれていたと考えられる。この点で祭官と祭主は職掌を全く同じくするものではないが、連続性を認めてしかるべきであろう。

と述べられ、さらに、

祭主の地位が制度的に確立するのは遅れるかもしれないが、その淵源は神祇官が成立した時点に求められるのではないだろうか。

とされている。こうした祭主に祭官との連続性を認める見解は、前の岡田氏の論考の中にも見られたが、祭官が神祇官の先行官司とは考え難いこと、そして祭官の延長線上には把握できない神祇官の本官を帯していることが祭主任用の必須の条件であったことなどから、連続性は認められない。ただ、祭官を官司名とは考えず、中臣氏の職掌そのものを意味しているとするならば、氏の職掌の延長線上に神祇官人中臣氏があることになるので、多少の連続性は認められるかもしれない。しかし、令外の官の宣旨職は、あくまでも令制官職の権限の一部が拡大されたものである。したがって、祭主には、氏族の職掌の反映は若干あるかもしれないが、基本的には令制神祇官における中臣の職掌の一部が拡大したものと考えた方がよいように思われる。また、古川氏は、律令神祇官成立の頃に、祭主の成立を求められているが、前述のように、宣旨職成立の条件や祭主の職掌等から、首肯できない。

舟杉氏は、斎部広成の『古語拾遺』から中臣氏の氏族的展開を再検討されている。舟杉氏は『古語拾遺』に、後に中臣氏が独占的に任じられる伊勢神宮祭主の語が全く見えないことを指摘。その理由として、「大同年間において伊勢神宮に祭主の呼称はなく機構はいまだ完成をみていなかった」ため、とされている。祭主の称呼とそれに伴う機構まで踏まえて、大同年間、具体的には斎部広成の『古語拾遺』執筆時大同二年（八〇七）には祭主は成立していなかったとされている点は、筆者も同感である。そして、筆者の祭主は令外の官の宣旨職であり、神宮祈年祭・月次祭が奉幣主導型に改変された後に成立したという見解を肯定され、その成立を弘仁年間頃とされている。だが一方で、

『新抄格勅符抄』所収の延暦二十年（八〇一）九月十三日の民部省に下された太政官符、

伊勢大神封戸調絁三百疋庸米三百斛、已上並当国、前惣官神祇伯大中臣朝臣等家、比年政納二神祇官一、

に注目され、独自の見解を示されている。それまで、「前惣官神祇伯大中臣朝臣等家」が神宮の調庸物を毎年とりまとめて神祇官に送っていたが、この官符により、諸神封物は斎宮寮に納められることとなり、かわって諸国から斎宮の料として送られてきていた調絁三百疋庸米三百斛が神祇官に送られることとなった。この事実は、延暦十六年の大中臣諸魚没後、中央の大中臣氏が神宮経営から後退したことを意味し、その間に宮司大中臣氏と禰宜荒木田氏により神宮経営の体系化が進められ、その一つとして「延暦両宮儀式帳」が延暦二十三年に作成された。こうした中央の大中臣氏の没落後、「功臣之後」を後ろ盾に体勢を挽回したのが淵魚で、祭主の地位を獲得し、天長十年（八三三）に、それまで丹治比氏や和氏・藤原氏等他氏の手にわたっていた伯の地位を奪還した、とされている。

ところで、伊勢神宮の封戸からの調絁三百疋庸米三百斛のうち調絁三百疋は、天平元年（七二九）四月癸亥条の

又勅、毎年割二取伊勢神調絁三百疋一、賜下任二神祇官一中臣朝臣等上、

という勅に見られる伊勢神調絁三百疋に符合する。ゆえに、もともと神宮封戸からの調絁三百疋庸米三百斛は、神祇官に収納されていたと考えられる。天平元年に、伊勢神調絁三百疋が割取されて神祇官人の中臣朝臣に下賜されるようになったが、庸米三百斛は旧来どおり、神祇官に納められていたものと推測される。延暦二十年九月十三日官符によれば、当時その具体的な徴収には、配下に大神宮司等を持つ神祇官の惣官神祇伯に在職していた大中臣朝臣家が当たっていた。そうした徴収形態が延暦二十年九月十三日官符で改められ、伊勢神調庸は斎宮寮に納められることとなり、神祇官には、諸国より斎宮寮へ送進された料物の中から以前と同額が納められることとなった。舟杉氏は、ここに大中臣氏の神宮経営からの後退を求められているが、むしろ斎宮寮は地理的にも、制度的にも伊勢国や大神宮司と

密接な関係にあったわけであるから、(19) 封物徴収の方法がより実態に即したものへと、改変されたと考えるべきではなかろうか。

また、舟杉氏は、中央の大中臣氏と宮司大中臣氏の間に角逐があったとされているが、本当にそうなのであろうか。実は、祭主の地位確立と大神宮司の権限の拡大が、淵魚の任伊勢大神宮祭主とほぼ同時期に行われている。

弘仁八年（八一七）十二月廿六日多気・度会二郡の雑務を長く大神宮司に付せしむという格が出され、

　伊勢国多気度会二郡雑務悉預二太神宮司一、交替付領、一同二国司一、以二国司一不レ獲レ行二決罰一也、（『類聚国史』巻四）

となり、さらに弘仁十二年八月廿二日に「応レ令三伊勢大神宮司検二納神郡田租一事」という官符が下され、

　停三煩預二国司一、令三神宮司依レ旧検納一、（『類聚三代格』巻一）

と、大神宮司は神郡内への国司の関与を排除し、租税の検収権も手中に収めている。こうした事実を踏まえると、祭主の創置と大神宮司の権限拡大は、ほぼ同時並行に行われたと考えるべきで、宮司中臣氏と中央の中臣氏の対立をここから読み取ることはできない(20)。また、「延暦両宮儀式帳」も、虎尾氏の専論にあるように、式編纂資料として提出されているわけであるから、ここからも中央の中臣氏と在地との対立を見出すことはできない。したがって、舟杉氏の主張する宮司中臣氏および禰宜と没落した中央の中臣氏の対立があった、という政治史的解釈にはしたがえない。

ところで、舟杉氏は該時期における他氏の任伯を「あせりにも似た気持ちが中臣氏を神祇祭祀における〝専権〟をもくろむ方向へと駆り立てていったのではなかろうか」と推論されているが、注目すべき見解である。該時期の他氏の任伯は、岡田莊司氏が指摘されているように、平安前期の公祭の成立にともない、天皇の外戚氏族の任伯が要請された結果と考えるべきであるが(21)、神祇政策が公祭中心に変容して行くことに中臣氏は対応できなかったのではなかろうか。

実際、時代は降るが、延喜十五年（九一五）四月十八日賀茂祭の前日、斎内親王に月事が発生した。祭祀執行の是非に苦慮された醍醐天皇は、祭主神祇大副大中臣安則を召し、その是非を尋ねられた。この召問に対して、当時延喜神祇式の編纂に従事していたにもかかわらず、安則は「斎院事、非二神祇官之所一レ知之」と答申しており、公祭賀茂祭への対応ができなかったことが窺知される(22)。

平安時代に入り、天皇中心の体制が確立し、それにともなって外戚勢力が伸長すると、その結果として公祭が成立する。こうした新たに続々と誕生する公祭に対応できない焦燥感と、神祇官長官である伯の地位が遠ざかることに、確かに淵魚は危機感を強めていたと推測される。

さて、舟杉氏は「神宮祭祀の変容、すなわち神宮恒例四箇度使と祭主祈祷については、中臣氏のもつ既存のものが、むしろ祭主という呼称を得たために変容、付随していったものと考えられるのではないだろうか」とされている。前述したように確かに令制時代の中臣氏の職掌にも幣帛使参仕はあったが、「延喜伊勢大神宮式」に見られるように整備されたものではなかった。舟杉氏は認められていないが、式に見られるような四度使のような制度は、中臣朝臣を幣帛使に専用するという天平宝字元年乙未制の立制や、「弘仁式」による中央主体の奉幣型祭祀の確立という歴史的変遷を踏まえて考えるべきであろう。

祭主祈祷に至っては、天照大神の祟りが頻発するようになる奈良時代後期から平安時代初頭の精神史と、形成中とはいいながら、やがて殿上制度へと展開する天皇の御在所を中心とする内廷制度を視野に入れなければ理解できない。そもそも、律令制の原則に照らして、奈良時代に天皇の私的な祈祷が行われていたとは考えにくい。舟杉氏は疑わしいとされながらも引用されているので私見を開陳するが、天平十九年（七四七）の元正天皇の不豫をめぐる清麻呂と一門益人の祭主および神祇大副の交代劇を伝える「延喜本系」所載の清麻呂伝は、事件の経過や天皇の崩御時期等、

『続日本紀』の記事とは齟齬するところが多く、平安時代後期に清麻呂流二門が一門排斥のために捏造した可能性が高い(23)。祭主にしろ、神祇大副にしろ、清麻呂が着任しない限り、天照大神の祟りを回避することができないという主張は、祭主祈祷成立を前提とした二門清麻呂流の子孫にとって都合のよい主張である。実際、この伝説を梃子として、摂関期に、二門清麻呂流は祭主一門兼興の排斥に成功している。時代が降って作成された大中臣氏や神宮に関する典籍は、神道五部書をはじめ汗牛充棟であるが、内容を吟味しないかぎり、歴史書としては利用できないものが多い。とくに、大中臣氏の後裔や神宮神職等により、摂関時代以降の大中臣氏や祭主の実態を古代に遡及させ、敵対勢力を圧倒するため自らの伝統性と正当性を喧伝する意図をもって述作された『祭主補任』・『二所太神宮例文』をはじめとする編纂資料は、史料として用いる際には細心の注意が必要である。

次に、森脇氏の祭主を令外の官の宣旨職とは見ない学説について、私見を述べてみたい。森脇氏の論考は、昭和六十一年の筆者の旧稿と前後して発表されたものである。八～十一世紀にかけての氏の変化を、中臣・大中臣氏を題材に考察されたものである。

中臣氏が他氏にぬきん出て任ぜられる神祇伯という官職が、いまだ純粋な律令官職としてではなく、「中臣氏」という特定の氏の職と不可分のものとしてあることを示すといえるだろう。さらに、これは単に神祇伯のみの問題ではなく大副を含めた神祇官大副以上にあてはまると考えられる。

と、神祇伯のみならず次官である大副の任官者が奈良時代にあっては、中臣氏の代表者であったとされている。また祭主については、「両宮儀式帳」に祭主が見えないことや確実な初見が弘仁六年であることなどから、奈良時代の存在を疑われている。氏上が氏の代表者であるがゆえに高官高位にいたるのに対し、氏長者は位階官職が上臈であるがゆえに、その地位に着くとし、氏上と氏長者を峻別され、平安時代に氏上のつかさどっていた氏の職の一部が「祭主」という称のもと准官職的なものとなって氏長者にひきつがれている、とされている。そして、平安時代の中臣氏は「氏長者は神祇官の最上位者として神祇官の中臣氏人の頂点に立つとともに、祭主として伊勢神宮支配の頂点に立つものととらえることができる」と理解されている。奈良時代にあって中臣氏のものが任伯していない時期は、神祇大副に必ず任官していることを明らかにされている点は注目すべきであろう。ただ、森脇氏も祭官の延長線上に神祇伯を捉え、神祇伯の職掌に「天照大神神主」的側面があったとされているが、この点については前述のようにしたがえない。

律令時代の六位の官神祇少副を俎上に上せ、何故少副が六位の官であったのかを検討する過程で、祭主を取り上げた研究に春名氏のものがある。祭主を祭官の後身と理解し、それを前提に『二所太神宮例文』や『官職秘抄』等、後世に編纂された史料で巧みに正史を補綴しつつ、祭主論を展開されている春名氏は、

つまり本稿では、大化前代の祭官が律令国家の中央官制の一つに発展しようとする中で、伊勢神宮祭祀を担当する職掌を祭主というかたちで分化し、本体は神官さらに神祇官に発展・拡大していったものと考える。

という幾人かの先学と類似した仮説を提示、さらに、

祭官は中臣氏のために創設された官職であり、これ以後の中臣氏による朝廷祭祀職の職掌の根元となったことである。つまり、〈祭官→祭主〉にしても〈祭官→神官→神祇官〉にしても、中臣氏が一貫してその職を占めており、神祇官の性格も中臣氏との関連を無視しては理解できない。

と述べられている。そもそも祭官は、『中臣氏系図』・『大中臣氏系図』・『二所太神宮例文』・『祭主補任』等編纂が遅

れる中臣氏関係および伊勢神宮関係の文献にしか見出すことができない。したがって、中臣氏および神宮祭主を世襲した大中臣氏の立場で記述されているであろうことは、容易に推測されよう。しかも、古代以来連綿と書き継がれたものでもない。あくまでも後世の編纂物である。そうした性格を持つ右文献を真摯に読むならば、春名氏が理解されているように、「祭官は中臣氏のために創設された官職であり」となるのは、当然である。これらは、弘仁六年以降祭主を独占的に相承するようになった大中臣氏の後裔が、祭主の起源を祭官に遡及させることを目的に、述作したと考える方が自然なのではなかろうか。

筆者の祭官に関する見解は、岡田精司氏や古川淳一氏の論考に対する私見で開陳したが、基本的に前掲の西宮氏説にしたがいたい(24)。個人的見解を敢えて贅言するならば、たとえ存在したとしても祭官は中臣氏の氏族的職掌を意味した祭祀関係の官であり、忌部氏をはじめ、たとえば『古語拾遺』に見られる猿女氏以下の他の神祇氏族をも吸収した官とは思えない。また、後の神祇官が他の神祇氏族を官人や神部として組織化している点から考えると、中臣氏のみに限定される祭官が令制神祇官へと発展したと見るのは無理があるのではなかろうか。なお、何故、『二所太神宮例文』・『祭主補任』等後世の編纂史料を用いるのが危険かは、舟杉氏の論考に対する私見の部分で既述したが、拙稿「平安時代の大中臣祭主家―祭主制度成立に関する一試論―」(『平安時代の神社と祭祀』)の附録「『祭主補任』と国史古記録対照表」および「清麻呂流大中臣祭主家成立の背景―太神宮の祟咎と清麻呂―」(『大中臣祭主藤波家の研究』)を参照していただきたい。前者では、『祭主補任』の記事と正史の記事との齟齬が一目瞭然に理解できよう。『祭主補任』は、清麻呂流の人物に関しては、詳細であるが、門流外の人物に関しては、誤記や謬伝が目立つ。また、清麻呂流に列なる人物の伝記に関しては、巧妙に正史に後伝を組み込んだ形跡も見て取れる。こうした『祭主補任』と記事が符合し、同一史料に依拠して製作された可能性が高い『二所太神宮例文』も、引用するに際しては、細心の注意が必要であろう。一方、後者は、『中臣氏系図』の本系帳解状にも見られる清麻呂伝説が、子孫大中臣二門によって如何に捏造されたか、そして、その伝説を利用して大中臣一門を如何に排斥したかを分析したものである。多くが『祭主補任』に見られる記事であるが、その記事は一門排斥に止まらず、祭主としての清麻呂流の正当性を中央に訴えるものもあり、院政期に顕著となる二神約諸思想の萌芽的なものも見受けられる。以上のような性格を有する、後世の編纂物から、古代の中臣氏や祭主補任の次第等を考察することは困難であろう。

さて、春名氏は、はるか後世の編纂物とことわりながらも『官職秘抄』に見られる、

祭主　大中臣二門流中居㆓副祐㆒為㆓祭主㆒、重代者任㆑之、雖㆓六位㆒補㆑之、永輔是、（永輔は確実に大中臣二門出身者であるため、ここで「、」を入れるべきか）一門流不㆑任㆑之、邂逅拝任之例皆為㆓不吉㆒、又無官者不㆑補㆑之、仍頼宣為㆓祭主㆒辞㆓大副㆒、以㆓甥家成㆒申㆓任祐㆒、而依㆓氏人訴状㆒、以㆓頼宣㆒如㆑先任㆑副、被㆑停㆓家成職㆒畢、

という祭主に関する記載の中で、とくに「副祐為㆓祭主㆒」や「雖㆓六位㆒補㆑之」、さらに「無官者不㆑補㆑之」を祭主補任の原則と考えられ、こうした原則は、「延喜本系帳」と『二所太神宮例文』の清麻呂の条項から、藤原広嗣の乱に関わった中臣名代にかわり、天平十二年十月清麻呂が神祇大祐で祭主に補任された時点で確立したとされている。そして、「神祇官の大少副・大小祐に任じられた中臣氏が祭主を兼ねたものであり、少副・大少祐は六位官であるから、当然六位の祭主もいた」と指摘され、その実例として『類聚大補任』から大中臣有本の場合を上げている。さらに祭主は「伯か大副の五位以上の者が望ましく、前任者の急死など突発的な事故が起こった場合に限って六位の祭主を任じたものと考えられる」と、祭主を令外の官の宣旨職と考える筆者も、利用している史料にどれほどの信憑性があるのかは別として、納得する見解が述べられている。しかしながら、次いで「伊勢大神宮式」五十条の、

其以㆓神祇官五位以上中臣㆒任㆓祭主㆒者、初年給㆓稲一万束㆒、除㆑此之外、不㆑得㆓輙用㆒、

を、筆者のように、五位以上者の任用を求めたとは読みとれないとし、これは五位以上者の中臣を祭主に任じた場合の初年給の支給に関する条文で、六位以下の祭主の場合には支給をしてはならないとした規定であるとされている。この春名氏の見解には首をかしげざるを得ない。もし氏の指摘のとおりであるとすると、何故文末に「除レ此之外、不レ得ニ輙用一」という一文が置かれているのであろうか。やはり、先学をはじめ複数の研究者も指摘されているように、この条文は、神祇官の官職を本官に持つ五位以上の中臣を補任し、着任時には稲一万束を給せよ、この外はたやすく任じてはならない、と解釈すべきではなかろうか(25)。

さて、春名氏は祭主に六位の者が任じられている例があることから、六位相当の官少副在職者が祭主に任じられることになっていたのでは、と推定されている。しかし、本当に六位の任職者は多かったのであろうか。前掲『官職秘抄』は「永輔」一例のみしか掲出していない。

祭主は令外の官の宣旨職である故に、正史には一例を除いて記録されていない。春名氏も、筆者とは違う立場ではあるが、「祭主と神祇官との関係であるが、実を言えば、『中臣氏系図』や『二所太神宮例文』八祭主次第の記述を除けば、延喜式の頃より以前の実情は詳らかではない」と述べられている。筆者は既述のように、春名氏が右に上げられている史料の平安時代中期以前の記載には信憑性を置いていない。そこで、古記録や『公卿補任』・『三十六人歌仙伝』等に、祭主任職者の任祭主時の位階を徴してみたい。

まず大中臣淵魚であるが、『続日本後紀』に明らかなように、任祭主時には従五位下神祇大副であった。

正史に記録は見られないものの、『春記』長暦三年（一〇三九）十二月七日条所引の勘文から、任祭主時の官職が知られるものに大中臣安則がいる。この勘文によれば、安則は任祭主時神祇大祐であったという。官位相当から考えて、従六位上であった可能性がある。

その後補任時の位階が判明するのは、降って頼基である。『本朝世紀』によれば、頼基は天慶二年（九三九）十月七日に「神祇少副大中臣頼基可レ為二祭主一由下二宣旨一」とあり、『三十六人歌仙伝』には天慶四年に従五位下に叙されたとあるから、任祭主時には正六位上であったろう。祭主補任後二年で五位に叙されている。

大中臣能宣は『三十六人歌仙伝』によれば、天禄元年（九七〇）十月廿日従五位下に叙されたという。また、同書によれば天延二年（九七四）十一月に祭主祈祷の賞で、従五位上に叙されているから、任祭主時には、五位であったと思われる。

大中臣輔親は、『権記』長保三年（一〇〇一）二月廿八日美作介で祭主に任じられている。また、『中古歌仙三十六人伝』輔親卿条には、正暦二年（九九一）九月十六日に従五位下に叙されたとあるから、任祭主時には五位であった。

そして、次に任祭主時の官職が判明するのは、『官職秘抄』に見える永輔である。永輔の官職が、『春記』長暦三年（一〇三九）十二月廿六日条の祭主選定の記事から任祭主時神祇大祐であったことが確認され、更に『平安遺文』五八二長暦四年六月三日「官宣旨案」に「祭主正六位上行神祇少副大中臣朝臣永輔」とあることから、『官職秘抄』に見られるとおり、任祭主時六位であったと類推される。なお、『祭主補任』所収の古記録逸文と推測される或記によれば、当時永輔は正六位上神祇大祐であり、彼と祭主を競望した輔宣は従五位下神祇少副、頼宣が駿河守従五位下、元範が従七位上神祇少祐であった。また、同書によると、永輔は二年後の長久二年（一〇四一）従五位下に叙されている。

この永輔以降の『祭主補任』の記事は、裏書きや古記録の引用が頻繁に見られるようになり、その信憑性が高まるが、この後元範・輔経・頼宣・親定・公長・清親・親章と続き、親定以降は三位にまで連続して昇るようになる。その官歴を『公卿補任』や古記録に見てみると、五位もしくは四位で祭主宣旨を蒙っている。

時代は降るが、確実な史料から見る限り、基本的に祭主は五位以上者が補任されていたと考えるべきであり、たとえ六位で補任されても、「延喜伊勢大神宮式」五十条祭主任用規定との整合性をはかるため、わずかな期間のうちに、五位に上げられていたと考えた方がよかろう。

春名氏は、六位の少副を祭主の相当官として把握され、論を進めておられるが、決してそのようには考えられない。また、祭主の地位は大宝令制定当初から確固としていたとは、「『二所太神宮例文』の祭主次第などに見られる記載は信憑性の疑わしい部分もあるが」と、氏自身も疑わしい部分もあると考えられるような史料から分析することはできないのではなかろうか。


早川氏は、御巫清直以来の祭主成立に関する諸説を整理され、祭主成立の背景は、幣帛使の問題よりも、むしろ神祇官・大神宮司の伊勢神郡支配の深まりにあったとされ、その後寛平から延喜年間に活躍した大中臣安則の時代に、行政官的性格を強めた、と指摘されている。設置後、時の経過の中で、徐々に幣帛使から神宮の行政官的存在となっていったであろうことは、筆者も旧稿の中で指摘しており、首肯できる。しかしながら、神宮の祭儀上祭主がどれほど必要であったのか、という指摘は如何であろうか。

これまで縷々述べてきたように、「延暦両宮儀式帳」段階と「弘仁式」段階では、神宮祈年祭および月次祭での中臣の位置づけや役割は大きく相違する。「弘仁式」により国家主体の奉幣型に大きく改変された神宮四箇度祭や臨時奉幣で、天皇の叡慮を伝達する祝詞を中臣が独占的に奏上している点は、儀式帳段階とは明らかに相違し、その重要性をさらに増幅させている。この中臣は「延喜伊勢大神宮式」四十五条によれば、祭主であった。祭主が天皇に直属した令外の官の宣旨職であった以上、こうした視点は等閑にはできない。

また、『続日本紀』天平宝字元年六月乙未条の、

始制、伊勢大神宮幣帛使、自レ今以後、差二中臣朝臣一、不レ得レ用二他姓人一、

という神宮幣帛使の中臣氏専用を命ずる制が、「延暦両宮儀式帳」の神宮祈年祭および月次祭における中臣単独参向の法的根拠である、と筆者は考えている。これに対し、早川氏は、大同二年（八〇七）成立の斎部広成著の『古語拾遺』の所遺十一の中に見える、天平宝字元年六月乙未制は行われなかったとする、

又、勝宝九歳、左弁官口宣、自レ今以後、伊勢太神宮幣帛使、専用二中臣一、勿レ差二他姓一者、其事雖レ不レ行、猶所レ載二官例一、未レ見二刊除一、所レ遺十一也、

という記事等から、藤原広嗣の乱で没落した中臣氏を懐柔しようとして藤原仲麻呂によってこの制は出された。その後、この制は、石川年足の別式二十巻に入れられ、実務規定としては参照されたものの、法典としては施行されなかった。したがって、結果的には中臣氏専用の制は実施されなかった、と考察されている。しかしながら、既述のように、「延暦両宮儀式帳」を瞥見する限り中臣は、内外両宮ともに祈年祭・月次祭には、祝詞奏上こそ行ってはいないものの、単独参向している。また、神嘗祭には王・忌部とともに参向し、祝詞を奏上している。ゆえに、天平宝字元年六月乙未制は、中臣氏の祈年祭・月次祭単独奉仕と神嘗祭の祝詞奏上の法的根拠であったと考えざるをえないのではなかろうか。これにより、中臣氏は神宮における祈年・月次・神嘗各祭の参仕が保証されたものと思われる。なぜなら、ここには奉幣使任用を廻る角逐の原因となったと考えられている「五位以上」という条件は付されていない。単に中臣朝臣を差遣せよと見えるだけである。翌天平宝字二年八月庚子には、

其中臣・忌部、元預二神宮常祀一、不レ闕二供奉一久年、宜三両氏六位已下加二位一級一、（『続日本紀』）

という詔が淳仁天皇より出されている。「（1）神宮年中四箇度祭と祭主」で触れたように、神宮常祀とは神嘗祭を指している。つまり、神嘗祭には、令意に合致する五位以上の王が卜定され、その王に従う神祇官使として、中臣・忌部は共に任用されていたのである。制が出された翌年に、右のような詔が下されるということは、天平宝字元年六月乙未制は、常祀神嘗祭や臨時奉幣使の中臣官・忌部官両使に関するものではない、別次元のものと見るべきであろう。すなわち、延暦二十三年以前、祈年祭・月次祭における中臣の職責は、幣帛を捧持して神宮に参向するだけであり、相対的にその職責は低かったといえよう。斎部広成が『古語拾遺』所遺十一の中で、この制は行われなかったとしている。しかし、『神祇令』の、

凡常祀之外、須下向二諸社一、供中幣帛上者、皆取二五位以上卜食者一充、唯伊勢神宮、常祀又同、

に、抵触しない祈年・月次両祭使や神嘗祭神祇官使を、この制が規定しているとすれば、広成の誤解も容易に理解できよう。実際、これ以前にも、これ以後にも中臣だけが、常祀・臨時を問わず任用されている事例はない。中臣もしくは忌部が、単独参向しているように見える慶雲元年（七〇四）十一月八日の忌部子首や、延暦十三年（七九四）一月十七日の大中臣諸魚等の例も確かにある。しかしながら、「延喜伊勢大神宮式」四十七条臨時幣帛使禄条に明らかなように、それは五位以上の臣下の勤仕例であり、さらにそれに従属して神祇官の中臣・忌部が差遣されていた。広成の見解は、祈年祭・月次祭幣帛使と、神嘗祭やそれに準ずる臨時奉幣とを混同した結果の発言とは考えられないであろうか[26]。なお、神宮祈年祭および月次祭の幣帛使と神嘗祭使とでは、国家や神宮の待遇が若干相違していたようである。それは、「延喜伊勢大神宮式」四十八条に、

凡祈年、月次祭使参入者、大神宮司卜部祇二候多気河一解除、若有二闕怠一、奪二其衣服一、

と、神嘗祭とは別の規定が置かれていることから窺知される。

四　結びにかえて

以上、旧稿を一瞥し、それ以降に発表された、祭主成立に関する研究に対しての私見を展開したが、各氏の研究を充分に咀嚼できているか否かは、甚だ心許ない。的をはずれた理解もあるものと思われる。

最後に、祭主成立の時期に関して若干私論を開陳させていただきたい。祭主成立の時期を検討する場合、これまでの考察から以下のことが前提となろう。

①元来、神宮祈年祭・月次祭には下位の神祇官人が、幣帛を捧持して伊勢神宮に参向していたものと思われる。これは、一般官社では祝部が幣帛授受のため上京することと同様で、伊勢神宮であるが故に中臣を含む神祇官人が差遣されていた。ところが、天平宝字元年六月乙未制が発せられるに及んで「自レ今以後、差二中臣朝臣一、不レ得レ用二他姓人一」と、祈年祭・月次祭の幣帛使は中臣氏のみに限定・制度化されることとなった。しかしながら、この必ずしも五位以上者とは限らない中臣朝臣の職掌の実態は、「延暦両宮儀式帳」を見る限り、祝詞を奏上することもない、単なる幣帛捧持者に過ぎなかった。つまり、その職責は、この時点でも基本的には一般官社の祝部と変わらないものであった。この中臣朝臣が、新たな職責を担う祭主として改変・創置されるのは、次田氏・御巫氏の祝詞に関する研究や虎尾氏の「祝詞式」に関する研究から、「弘仁式」成立前後としなければならないであろう。神宮における祈年・月次・神嘗祭の各祭儀の中に、祝詞を奏上する幣帛使としての中臣の役割が明確に位置づけられていなければならないからである。

②検非違使や蔵人に顕著な、令外の官の宣旨職が成立する条件が整えられている時期でなければならない。

以上のことを前提にすると、祭主成立の時期はおのずと限定され、嵯峨朝のこととなるであろう。そして、この段階で「差二中臣朝臣一、不レ得レ用二他姓人一」という制に、神祇官五位以上という「伊勢大神宮式」五十条に見られるような条件が付されたものと思われる。神郡統治における大神宮司の拡大も重要な要因であろうが、令外の官の宣旨職であった祭主の属性から考えると、天皇の叡慮は等閑視できない。批判もあるが筆者は敢えて、旧稿のとおり祭主創置の契機を薬子の乱に求めたい。政治史や制度史の方面では、蔵人・検非違使等のような天皇に直属する官職の成立は、平安時代初頭に天皇の権力が拡大し、支配層内部での新たな秩序の再編が前提であり、薬子の乱が大きな契機となったと理解されている。[27]神祇制度史からも同様のことがいえる。岡田莊司氏の専論にあるように、平安時代に顕著な公祭は、天皇権力の伸長を前提としなければ成立しない。[28]弘仁元年（八一〇）伊勢斎王を範とする賀茂斎王が成立するが、これは平城天皇と嵯峨天皇が対立した「二所朝廷」時代のことである。やがて、弘仁九年には、これも斎宮寮に範をとった斎院司が設置され、組織が整備される。また、賀茂祭を特徴付けるものに警固・解陣の儀があるが、この儀の成立に関して岡田莊司氏は、笹山晴生氏の衛府制度の研究に依拠しつつ、「賀茂祭の警固は嵯峨天皇・平城上皇との対立関係のなか、上皇方へ対する軍事的示威行動として成立した可能性が強く」と指摘され、賀茂祭が異常な状況下の中に形成されていったことを跡付けられている。[29]

大同五年（八一〇）、嵯峨天皇は乱勃発前七月後半から、長く不豫であられたが、七月戊辰（三〇日）、近臣ともいうべき藤原藤嗣を伊勢神宮に差遣して快癒を祈り、八月丙子（八日）には石上神に同様の事由で奉幣している。斎王関係以外の奉幣で、近臣が伊勢神宮に差遣されたのは延暦十三年以来十六年ぶりのことで、薬子の乱に際して藤嗣が右近衛中将に任じられている事実を考慮すると、単なる快癒祈願であったとは思えない。深く伊勢神宮をたのむところがあったのであろう。

薬子の乱が鎮静し、大同五年は九月十九日に改元され、弘仁元年となる。その十二月に、乱に際して初代蔵人頭に

補任された巨勢野足が、

　弘仁元年十二月壬午、遣下二参議正四位下巨勢朝臣野足一、奉中幣帛於八幡大神宮樫日廟上、賽二静乱之祷一也、（『日本後紀』）

と、宇佐八幡宮へ、静乱の祈りに賽するために差遣されている。神護景雲三年（七六九）の託宣事件以来、宇佐八幡宮は皇位守護神と考えられがちであるが、正史による限り、光仁・桓武・平城の三代の天皇の即位に際して、奉幣使は差遣されていない。皇位に関わる事由で奉幣使が宇佐八幡宮へ差遣されたのは、この時がはじめてである。また、即位のために和気使が宇佐八幡宮へ差遣される嚆矢は、

　天長十年（八三三）四月壬戌、遣下二従四位下行伊勢権守和気朝臣真綱一、奉中御剣幣帛於八幡大菩薩宮及香椎廟上、告二新即位一也、（『続日本後紀』）

という、嵯峨天皇の皇子である仁明天皇の即位に際しての事例である。つまり、宇佐八幡宮への和気使差遣は、二所朝廷という危機を経験された嵯峨天皇が、薬子の乱に際して、自己の正当性の守護を祈願したことに淵源し、子息である仁明天皇の即位の時に立制されたものと考えられる[30]。平安時代以降、宇佐八幡宮は皇家の守護神として伊勢神宮と並び天皇より特別な崇敬を受ける。賀茂斎王と賀茂斎院司の創置、そして天皇の伊勢神宮や宇佐八幡宮への信仰等、嵯峨朝は、国家祭祀というより、むしろ新たな天皇祭祀や神祇制度が創始された時代といっても過言ではない。すなわち、国政のみならず、それに連動した神祇信仰の大きな変革期であったのである。こうした中で、神宮四箇度祭も中央主体の奉幣型へと大きく改変されていった。そうした新たな祭祀を執行するための神祇官職として、令制官職の権限の一部を拡大し、伊勢大神宮祭主は、嵯峨天皇の叡慮により、弘仁六年に創置されたものと考えられる。

註

(1) 小倉慈司「書評と紹介『平安時代の宮廷祭祀と神祇官人』」『日本歴史』第六四一号、二〇〇一年。

(2) 『延喜式』伊勢大神宮条の条数番号は、虎尾俊哉編『延喜式』上（訳註日本史料、集英社、二〇〇〇年）に依拠した。以下掲出の「延喜伊勢大神宮」の条数番号は、右に同じ。

(3) 今江廣道「『令外の官』の一考察」坂本太郎博士古稀記念『続日本古代史論集』下、吉川弘文館、一九七二年。

(4) 玉井力「成立期蔵人所の性格について—補任者の検討を中心として—」『平安時代の貴族と天皇』第二部第一章、岩波書店、二〇〇〇年、初出一九七三年。

(5) 古瀬奈津子「昇殿制の成立」『日本古代王権と儀式』第Ⅲ部三、吉川弘文館、一九九八年、初出一九八七年。

(6) 藤森馨「神宮奉幣使考」『平安時代の宮廷祭祀と神祇官人』第一編第一章、大明堂、二〇〇〇年、初出一九八六年。西宮秀紀「律令国家と奉幣の使」『律令国家と神祇祭祀制度の研究』第三部第一章、塙書房、二〇〇四年、初出二〇〇一年。

(7) なお、儀式帳段階の神宮への祈年祭・月次祭使に関して、西宮秀紀氏が前掲註（6）論文の中で拙論をも引用し、中臣氏単独勤使を考証されている。

(8) 虎尾俊哉「儀式帳の選進と弘仁式」『古代典籍文書論考』第Ⅰ部Ⅱ、吉川弘文館、一九八二年、初出一九五二年。同「三代式と神祇史研究」『皇學館大學神道研究所紀要』第十六輯、二〇〇〇年。

(9) 次田潤「延喜式祝詞」『祝詞新講』第一書房、一九八六年、初版一九二七年。御巫清勇「伊勢大神宮二月祈年祭六月月次祭」『延喜式祝詞教本　附・宣命』神社新報社、一九五九年。

(10) 虎尾俊哉、註（8）前掲書第一部Ⅳ「貞観式における神祇式の取扱い」。

(11) 延暦から弘仁年間にかけて、一般官社の神主の制度が大幅に整備された。官人である氏上の兼帯の禁止、氏中の潔清廉貞のものの任用、終身から六年任期制への改変等次々と国家から改革令が出されている（延暦十七年正月廿四日官符）。小林宣彦氏は、この時期神主は律令制における職として整備されていった、と指摘されている（「八・九世紀における神社と神主について」『神道宗教』第一九五号、二〇〇四年）。当時の神職制改革の気運が、改革の主体者の一人である諸魚をして「天照大神神主」と揚言させた背景にあったとも推測される。

(12) 舟杉真理子「『古語拾遺』から見た中臣氏の虚・実」『史窓』五二号、一九九五年。

(13) 藤森馨前掲註（6）書第二編第三章「平安時代前期の大中臣氏と神宮祭主」の補論で、祭主の初任者として大中臣諸人の可能性もあると述べたが、やはり確証はない。諸人は弘仁三年の遷宮を奉仕したと『神宮記』に見えるが、『皇太神宮儀式帳』「新宮造奉時行事并用物事」を見ると、「神祇官副已上」とあり、副でも奉仕可能であった。当時諸人は従五位上神祇大副であったから、奉幣型祭儀が確立していない当時、大副として奉仕したと見るべきであろう。

(14) 西田長男「『神社』という語の起源そのほか」・「伊勢神宮の翂祀」『日本神道史研究』第八巻 神社編(上)、一九七八年、初出一九七四年・一九六八年。

(15) 田中卓著作集4、国書刊行会、一九八五年、初出一九五九年。

(16) 藤森馨「古代の大中臣祭主家」『大中臣祭主藤波家の研究』続群書類従完成会、一九九三年。

(17) 西宮秀紀前掲註（6）書第二部第一章「律令神祇官制の成立について」、初出一九八一年。

(18) 坂本太郎氏は祝部の義解注「為祭主賛辞者也」を、この文の出典である『漢書』郊祀志の顔師古注や『説文』を検討され、前半を「祭りをなしとか、祭りのため」と読み、後半を「賛辞を主どる」と読むとされている。あわせて読めば、「祭りのため、賛辞を主どる」で、祭主とはよまないこととなる（「新説を出すことにあせらぬこと」國學院大學日本文化研究所編『律令法とその周辺』汲古書院、二〇〇四年、初出一九七四年）。

(19) 古川淳一「斎宮寮に関する基礎的研究」笹山晴生先生還暦記念会編『日本律令制論集』下、吉川弘文館、一九九三年。

(20) 早川万年「神宮幣帛使と中臣氏―『祭主』成立の史的背景―」『大中臣祭主藤波家の研究』続群書類従完成会、二〇〇〇年。

(21) 岡田莊司「公祭と神祇官・内蔵寮」『平安時代の国家と祭祀』第一編第二章第三節、続群書類従完成会、一九九四年、初出一九八六年。

(22)『西宮記』恒例第二、「四月賀茂祭条賀茂祭事」。なお、この当時大中臣安則が祭主であったことは、『西宮記』恒例第二「七月官政」の延喜十三年七月三日条と、『日本紀略』延喜十七年十二月二十五日条に窺知される。

(23)藤森馨「清麻呂流大中臣祭主家成立の背景—太神宮の祟咎と清麻呂—」國學院大學日本文化研究所編『大中臣祭主藤波家の研究』続群書類従完成会、二〇〇〇年。

(24)西宮秀紀前掲註（17）論文。

(25)坂本廣太郎「大神宮式講義」『神宮祭祀概説』後編、神宮司庁教導部、一九六五年。森脇文子「古代氏族の変貌—中臣・大中臣氏を中心に—」『奈良史苑』第三十二号、一九八七年。舟杉真理子前掲註（12）論文等。

(26)西宮秀紀前掲註（6）論文。

(27)玉井力前掲註（4）書第一部第一章第一節「王権・摂関・内覧」。古瀬奈津子前掲註（5）論文。

(28)岡田莊司前掲註（21）書序章「平安時代の祭祀儀礼」。

(29)岡田莊司前掲註（21）書第一編第二章第四節「賀茂祭の成立」。

(30)和気使に関しては、山田孝雄「宇佐和気使考」（『国体の本義』、一九三三年、初出一九一三年）、宮崎道生「宇佐和気使小考」（『史学雑誌』五十六—一二、一九四七年）、恵良宏「宇佐使についての一考察」（『史淵』九十八、一九六七年）、中野幡能『宇佐宮』（吉川弘文館、一九八五年）、岡田莊司「古代神祇祭祀と杵築大社・宇佐八幡」（今谷明編『王権と神祇』思文閣出版、二〇〇二年）等がある。この中で、和気使の嚆矢を仁明天皇の事例と見ているのは、山田孝雄氏・中野幡能氏（『八幡信仰史の研究』上巻第五章第五節、吉川弘文館、一九七六年）・岡田莊司氏である。他氏は何れも奈良時代の道鏡事件以後としている。ただし、中野氏は本註前掲の『宇佐宮』では桓武天皇の時に開始された可能性も示唆されている。筆者の見解は、本文のとおりである。

〔追記〕　本稿脱稿後、平成十七年二月二十六日開催の國學院大學ＣＯＥ研究会「第9回　古代・中世の神道・神社研究会」の席上で、本稿の内容を報告した。その時、山本信吉氏より、宣旨職であるとすると、天皇の代替わりごとに補任されなければならないはず、という貴重なご指摘をいただいた。祭主は公卿銓擬を経ない宣旨職であるとはいえ、前任者の退任もしくは没後、後任者が新たに補任されるのが一般である。蔵人などのように、天皇の代替わりごとに再任命されることはない。むしろ祭主は、今江氏の説を承け玉井力氏も註（4）前掲書第一部第一章第二節「官司制の変質」で触れられているように、参議と同様除目官に近いものとなったのではなかろうか。この辺りについては、別途再考してみたい。

延暦寺諸堂の再建事業について

岡野浩二

はじめに

延暦寺・東大寺・興福寺などの主要寺院の活動は、仏教史のみならず古代・中世の政治・経済・文化を論じるうえで欠かせない事項である。東大寺や興福寺は史料が豊富なこともあって、多くの研究が存在する。平安時代の寺院組織や経営に焦点を絞っていえば、東大寺の別当・政所（三綱・造寺所）と封戸・荘園、興福寺の別当・三綱と大和国雑役免荘などの実態解明が進み[1]、また俗別当・造東大寺長官・勧学院別当・造寺行事所などの俗官を通して朝廷が伽藍修造を支援したことも明らかになった[2]。

一方の延暦寺については、織田信長の比叡山焼討ちもあって、文書など一次史料が乏しく、研究が立ち遅れた感がある。しかし、中世後期の寺院組織や室町幕府との関係などの研究は進展しており、また「延暦寺文書の復元」を理念に掲げて、延暦寺の実態解明に取り組もうとする動きもみられる[3]。また筆者も、平安時代の天台座主・阿闍梨・僧綱など延暦寺の構成員に関する考察を試みてきた。[4] これらを受けて本稿では、平安時代の堂舎の再建事業を素材として、延暦寺と朝廷・近江国との関係を論じることにしたい。

延暦寺の経営については、十世紀半ばに座主良源が藤原師輔と提携し、火災で焼けた比叡山諸堂を再建し、師輔息の尋禅が入山し、師輔から多くの荘園が寄進された。平林盛得や堀大慈は、それらから延暦寺の変質を読み取り、[5] 平林は「正税と出挙という国庫依存から、独自の荘園経済への移行」があったと述べている。もちろん、それらは首肯すべき指摘であるが、一方で竹内理三が寺領荘園の研究のなかで指摘した、十二・十三世紀の延暦寺の造寺国（近江）・寺院知行国（備前・但馬）の事例とがどう関係するのか、[6] 整合性をもった説明がなされなければならない。そのためには、延暦寺諸堂の再建や修復が具体的にどのように行われたのかを解明する必要があろう。

そこで本稿では、㈠延暦寺の維持や再建の財源について、一般的に知られている事項を整理し、㈡従来注目されていない史料や、知られていてもその性格が明らかでなかった史料を再評価し、㈢それらにみえる三件の再建事業を紹介し、各々の特質を解明したい。

一　延暦寺の財源と諸堂再建策

(1)　九・十世紀の財源

近江国・美濃国の正税・公廨稲の出挙

『伝述一心戒文』（中・造二戒壇講堂一料九万束下二近江国一文）には、戒壇院・講堂を造営するに当たり、光定が中納言良峰安世や俗別当の大伴国道と交渉し、淳和天皇に奏上した結果、料稲九万束を近江国が負担する官符が下ったと記されている。また『山門堂舎』戒壇院の項にも「天長四年五月二日、下二近江国一符旨所二創建立一也」[7]との記事がある。

『延喜主税式』上5出挙本稲条には[8]、近江国条の正税・公廨稲から延暦寺定心院料三万束・西塔院料一万五〇〇〇束を、美濃国の正税・公廨稲から延暦寺惣持院料四万束・同寺四王堂料四万束を、それぞれ出挙する規定がある。このうち定心院料三万束の条文については『続日本後紀』承和十三年（八四六）十二月丙申（二十九日）条に淵源となる記事があり、四王堂料四万束についても『九院仏閣抄』に天安二年（八五八）三月二十八日の太政官牒が収められている。惣持院料については『九院仏閣抄』所収の嘉祥三年（八五〇）九月十六日および仁寿三年（八五三）五月十七日の太政官牒が関係するようである。

また『延喜主税式』上67延暦寺惣持院条には「凡修二理延暦寺惣持院一料穀料七百斛、令二近江国毎年出挙一、以二其息利一春レ米、運二送彼院一、其春功運賃用二同穀内一」との規定があり、それは『九院仏閣抄』所収の貞観六年（八六四）十月十五日の太政官牒によって規定されたと考えられる。

修理料としての新銭施入

『日本三代実録』貞観五年七月二十七日条に新銭（元年発行の饒益神宝か）と中宮の鉄を東大寺以下の主要寺院に修理料として充てた記事がある。延暦寺には新銭三〇貫・鉄三〇廷、比叡山西塔には新銭一五貫・鉄一五廷が与えられている。

有力貴族の加挙

加挙は有力貴族が私稲を国司に託して寺院のために出挙させる制度である。延暦寺の場合、『山門堂舎』および『叡岳要記』（下）によると、応和二年（九六二）五月四日に参議藤原伊尹が近江国・美濃国に各四〇〇〇束を託し、その利稲を首楞厳院法華三昧料に付している。

有力貴族の喜捨

天禄三年（九七二）五月三日の天台座主良源遺言（平三〇五）[9]によると、横川真言堂は藤原師輔の命によって造り始め、師輔の薨去後は中宮藤原安子のもとで造作が進み、師輔から材木料の半ばを、安子から作料米一〇〇斛を受けた。その後修理が必要になったところ、太政大臣藤原伊尹と「次々君達」が修復を加えたという。

講師の任料

良源遺言には、華山中院妙業房（元慶寺の良源の私房）について「檜皮葺内作等料、可レ用二武蔵講師暦璆任料一、其物去年少々進二納絹布等一計納了」と記されている。諸国講師は僧綱が簡定する僧職であるが、『延喜玄蕃式』51最初闕条・52天台分講読師条が示すように、それとは別に天台宗や元慶寺の枠で定員が設定されていた。そのなかで講師になる際には、任料を支払うことになったのであろう。

寺僧の負担

良源遺言には、横川真言堂の料物の半分以上を私に勤仕したという記事がある。またその遺言にみえる苗鹿院の木屋一宇について「右屋、焼亡後、行事安真竭レ力所二造立一也、仍安真可レ領二掌之一」、校屋二宇について「其直物充二賀遅《（遅賀）》一了、早計二納材木一造立」といった記事がある。造営を任された行事の僧侶や、その他の僧侶が造寺や修理の財源を負担していたことがうかがえる。

荘園

『日本三代実録』貞観五年（八六三）四月十一日条によると、近江国愛智郡に所在する人康親王の地九四町、高島郡に所在する常康親王の地一三〇町が、それぞれ伝法料・救急料として延暦寺に施入されている。

『天台南山無動寺建立和尚伝』によると、相応によって建立された無動寺は、貞観七年に右大臣藤原良相から備前国塩荘を施入され、元慶六年（八八二）に天台別院となり、翌七年に西三条女御から近江国滋賀郡倭荘を施入されている。

『叡岳要記』（下）や『阿娑縛抄諸寺略記』によると、延喜十二年（九一二）六月五日に四品貞頼親王が西塔釈迦堂の四王像の灯分料として、近江国蒲生郡に所在する津田荘を延暦寺に施入している。

『門葉記』（巻一四一・雑決一・妙香院）には、藤原師輔の遺言に従い、比叡山に入った尋禅に荘園等一一箇所を譲るとの応和元年（九六一）六月五日の譲状が収録されている。(10)一一箇荘は、五条南園・山城国猪隈荘・摂津国為奈荘・同国富田荘・河内国野田荘・伊勢国内田荘園・遠江国豊田栗栖荘・越中国大家荘・丹波国佐々岐薗・但馬国大浜荘・備後国堺荘である。

天禄三年の良源遺言には、近江国岡屋荘・鞆結荘・立荘・黒田江西荘・高屋荘、出雲国三津厨、若狭国志積浦の七箇荘が項目として立っており、そのうち三箇所に修理料のことがみえる。岡屋荘（蒲生郡）は、藤原師輔の遺言によって法華堂に寄進された荘園であり、一二〇余町の田地から毎年地子二、三〇斛が納められることになっていた。ここではそれを法華堂常灯料・修理料・八講料に三分することにしている。鞆結荘（高島郡）は六〇余町の田地からなり、その地子の上分は法華堂四季懺法の間の灯明料に充て、残りは本尊常灯・房舎修理料に充てると規定されている。黒田江西荘（高島郡）も地子の上分は常灯に加え、残りは房舎修理料などに充てると規定されている。その他の荘園も、修理料の文言はないものの、広い意味で比叡山の財源を支えたことに変わりはない。

『門葉記』（巻一四一・雑決一・妙香院）が引く永祚二年（九九〇）二月十三日の「慈忍和尚御遺誡(11)」は、尋禅の遺産目録というべきものである。それには「所領別院并荘園事」の項があり、荘家として丹波国佐々岐薗・近江国大處荘・但馬国大浜荘・越中国大家荘・山城国猪隈荘・伊勢国内田荘・摂津国為奈荘・備後国堺荘・若狭国志積浦・近江国必佐荘・肥前国三津福所両荘を妙香院に施入すると記されている。

⑵　十二・十三世紀の諸堂再建策

造寺国

造寺国は、特定の国司が寺院の造営（費用）を請け負うものである。延暦寺の場合、『中右記』大治四年（一一二九）二月二十五日条に「近江国依下造二惣持院一事上、可レ致レ免二臨時召物一之由、去年被二仰下一了」[12]とあり、惣持院の造営を近江国が負担したことが知られる。

また『玉藥』建暦二年（一二一二）五月十一日条に、「延暦寺講堂造営、仲兼造国主也、去年無二沙汰一、不慮事出来了、今年可レ被レ改否事、（中略）講堂造国司、可レ被二停止一也」[13]とあり、延暦寺講堂の造営国が指定されていたが、停止になったことがわかる。

なお『日吉山王利生記』によると、元久二年（一二〇五）十月二日に焼失した延暦寺講堂の再建が近江守仲兼に命じられ、近江・三河両国をもって造進することが決まった、仲兼は美作国の杣から材木を曳き、建暦二年に功を終えたと記されている。ただし、この説話は、『玉藥』の記事が沙汰無しによる停止と読めることや、『山門堂舎』講堂条の、承元元年（一二〇七）に鎌倉の源実朝が造営の宣旨を蒙って造営したという記事と食い違うようであり、そのまま史実とは受け取れない。

寺院知行国

寺院知行国は、寺院が知行国主となって国務を執行するものである。延暦寺については、備前国が確認できる最初の例である。『明月記』建保元年（一二一三）十二月十日条に「備前国被レ寄二天台修理料一相国分也、被二申行一云々、尊長法印国務一向可レ行」、二十七日条に「延暦寺造寺別当豪明持二座主御房御書一入来」(14)とある。

また但馬国については、『明月記』建保六年正月十四日条に「但馬宗長座主国歟」(15)とあり、延暦寺の知行国になっていたことがうかがえる。『天台座主記』(16)（大僧正円基）には、嘉禄二年（一二二六）七月二十四日、但馬国三方郷を横川中堂に寄せる、七月二十九日、但馬国の沙汰によって横川中堂の修理が始まり執当仁全が奉行する、九月二十二日、但馬国諸郷の役夫貢米を免除するといった記事がある。また『明月記』寛喜元年（一二二九）四月十四日条に但馬国務を聖覚に委ねた記事があり、『天台座主記』（大僧正良快・二品尊性親王・無品澄覚親王）によると、寛喜四年正月四日、横川の元三会の捧物を但馬国郷々が負担しており、貞永元年（一二三二）九月、山上諸堂の修造のために但馬国務を観厳に任せている。さらに文永十年（一二七三）に講堂造営のために筑後・相模・丹波・近江・尾張・但馬国に八箇所の料所が設定された記事に加えて「此外諸堂修理事以二但馬国一有二其沙汰一」と記されている。

鎌倉将軍・御家人による造営

源実朝が講堂の再建に協力したことは、前述の通りである。その他に『山門堂舎』八部院の条には、建暦三年三月二十三日に、勧進上人の勧めで相模国の和田義盛が同院を造立したという記事がある。

修理別当・執当・知行国目代僧・勧進上人

造営事業を人的構成からみると、十世紀の良源遺言には「行事安真」という造営担当の僧侶が登場していた。また十三世紀の知行国に関係して、造寺別当豪明、備前国務を任された尊長法印、但馬国務を任された執当仁全・聖覚・観厳が指摘できる。知行国を任された僧侶は、いわば目代僧である。

「造寺別当」については、「修理別当」の呼称の方が一般的である。『門葉記』（巻一三二・寺院二）所収の長承三年（一一三四）八月二十五日東陽房譲状には座主・修理別当（阿闍梨大法師静豪）・上座・権上座・寺主・都維那が、建久五年（一一九四）八月十日無動寺大乗院供養会請定には修理別当（法橋上人位兼雲）・上座・寺主・小寺主・都維那が、それぞれ署判を加えている。また建久九年四月の延暦寺政所下文（鎌九七八）にも、修理別当（法眼和尚位）・上座・寺主・小寺主・都維那が加署している。

知行国目代僧のうち、仁全は執当である。執当は『天台座主記』（権僧正寛慶）保安四年（一一二三）条に、執当上座良宴が特別に宣旨を受けて授戒などの法会を執行したという記事があり、三綱から派生した座主の補佐役といえる。下坂守の作成した延暦寺執当・三綱一覧[17]に仁全は登場するが、それ以外の僧は確認できない。執当の権限は寺内の多方面に及んでおり、それが知行国の国務を担うこともあったが、別に目代僧がいたことのほうが多いといえよう。

勧進上人については、和田義盛に八部院の造立を進めた記事が『山門堂舎』にみられた。また『天台座主記』（大僧正円基）によると、嘉禄二年十一月二十六日に執当仁全は、勧進上人の申請を受けて、横川中堂修理に充てる材木を西塔勧学堂に与えている。

二　堂舎再建事業の基礎史料

比叡山の諸堂の建立・火災・再建について論じる場合、一般的に『山門堂舎』『九院仏閣抄』『叡岳要記』などが基礎史料として使用されている。しかし、ここでは、従来あまり知られていなかった『民経記』『壬生家文書』の関係記事を検討し、合わせて『山門堂舎』の史料的価値を再評価することにしたい。

(1)『民経記』

『民経記』には、文永元年（一二六四）三月の比叡山諸堂の焼亡についての詳細な記録が載っている[18]。月日を欠くが三月二十四日とみられる記事には、山僧が送ってきた報告によって、中堂の廻廊から出火し、いったんは打ち消したが、延命院から出火し、講堂・常行堂・法華堂・四王院・戒壇・鐘楼など合計一一の堂が焼失したこと、法華堂などの宝物を取り出したことなどを伝えている。そして二十九日条には、次のような勘例が記されている。

㈠或者が持来した勘例

康保三年（九六六）十月二十八日・天禄三年（九七二）四月三日・元久二年（一二〇五）十月二日・承平五年（九三五）三月六日。

㈡外記（中原師光）の勘申

承平五年三月六日・康保三年十月二十八日・元久三（二）年十月二日。

「此外」として、天慶四年（九四一）正月二十日・天禄元年四月二十日・正暦五年（九九四）十一月五日・万寿二年（一〇二五）十月二十七日・承暦元年（一〇七七）四月十五日・保安二年（一一二一）七月三十日・大治三年（一一二八）十月二十八日・嘉応元年（一一六九）二月五日・治承三年（一一七九）十一月二日・寛喜（一二二九～三二）が挙がっている。

㈢官例（山門堂舎炎上例）

承平五年三月六（五）日・康保三年十月二十八日。

いずれの勘例も、それぞれの火災で焼失した堂舎を列挙しており、㈡の「此外」は各堂が単独で焼けた例である。そして、それらには、次のような事項が盛り込まれている。

出火場所。㈢康保三年に「出㆓火故座主喜慶房㆒」とある。

寺僧の対処。㈠㈡㈢承平五年に仏像・経巻・法具を持ち出した。

朝廷の調査。㈠㈡㈢康保三年に弁史（㈢は検非違使を含む）を使者として派遣して諸堂・仏像・房舎の焼失を勘注させた、㈡焼亡の「僧交名」を使の弁が勘録させた。

再建のために朝廷が打ち出した方策。㈢承平五年―修理料を近江国司に命じる。㈡㈢康保三年―智識物を募る。

再建供養の日時。㈠㈢承平五年―天元三年（九八〇）九月二日。㈠㈢康保三年―天禄三年（九七二）四月三日。

このうち、再建のために朝廷が打ち出した方策については、後で詳しく検討しよう。

⑵『壬生家文書』

宮内庁書陵部編『図書寮叢刊　壬生家文書』に、延暦寺に関する史料が含まれている。『図書寮叢刊　壬生家文書六』壬生官務家所職関係文書のうち、一五六九号・一五七〇号にいずれも「延暦寺記」の文書名が付されており、一五七〇号に「前号文書と筆跡異なる」との注記がある。一五六九号は、戒壇院・定心院・講堂、一五七〇号は講堂・四王院についての記事であり、一五六九号に一五七〇号が続く一連の文書とみてよい。

一五六九号の冒頭は文字が欠けているが、『叡岳要記』（上）および『九院仏閣抄』戒壇院の記事の途中からとほぼ同文である。つまり、「葺檜皮三間中門一宇」「右院者、依㆘太政官天長四年五月二日下㆓近江国㆒符旨㆖所㆓創建立㆒也」、天長四年夏公家詔㆓所司㆒」から、「太政官符、治部省、応㆑令㆘天台法花宗年分度者二人於㆓比叡寺㆒出家㆖事、弘仁十三年六月十一日」までがほぼ一致するのである。

定心院については、①承和十三年（八四六）八月十七日勅書（本文欠）、②承和十四年二月二十五日太政官牒（十禅師）、③承和十四年二月二十六日太政官牒（供料）、④承和十四年二月二十七日太政官牒（抄録、供料の塩）、⑤年月日欠太政官牒（抄録、供料の炭）、⑥承和十五年三月十三日太政官牒（抄録、供料の油）、⑦嘉祥元年（八四八）六月（二十）三日太政官牒（抄録、十禅師の葬料）の文書が収録されている。このうち①は『続日本後紀』から同院の建立勅書であることがわかり、②③⑦は『九院仏閣抄』定心院の項に同じ文書が収録されている。④⑤⑥は、『九院仏閣抄』などにみえない独自の史料であり、とくに⑤は『延喜民部式』下5炭条につながる法制と捉えられる。

講堂については、地の文章と引用との境界が明確ではないが、およそ次のような内容である。①規模と建立縁起。その書出し「講堂、在二四王院・延命院中間一」「葺檜皮九間堂一宇、檐下四隅有二荘厳丹青一」と本尊の記事は、『山門堂舎』と共通している。しかし、「右、堂建立縁起在二本帳一」から始まる記事（天長元年［八二四］の建立、慧思・聖徳太子・鑑真など天台宗の由来、延暦二十年［八〇一］の法華会）は、内容的にはよく知られたものであるが、文章は独自のものである。②安居の由来。そこには、

□講最勝王経以来至二于今年一、已如二今我大伽藍一□初去天長五年三月一日、当寺別当下二牒寺家一、令レ始二修安居講経之事一、至二于貞観十二年歳次一、亦講二法花仁王両部一、以為二鎮護国家之勤始一、自二同十三年一更加二講最勝王経一、厥後当時安居並講二三部大乗一、爰静観僧正《（増命）》奏聞、自始延喜□於二西塔院一加二修夏講之事一云々、

と記されている。つまり天長五年三月一日に「当寺別当」（俗別当であろう）が牒を下して安居で経典を講じることを決めた。その後、貞観十二年（八七〇）になって法華経・仁王経を講じることになり、翌十三年から金光明最勝経が加えられた。しかし静観僧正（増命）が奏聞して、西塔院でも安居を修することにした、という内容である。これは他の史料に記されていない独自の内容である。③天暦十一年（九五七）の供養会。これについては後で詳しく検討しよう。④康保三年（九六六）から文永元年（一二六四）までの火災。康保三年の火災と天禄二年（九七一）の再建、

寛治二年（一〇八八）の供養会、元久二年（一二〇五）・文永元年の火災が簡単に記されている。『叡岳要記』（上）講堂の項にも、康保三年・元久二年・文永元年・永仁六年（一二九八）・元弘二年（一三三二）の火災を列記した記事があるが、文章は異なっている。

四王院については、①天安二年（八五八）三月二十八日太政官牒（供料）、②天安二年八月十三日に円仁を検校とする官符が下ったとする文章である。これらは『九院仏閣抄』の四王院の記事の一部と一致する。

『図書寮叢刊　壬生家文書七』諸官符宣旨案のうち、一九七二〜一九七八号が延暦寺横川の楞厳三昧院に関係する文書である。康保五年（九六八）正月二十八日太政官牒（十禅師・年分度者）、年月日欠太政官牒（修三昧）、康保五年二月二十七日太政官牒（楞厳院司）、康保五年正月二十八日太政官牒（知院・預、十禅師補充）、康保五年四月十六日民部省請文、応和二年（九六二）五月四日太政官符（加挙稲）、康保五年正月二十八日太政官符（楞厳院座僧供料）であり、巻末に「令二人書一レ之、自加二校合一了、延宝八年九月十九日（花押《（壬生季連）》）」の奥書がある。これらの文書は『山門堂舎』の楞厳三昧院の項の一部に該当している。『山門堂舎』には、その前後にさらに記事や文書の引用があり、内容的に豊富であるが、文字が欠けているところや「脱文」と書いてある箇所が認められる。その箇所を『壬生家文書』でみると、ほぼ補足することができる。このことから、『壬生家文書』は少なくとも現行の『山門堂舎』の記事を書き写したのではないことがわかる。

『壬生家文書』の延暦寺関係史料には、『山門堂舎』『叡岳要記』『九院仏閣抄』と重複する記事もあるが、他の史料にはない独自の内容が多くみられる。また『山門堂舎』の文字の欠損を補う箇所があるのも注目すべきである。これらの史料が書写されたのは、延宝八年（一六八〇）ごろであるが、弁官局の史を世襲した小槻氏の子孫に伝わった文書ということから、その原史料が平安・鎌倉時代の政務のなかで生まれたとみてよかろう。記事の年代の最下限は、講堂についての文永元年（一二六四）であり、おそらくそのころに作成されたのであろう。

また小槻氏を一氏族として捉えれば、(19) 一五六九号文書および『叡岳要記』『九院仏閣抄』戒壇院の項に、「貞観十六年十一月廿九日、別当右大□[史]小槻今雄、蒙二上宣一仰二木工寮一令レ造二中門并行廊[軒]一」の記事があるのが目に付く。小槻氏は近江国栗太郡の出身で、九世紀半ばに木工大允小槻家島などが確認できる。また十三世紀に同氏の私領として知られる苗鹿荘や雄琴荘は坂本以北の湖西に位置しており、延暦寺の再建事業は小槻氏にとっても重要な関心事であったといえる。

(3)　『山門堂舎』

『民経記』にみえる外記や弁官の勘申、『壬生家文書』所収の講堂などの独自の記事。これらは、比叡山の火災・再建などに際して、朝廷が揃えた調査資料といえそうである。こうした視点をもって、『山門堂舎』『叡岳要記』『九院仏閣抄』など比叡山諸堂の由来を記した史料をみると、『山門堂舎』が最もそれに近い性格を有している。(20)

比叡山諸院の記録については、武覚超の研究がある。それによると、㈠承澄が記した『三院記』と『阿娑縛抄諸寺略記』はほぼ同文で、文永十二年（一二七五）ごろまでに成立したとみられる。『三塔諸寺縁起』は『阿娑縛抄諸寺略記』の異本というべき存在である。㈡『叡岳要記』は室町時代までには成立しており、本文中に文永四年の書入れがあることから、鎌倉中期までさかのぼると推測できる。㈢『九院仏閣抄』は元亨四年（一三二四）に梶井流の杲鎮が口述したものを永徳三年（一三八三）に重記したものである。㈣『山門堂舎』は嘉元三年（一三〇五）の識語と応永二十四年（一四一七）の書写奥書をもっている。㈤記載された諸堂の数に着目すると、『三院記』にみえる東塔・西塔・横川の項目を増補したかたちで『叡岳要記』ができており、『九院仏閣抄』も類似しているが表題のように九院に主眼が置かれている。『山門堂舎』は東塔・横川に比べて西塔が著しく少なく、西塔諸堂が廃絶した時期と『山門堂舎』の編集時期が関係するのではないか、という。

これらの指摘を踏まえて『山門堂舎』の成立と性格を再検討したい。最初に、その書写奥書を紹介しよう。同書の三分の一程度が過ぎた箇所に、次のような識語がある。[21]

嘉元三年十二月廿四日夜書《（半）》写了、自二或山僧之許一、伝借之処、構《（称）》為二急要一歟、返《（乞）》レ之間為二後見一両夜馳レ筆畢、仍縁起官符等、悉以略レ之、紙上多レ憚、見レ之仁可レ得二此意一也、更不レ及二一校一歟、僻《（間）》事多歟云々、

つまり、嘉元三年に山僧から借用して書写していたが、急に返却を迫られたので、縁起・官符を略して書いた、そのため憚りのある状態である、という内容である。

次に、東塔・西塔・横川の諸堂の記載比率に着目しよう。『阿娑縛抄諸寺略記』は各々の記事は短いが三塔諸堂を漏らさずに列記したようである。『叡岳要記』は上巻が東塔、下巻が西塔・横川で構成されている。『九院仏閣抄』は東塔の九院に偏重した内容である。それに対して『山門堂舎』は、書写奥書の前までで東塔を扱い、後半でまず西塔（宝幢院・西常行堂・西法華堂）を少し取り上げ、残りの大半を横川に費やしている。

横川の記事は、首楞厳院・楞厳三昧院・妙香院・定心房など主要な堂舎に焦点を絞り、各々の建立時に僧職や財源について取り決めた太政官牒などの史料を掲載することに主眼を置いている。そして、そのなかで最も長文のものは、後で検討する首楞厳院（横川中堂）の仁安四年（一一六九）の焼失・再建の日記体の記事である。さらにその末尾には「今度焼亡、本尊等悉焼失之間[22]」として、建仁三年（一二〇三）・元久二年（一二〇五）の本尊や慈恵大師像の焼失を伝える短文が追記されている。いってみれば『山門堂舎』の後半部は、十二・十三世紀の横川諸堂の火災と再建の記録、および諸堂の権益を規定した建立時の官牒などの集成である。

そのほか、他書との比較から『山門堂舎』全体の特徴を挙げると次のようになる。

㈠『阿娑縛抄諸寺略記』『叡岳要記』『九院仏閣抄』がそれぞれ本文冒頭に掲げる比叡山の結界（四至）の記事が『山門堂舎』にはない。

㈡『叡岳要記』『九院仏閣抄』が掲げる建立・再建の供養会の供役（参列者名）が『山門堂舎』にはない。

㈢『叡岳要記』『九院仏閣抄』が多くの先行の書物を引き、「私云」「私勘云」「私伝聞云」「示云」などの私見を付しているのに対して、『山門堂舎』は先行の資財帳や或記という先行文献、老旧相伝が合計で数点あるにすぎない。

㈣『九院仏閣抄』は梶井流の口伝であり、霊験に関する記述が多く、「結界法華大法」などの解釈が加わっているが、『山門堂舎』には、そうした記事はない。

㈤『阿娑縛抄諸寺略記』『叡岳要記』『九院仏閣抄』が『国書総目録』などで複数の写本とその所蔵機関が容易に探し出せるのに対して、『山門堂舎』は『群書類従』および『新校群書類従』の奥書に「右山門堂舎記、魚魯脱落不可読者不為少、而以無異本不能校合」[23]と、他の写本がみつからないと記されている。静嘉堂文庫には『山門堂舎記』の写本、叡山文庫には『山門諸堂縁起』という異名の同書が確認できるが、やはり『山門堂舎』は前掲三書に比べて広く流布したとはいえない[24]。


以上から次のようにいえよう。比叡山の内部で三塔諸堂の由来を列記した記録が十三世紀後半には編集されており、それが増補されるかたちで、多くの類書が現れた。しかし『山門堂舎』は、それらとは性格を異にしている。山僧が所持していた『山門堂舎』の原本は、三塔諸堂を均一に配列し、縁起・官符が多く収録されていたのかもしれない。しかし嘉元三年の俗人による書写などの結果、前半は東塔の記載、後半は横川に偏重した記載という、バランスを欠

表１　延暦寺諸堂関係史料の比較

比較事項	『阿娑縛抄諸寺略記』	『叡岳要記』	『九院仏閣抄』	『山門堂舎』
巻数・三塔	２巻 上巻は延暦寺以外 下巻は延暦寺三塔	２巻 上巻は東塔 下巻は西塔・横川	１巻 東塔・西塔	１巻 東塔・西塔・横川
冒頭	諸院目録	諸院目録	元亨４年(1324)序	諸院目録
書写奥書	建武４年(1337) 慶長２年(1597)	永和５年(1379)	永徳３年(1383) 永享８年(1436)	嘉元３年(1305) 応永24年(1417)
記事の最終年次	安元元年(1175)	弘長元年(1261) 書入文永４年(1267) 裏書元弘２年(1332)	大治５年(1130)	文永７年(1270)
延暦寺の四至結界(官符)	本文冒頭 仁和元年(885)官符	本文冒頭 仁和元年(885)官符 弘仁９年(818)官牒 天禄元年(970)起請	本文冒頭 弘仁９年(818)官牒 天禄元年(970)起請	なし
供養会の供役	なし	12点	６点	なし
文献引用・私見	恵心僧都伝云	私云 尊敬記第三云古老相伝云 慈覚大師伝云 或記云相応伝云 私勘云 巡礼記云 慈恵大師伝云 或旧記云 件東塔記云 明達律師日記云 義海座主本伝云 山中記云 私伝聞云 山中記抄云	相対法則集云 三宝輔行記云 口決云 三宝住持集云 貞観元年九月廿五日勘定資財帳云 元慶年中記云 三宝住持集引次第禅門云 四明安全義云 釈云 口決云 夜叉供式云 示云 後伝法記云 示云或人云 耆徳相伝云	貞観元年九月廿五日勘定資財帳云 或記云 老旧相伝云 別記云

いた書物になってしまった。それは途中で返却を迫られたというだけでなく、横川の主要堂舎の火災と再建の先例を調べるといった、特定な目的をもって書写がなされたからではなかろうか。比叡山の四至、伝聞・口伝・霊験など、山僧の立場からの修飾が少ないのも、それと符合する。さらにいえば、横川に偏重した後半部は、嘉元三年の書写とは別に、後になって付け加えられた可能性も考えられる。こうした性格をもつ『山門堂舎』は、比叡山諸堂の由来を知る手引書としては完成度が低く、多くの人に読まれる機

会が少なく、書写されても統一した題名が付けられなかったのであろう。そう考えると、本書の成立を応永二十四年の書写年次や、西塔諸堂の廃絶に引き付けて考える必要はないのである。

本節では、朝廷や俗人が集積した比叡山諸堂の史料を取り上げて検討してきた。『民経記』には、外記や弁官が火災の先例を調べた勘申が掲載されていた。『壬生家文書』は史を世襲した小槻氏（壬生家）に伝わった文書で、講堂について火災や他の史料にない独自の記事が確認できた。また『山門堂舎』のとくに後半は横川の主要な堂舎の火災・再建や権益に関する文書で構成されていることが明らかになった。

三　承平・天暦年間の造営と藤原忠平・近江国司

(1)　根本中堂

『日本紀略』『扶桑略記』『天台座主記』（大僧都尊意）によると、承平五年（九三五）三月六日に、根本中堂・唐院房・鐘楼・食堂・雑舎など合わせて四〇余宇が焼失しており、十七日にその再建を命じた宣旨が下されている。そして『一代要記』（丙集）によると、根本中堂の造営は天慶元年（九三八）十月に終了している。

『民経記』文永元年（一二六四）三月二十九日条が引く「官例」には、承平五年三月「五日」に延暦寺の根本中堂・前唐院・堂舎十七宇・僧房二十四宇が炎上し、「同六年四月」十七日に造営を開始したと記されている。日付に錯誤があるものの、「官〔堂〕舎十七宇・僧房二十四宇」の内訳まで記している点が評価でき、続けて次の記事がある。

同年十月廿六日　宣旨云、造二延暦寺御願堂一材木千七百廿一物直并運功料等、宜下仰二近江国司（伴保平）一早令中春充上者、

つまり、諸堂再建のための材木やその他の費用を近江国司に負担させているのである。

このときの近江守は承平二年十一月二十六日に補任された伴保平である。[25] 伴保平は、延喜二十年（九二〇）九月十一日の右大臣藤原忠平家牒（平二一七）に別当の一人として「伊勢守伴宿祢」と、その名が登場しており、忠平の家司であったことが判明する。

(2) 講堂

『天台座主記』（権律師延昌）によると、天暦四年（九五〇）に始まった講堂の改造は、同十一年五月一日の供養会をもって完了している。

この事業に関する史料が、『朝野群載』（巻十七・仏事下・智識文）に収録されている。次の三点であり、それぞれの日付、書出し、注目すべき記事を抜き出してみよう。[26]

①天暦四年四月十一日、延暦寺牒、当国衙、欲レ被下殊加二衙勢一令レ運二上材木一造中建講堂一宇上状、

「吾山者、貴府之鎮護、貴府者、吾山檀那也」「師檀之成レ契矣哉」「上自二長官一、下及二掌国一、分二彼随月之俸一、備二此不日之功一」

②天暦四年四月十日、延暦寺牒、当国四所衙、欲レ被下加二随分力一令レ曳二上材木一造中講堂一宇上状、

「其材大小三千余枝〔枚〕、悉委二於白浪之浜一、未レ移二於碧岩之嶂一」

③天暦四年四月十日、延暦寺牒、諸大施主衙、欲レ被下加二随分智識一改中造講堂一宇上状、

「伐二直木於高島一、聚二良材於富津一、而今力屈二於採レ材、計絶二於雇レ匠」「内外官司、上下士庶、寸鉄尺木、添二陳力之資一、一銭穎粒加二随分之志一」

つまり、近江国高島郡で伐採した材木を琵琶湖畔の富津（戸津・途津ともいい、坂本の辺り）[27]まで運んだが、比叡

山の山頂に運ぶことができず、工事を担う工匠も雇えない、そこで守以下の国司の俸禄を割いて、財源を提供してほしいと依頼しているのである。比叡山は国衙の鎮護、国衙はその檀那という師檀関係になぞらえた表現や、内外の官人以下に広く智識を募るという文章が特徴的である。

また『壬生家文書六』一五六九号には、「天暦十一年五月一日、講堂供養経営之後及㆓百余年㆒、延長之初漸以傾毀、検校貞信公《（藤原忠平）》相共修造了」の記事に続けて次の供養願文が収録されている。

延暦寺講堂会《（ママ）》願文　天暦十一年五月一日

座主大僧都法眼和尚位延昌、作者右少弁菅原文時

仏子某帰命稽首前白㆑仏言、（中略）延長之初漸以傾毀増（中略）尓座主《（玄鑑）》贈僧都見㆓其破尽之勢㆒、相扶在㆑懐㆓検校貞信公聞彼詔降之謀㆒、随喜無量、遂勧㆓十余国之分憂㆒、各施㆓一両軽之寸禄㆒、於㆑是聚㆓□期山頽資採之用㆒、（中略）天暦二年事、僅草創内則貴□外亦節身、七年季夏壊声□製、八年孟冬営新規構㆑之（下略、後欠）

つまり延長年間（九二三～九三一）に講堂の傾斜が著しくなった時点で、天台座主の玄鑑[28]が検校（俗別当）の藤原忠平[29]に援助を申請し、その結果、一〇余の国司が俸禄を割いて造営に協力したという内容である。このころの近江守には、天暦五年正月三十日に参議でそれを兼務した大江維時が知られる。

ここでは延暦寺の公卿俗別当で政府首班の藤原忠平に働きかけた結果、一〇数人の国司の協力が得られたということに注目したい。根本中堂の再建を担った近江守伴保平は忠平家の別当であり、それを示す忠平家牒にも複数の家司受領がみられた。講堂の修造事業に協力した国司たちは、藤原忠平とのつながりのある人物であったと考えられる。また天暦四年に延暦寺が近江国司に協力を依頼したのは、前年八月に藤原忠平が薨じたことと関係するのかもしれない。

近江国については、その後も延暦寺の再建を担う国として散見する。『後二条師通記』寛治五年（一〇九一）十月十七日条によると、座主良真が内大臣藤原師通に対して「中堂修理間令㆑申之處、近江役等不㆓勤仕㆒云々」[30]と語っているが、一方で『山門堂舎』によると同四年に近江守高階為家が宣旨を受けて食堂の作料を施入している。[31]またさきに挙げた造寺国の例には、大治四年（一一二九）に近江国が確認できる。さらに『日吉山王利生記』が建暦二年（一二一二）に近江守仲兼が講堂造営を終えたとするのが史実ではないにしても、近江国と延暦寺の関係を示す事例であることに変わりはない。こうした延暦寺の財源を担う近江国の特性が背景となって、十三世紀に近江守護の佐々木氏と延暦寺の間に対立が生じたのである。[32]

四　良源の諸堂再建と通三宝布施

(1)　通三宝布施と智識物

座主良源のときには、康保三年（九六六）に諸堂が焼失したが、天元三年（九八〇）九月三日に供養会が行われている。これに関連して『民経記』文永元年（一二六四）三月二十九日条の外記例に、次のような記事がある。㈠康保三年十月二十八日に延暦寺講堂・文殊楼・四王院・延命院本堂・東法華堂・三昧堂・常行堂・鐘楼・僧房など総計三〇余宇が焼亡した。㈡二十九日左大臣藤原実頼が外記を召して御願寺が焼亡したとき公家が物を支給する例を勘申させ、延喜十八年（九一八、実際は十七年）に東大寺講堂焼亡の例に準じて弁・史・史生を派遣して綿一〇〇〇屯を房舎の焼けた僧侶に支給した。㈢十一月三日、左大臣藤原実頼が延暦寺の注進した諸院堂宇・仏像・房舎の焼亡、一〇〇〇屯の綿を支給した僧の交名を奏上した。そして、それに続けて次のように記されている。

同四年三月四日、左大臣（藤原実頼）被レ奏下延暦寺座主律師良源言上修二造焼亡堂舎・仏像等一雑事三箇条文上、仰云、令二天下人智識一、令レ進二諸国通三宝功事一、任二造東大寺講堂［使脱カ］一時之例、並依レ請者、

また『民経記』同日条の官例にも、同じような記事がある。次の通りである。

同四年三月二十一日宣旨云、延暦寺焼亡堂舎、仏・菩薩・天等像料物、宜下令二天下諸人一任二志多少一随レ分加進上、仮令雖二銭一文・米一合一、諸国司専二当其事一、殊加二催勧一者、但検二納物・銭・米・軽物等色一、差二幹レ事史生若勇士一、来十月以前造納二彼寺一、取二其返抄一、即以進レ官、其運賃料便充二彼内一、不レ得二乖違一者、

つまり、天下の万民から智識物を募り、国司は史生などを遣わして延暦寺にそれを納め返抄を受け取るように、といった内容である。

これらの記事に関係する史料が、いくつか確認できるので、以下に掲げよう。

・『天台座主記』（権律師良源・康保四年条）

三月十一日、為二諸堂作料一、可レ裁二宛（ママ）諸国通三宝布施并知識物、封戸五百烟一之由宣下、

・『慈恵大僧正拾遺伝』[33]

安和元年戊辰、採二講堂材木一官職置二諸国一、通三宝布施、依レ請裁許、相次賜二国国封戸五百烟造作功一、件物内、百烟申二宛講堂・法花堂・常行堂・楞厳院仏供料一、百烟返二進公家一畢、

・『北山抄』（巻十一・吏途指南）「解由状事」の割注[34]

申二延暦寺別当大弁一之時、副二進三宝物返抄一云々、

・『朝野群載』（巻二十六・諸国公文中[35]）

已上諸解由若無二介署一必申二一上一、有二介者署一、申二大納言已下一、抑申二解由一之時、先下二主税寮一、令レ成二続文一、

以二一寮続文一、加二解由一、端相二加延暦寺通三宝返抄一、申二七弁上卿一下二諸司一也、省官解由、会赦解由等、卿覧畢、

・『朝野群載』（巻二十八・諸国功過）目録（本文は欠）[36]

返抄（斎院禊祭、相撲白丁、延暦寺通三宝、大安寺知識）

『天台座主記』『慈恵大僧正拾遺伝』によると、康保四年三月の宣旨は、智識物を募るだけでなく、講堂の材木を採る官職を諸国に置くこと、封戸五〇〇戸の支給も決定されたようである。また『天台座主記』の「宛三宝布施并知識物」という文言は「三宝布施」と「知識物」の二つと読むことができる。

『北山抄』『朝野群載』によると、国司は[37]「（通）三宝布施」（以下「通三宝布施」で統一する）を延暦寺に納入し、同寺からの返抄（受領書）を受け取った、そして国司は交替時に解由状と返抄を弁官に上申し、弁官は外記庁南の侍従所で行われる南所申文において[38]公卿に上申したのである。『北山抄』にみえる「延暦寺別当大弁」は、左右大弁を本官とする延暦寺俗別当のことと考えられる。十世紀以降の延暦寺の俗別当は、摂関や筆頭公卿がつとめる公卿別当と、左右大弁を本官とする弁別当とからなっていた。これらの記事から、受領の延暦寺への通三宝布施や智識物の納入状況を摂関や弁官が把握していたことが知られる。受領の人事権を藤原道長など摂関が掌握したことと合わせて考えることもできよう。

(2) 法会・寺院修造と通三宝布施

「通三宝布施」の本来的な性格を八・九世紀にさかのぼって確認しておこう。「三宝」は、仏・法・僧の三者を指す語として知られているが、古代の文献の用例を分析した吉田一彦によると、仏教を示す抽象的な表現として用いられていることが多いという[39]。とくに「三宝布施」「通三宝布施」などの用語で、僧への布施や、寺院の財源に関係して

登場することが多い。たとえば天平六年（七三四）の造仏所作物帳に「三宝布施」（一―五八一）[40]が確認でき、同十九年の法隆寺伽藍縁起并流記資財帳に、稲の内訳が「仏分・灌仏分・法分・聖僧分・通三宝分・塔分・法蔵分・常灯分・別灯分・通分・一切通分」（二―六二〇）と並記されている[41]。

「三宝布施」は地方での定例の仏事に関係して散見し、「その布施は、三宝（聖僧）には……、衆僧（講師・読師）には……」といった表記方法を取っていることが多い。天平六年尾張国正税帳に「講説最勝王経斎会、三宝并衆僧弐拾参口供養料参佰伍拾参束、布施料稲伍仟弐佰弐拾束」（一―六〇八）とあり、同十年和泉監正税帳・十一年伊豆国正税帳にも金光明経講説の供養料として「仏聖僧肆躯并読僧拾捌口」「仏聖僧及読僧十四口」（二―七七・一九二）が、それぞれ計上されている。『続日本後紀』天長十年（八三三）六月癸亥（八日）条に諸国で昼に金剛般若経の転読、夜に薬師悔過の勤修を命じた記事には「其布施者、三宝穀十斛、僧三斛」とあり、承和十三年（八四六）十月乙未（二十七日）条の諸国での仏名悔過についても「其布施者、三宝穀七斛、衆僧各六斛」が知られる。また『弘仁主税式』および『延喜主税式』上48安居条に、「凡諸国金光明寺安居者、三宝布施絲卅斤、講読師法服（下略）[42]」とある。このうち「仏聖僧」は架空の聖なる僧を表現した木像である。時代が下った史料では、保安元年（一一二〇）の摂津国正税帳（平補四五）に、正月八日から十四日まで国分寺での金光明最勝王経転読、悔過の料として「三宝僧尼布施料穎仟漆佰玖拾漆束」、春秋の金光明最勝王経・金剛般若経転読の料として「三宝布施料穀穎参佰束」が計上されている。

右の事項に準じるものとして、国分寺の経営に関する財源も指摘できる。『類聚三代格』天平宝字八年（七六四）十一月十一日官符に「毎レ年奉レ施二三宝一物等必依二内教一充用」の記事、『日本三代実録』貞観七年（八六五）五月八日条に対馬島分寺三綱の供料として「三宝布施大豆百斛之息利」を充てた記事、元慶元年（八七七）八月二十二日条に出雲国の言上によって吉祥天木造の料として「三宝布施穀三百斛」を充てた記事が確認できる。

以上より、仏事法会の執行を目的とした「三宝布施」稲が国府に蓄えられていたことがうかがえる。そのことは、『政事要略』（巻五十七・交替雑事・雑公文）からも裏付けられる。税帳枝文には、目録帳・公廨処分帳・文殊会帳・国分雑稲帳・修理国分二寺料稲帳・国分二寺造物帳など一三の帳簿名が列記されており、そのなかに「三宝布施稲帳治部[43]」が含まれている。また同書（巻五十六・交替雑事・諸寺雑事）が引く勘解由使勘判抄には、次のような記事がある[44]。

・備前、承平五年（九三五）判「通三宝料者、以㆓未納物㆒、何有㆑奉㆑施、前司之怠、尤在㆑可㆑責」
・上総、延長七年（九二九）判「通三宝布施稲無㆑実、前司所㆑陳失由不㆑明」
・武蔵、承平六年（九三六）判「通三宝布施、失由不㆑明、事渉㆓盗犯㆒」

これらから、国府に「通三宝布施稲」が備わっているか否かが国司交替時に監査の対象になったことがわかるのである。

通三宝布施稲は、国分二寺の仏事執行の財源であったが、元慶年間には、寺院の修造料に関して「三宝布施料」が登場している。『日本三代実録』によると、次のような例が確認できる。

・元慶五年九月二十六日、興福寺の鐘楼・僧房の造営。遠江国稲二〇〇〇束、近江国稲三〇〇〇束、美濃・若狭・出雲・美作の各国稲各二〇〇〇束、備前穀二〇〇斛、播磨国三〇〇斛、阿波国稲二〇〇〇斛、伊予国三〇〇〇束を造料に充て、「並通㆓用三宝施料稲穀㆒」。
・元慶六年六月二十六日、西寺塔の造営。山城国稲三〇〇〇束、大和国三〇〇〇束、伊賀国穀二五〇斛を造料に充て、「並通㆓用三宝布施料㆒」。

・元慶六年十月二十五日、能登国分寺の堂舎修理。「充二通三宝布施稲一万七千三百六束三把二分一、令二修理一」。

・元慶七年二月七日、東寺塔の造営。山城・大和・河内・淡路四国の「通三宝布施稲」各三〇〇束、伊賀・伊勢両国穀各四〇〇斛、遠江・武蔵・上野・下野・能登・因幡・周防七国各五〇〇斛、播磨二〇〇斛、美作四〇〇〇束を充てる。

・元慶八年五月二十一日、伊豆国法華寺の新築。「修理国分并通三宝布施料」を用いる。

これらのうち能登国分寺・伊豆法華寺は、その国が財源を負担するものであるが、興福寺・西寺・東寺の場合は、諸国に負担を命じる方式をとっている。また「三宝施料を通用す」と読める記事と、「通三宝布施」が固有名詞になっている記事とがあるのも注目すべきで、元慶六年以降を境に「通三宝布施」という用法が一般化したと解釈することもできる。

要するに、「三宝布施料」は、金光明経の転読など、各国の定例の法会の財源として天平年間から確認でき、やがてその稲を国府に蓄えておくことが国司得替の条件となっていった。さらに九世紀には、国分二寺の修造料に充てられるだけでなく、興福寺・東寺・西寺といった南都・京都の主要寺院の修造のために、各国に対して「通三宝布施稲」を提出することが義務付けられたのである。

康保四年（九六七）に始まる延暦寺再建について、『民経記』文永元年条が紹介する宣旨は天下の万民から智識物を募り、それを国司が取りまとめるという内容になっている。しかし、他の史料にみえる「通三宝布施」の例からすれば、興福寺・東寺・西寺などの例をさらに拡大して全国の国司に対して通三宝布施料稲を提出することを命じたと解釈できる。そして、『北山抄』『朝野群載』の国司交替の記事に延暦寺通三宝布施の記事が載っているのは、再建事業が一段落した後も、国司に延暦寺への財源寄進を奨励していたことを示している。

五　横川中堂再建をめぐる公家沙汰と寺家沙汰

(1) 再建事業の経過

仁安四年（一一六九）二月五日の横川中堂（首楞厳院・根本観音堂ともいう）の火災とその後の再建事業は『山門堂舎』に詳しい記事が残っており、また『兵範記』同日・十日条、十四日条裏書にも関係記事がある。『民経記』文永元年三月二十九日条外記例でも取り上げられているが、そこでは、「已上件度々被㆑行事所㆑見不㆓分明㆒歟」（外記の立場では明らかにできない）[45]という類に含まれている。ここでは『山門堂舎』の記事内容[46]を紹介しよう。

二月五日火災を受けて、六日には法眼顕真・執当澄雲が、七日には青蓮院宮（覚快法親王）・全玄らが登山した。十日に三塔の衆僧が僉議を行い、十三日付の奏状を作成した。その奏状の記事の後には、昨年十二月十八日に伊勢神宮宝殿が焼失し、六月以前に造営がなされることに触れ、公家の援助がないなら、山門が自ら造営すると記されている。また内陣の柱四本については、円仁が創建したとき苗鹿明神の加護を得たのにならい、たとえ公家沙汰があっても、苗鹿の樹林から切り出すということにした。

十一日に座主明雲が登山し、山内を巡回し、十三日に後白河上皇に奏上することが決まり、実際に十三日に三綱・社司らが参院し、奏状を院に進めた。その結果、伊勢神宮の造営のこともあるが、疎かにしないで造営を引き受けるとの返事があった。

十六日に横川学徒五〇人が苗鹿社に参詣して仁王講を修し、十七日に同社で法華八講があり、その饗膳は寺家沙汰であった。八講が終わり、杣工らが柏と欅を合わせて四本を切り出した。その記事の後に、「一、材木事」の項が立っており、それによると横川内は仏領・人領を論じず伐採する、杣工は仰木・和爾の工等である、中堂下殿を造営する番匠一二〇人の食料は公家沙汰であると記されている。また「一、公家方材木」の項が立ち、京方は堀川・淀川尻の材木、近江方は大津・比良・高島の材木である、三井寺材木は仏領・人領を論じず点定すべからずと決まったという。

二十二日に事始の儀式があり、二十七日に仮棟上が行われた。そこでは、西光入道が奉行であるが、武者所の為季が西光の代官として登山し、奉行の役割を担った。その記事の後に「一、材木運上事」の項が立っており、それによると京方の材木は雑役の車を催し火頽辺に、近江方の材木は三津浜に運ぶ、山上への運上は山門に任せたところ、「結縁之輩」がこれを運び、また賀茂禰宜が社領の人夫を動員したという。

三月十三日に正棟上が行われ、二十九日には、後白河上皇が図絵した丈六観音像、摺写した三千巻観音経の供養会がなされた。その日に始まった不断観音経の転読は、四月八日に嘉応と改元した日に結願となり、巻数が上皇に進められた。「安居以前に本尊の遷宮を行うように、四月十一日が吉日である」との上皇の言葉があったが、僧綱らの僉議で「根本中堂にならうなら造立以後三箇日加持、結界のうえ本尊を渡し奉るべきである」ということになり、延引と決まった。

四月上旬に大津で材木を点定し、院使が番匠とともに作業に当たろうとした。ところが、三井寺（園城寺）大衆が兵仗を帯びて来襲し、「三井寺の焼失によって金堂の造営を奏聞したのに沙汰がないのは公家の偏頗というべきである」として、院使・番匠を追い払い、材木を運ぶ船を仕立てた横川の老所司堪増をも追い返してしまった。山上の大衆は三井寺を焼こうとしたが、奉行人西光入道が三井寺を焼くことを制止した。その禁制の内容は「両門徒の騒動は、太上天皇の造営の御願に背くものである、公家の御沙汰を守り衆徒の騒動を止めるように」というものであった。ま

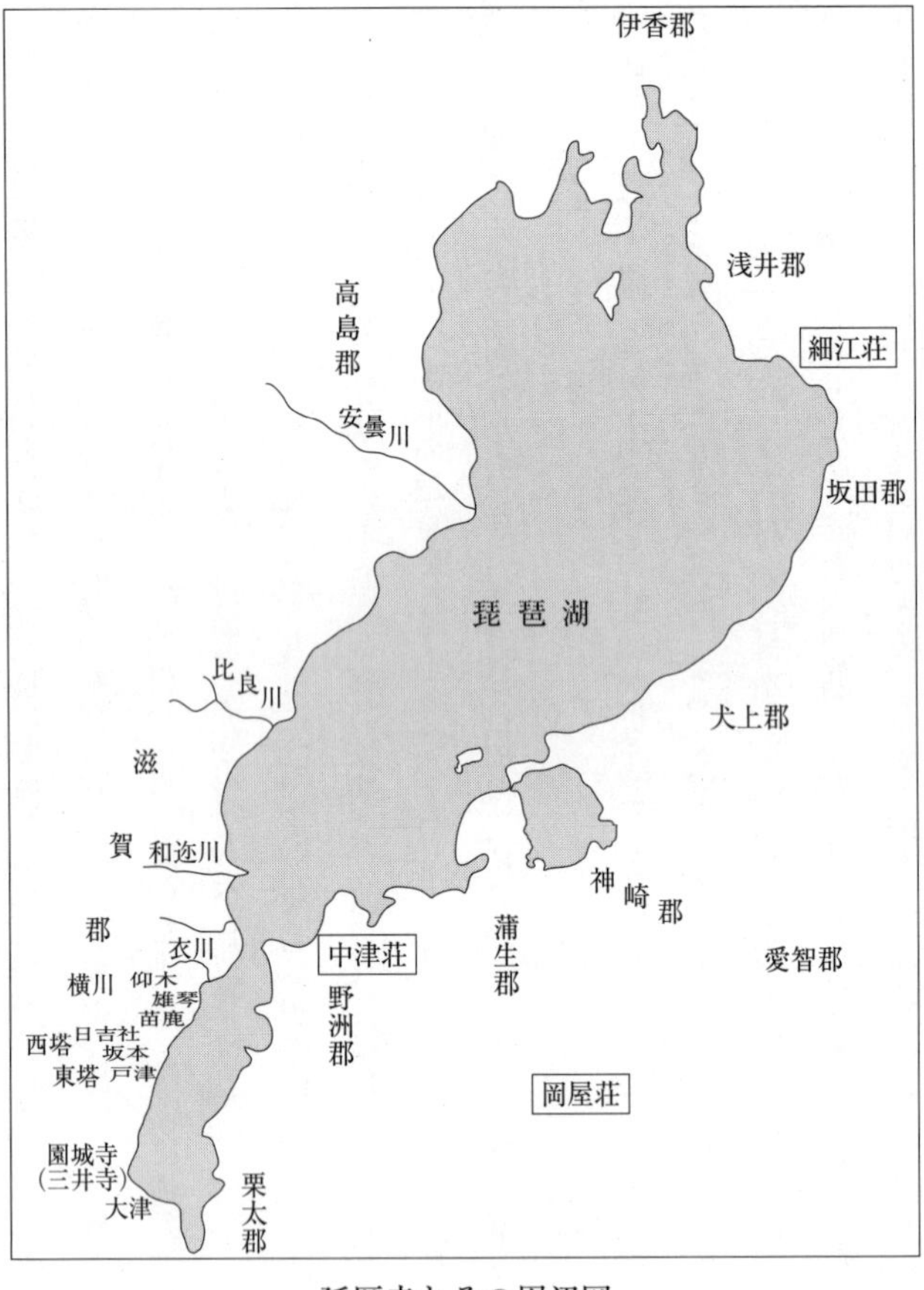

延暦寺とその周辺図

た三井寺の乱行の張本人は、僧正覚忠ら三井寺の僧綱・已講に付し、そこを介して検非違使に付された。

二十七日、仏具、堂の荘厳具などが整えられ、そこには御帳・閼伽器・大金鼓などの仏具や調度が列記されている。

十月十二日に本尊の遷座儀式が執り行われた。以前の三箇日に新殿を加持し、法橋静基が根本中堂の燈火を移していた。遷座は、三尊（観音・毘沙門天・不動）ならびに文殊である。

(2) 再建事業の構成員

横川中堂再建事業を構成員からみると、㈠公家、㈡寺家、㈢作業従事者（工等・番匠・結縁之輩・賀茂社領人夫）、

⑷敵対者（三井寺）・協力者（賀茂社）が存在した。公家と寺家の立場と、その組織をみておこう。

後白河上皇

二月十三日付の延暦寺奏状は、「延暦寺満山大衆法師等誠惶誠恐謹言」「請下殊蒙二天恩一横川中堂安居以前造立上状」の書出しで始まり、「偏奉二為聖朝安穏一、奉レ講二讃最勝王経・仁王経・法花経一、即号二安居講一」「仏法依二王法一弘、王法依二仏法一持」と、護国経典の講説や王法仏法相依論をもち出して、再建事業の援助を訴えている。『兵範記』二月十日条には、後白河上皇が伊勢神宮と横川のあいつぐ火災に対して「諸社・御願寺等併可レ慎」[47]と述べたことが記され、それを主要な社寺に命じた宣旨が収録されている。このことは、神事・仏事を重視した公家の姿勢を示している。

十三日の奏状に対する後白河上皇の返事について『山門堂舎』は「今年伊勢斎宮造営、明年役夫工等指合、然而叡慮不レ疎、可レ有二御営一、但土木臨時難レ叶歟云々」と記しており、また『兵範記』仁安四年二月十四日裏書には次のようにみえる[48]。

横川中堂、去比座主（明雲）被レ申趣、具経二院奏一、今日被二仰下一云、造二太神宮一近日急速、明年又役夫工、如レ此指合、雖レ無二其隠一、山上事有二在御旨一、不レ可二黙止一、為二院中御営一可レ被二造立一由、仰二遣座主許一了、

つまり、伊勢神宮の火災や、伊勢遷宮のための役夫工米の賦課とが時期が重なってしまい、厳しい状況にある、そこで朝廷の正式な事業ではなく、「院中御営」（上皇の営み）として横川中堂の再建を遂行するという返事である。このことは『叡岳要記』（下）にも「嘉応元年十月十三日造畢、奉レ渡二本尊一、一向自二院庁一有二其沙汰一」[49]と記されている。

このとき延暦寺は院による再建事業を公家沙汰として受け入れたが、それを歓迎したとまではいえない。『華頂要

略』所収『天台座主記』[50]によると、貞応元年（一二二二）二月に、山門の修造について、院庁官人が損色を調査に出向いたが大衆僉議によってそれを追い返したといい、康保年中に弁官が派遣された先例と異なるというのが、その理由であった。

院政とその担当奉行としては、後白河上皇―奉行人西光入道―武者所為季という組織が知られる。その機能として注目すべき点は、奉行人西光入道が延暦寺と三井寺との武力衝突を制止したことである。奉行人の西光入道は俗名を藤原師光といい、平治の乱をきっかけに出家した人物で、『玉葉』治承元年（一一七七）六月一日条の鹿ヶ谷事件の記事には「法名西光、法皇第一近臣也」[51]と記されている。

摂関家と近江国司

当該期の藤原氏長者は基房、近江守は前年十二月に補任され承安二年（一一七二）に信濃守に転じた藤原実教である。[52]両者の動向に、とくに目立つ事項は認められない。通三宝布施を全国の国司を介して徴収したり、摂関家家司の国司が造営の役を担ったということも指摘できない。それは「院中御営」という方針もあろうが、院政期における家司受領の減少や、保元の乱以後の摂関家の地位低下を反映しているのであろう。

座主・執当・三綱・社司・大衆

天台座主は延暦寺の統轄者、執当はその補佐役であるが、両者とも火災時に山上におらず、三塔大衆は座主明雲の登山を待たずに僉議によって再建を依頼する奏状を作成した。起草者は忠朝阿闍梨であると注記されている。下坂守の研究によると、「延暦寺満山大衆法師等誠惶誠恐謹言」の書出しで始まる大衆奏状は、治承元年（一一七七）を初見として執当によって直接奏上されるようになったという。[53]この仁安四年（一一六九）二月の奏状については、十一日に座主が大衆に奏聞のことを告げ、十三日に三綱・社司が奏状を進めたと読めるので、座主も関知していたようである。いずれにしても、大衆勢力の伸長がみて取れる。

三塔碩学・公人

内陣の柱を苗鹿樹林から切り出すことについて、『山門堂舎』には「寺家屈二請三塔碩学八人一、件由仰二付寺家之公人一了」と記されている。つまり、堂舎の建築や先例について特殊な知識を担っていたのが三塔の碩学であり、地位の低い公人も、その知識をもとに実践する重要な位置付けを与えられた。三塔の碩学八人は、東塔・西塔・横川から選ばれた故実に詳しい学僧で、三塔・満山・大衆の総意を象徴する立場にあったといえよう。

僧綱・已講

僧綱など朝廷から与えられた僧職を肩書きにもつ僧侶に着目しよう。『山門堂舎』二月十日条には、

・先度奏二聞公家一、以二公資一可レ有二造営一之由云々、若無二勅許一者、山門合レ力可レ令二造営一之趣、

・公家若依二彼事一无二勅許一者、山門可レ営事也、先楞厳院堂之庄々并山門僧綱王(已)講兼講所広園可レ令二配分一、急可レ益二造営一也、

と記されている。山門が費用を拠出するなら、まず首楞厳院（横川中堂）の荘園であり、次に比叡山内の僧綱らの所有する荘園であるという指摘である。「王講・兼講」のうち「王講」は『山門諸堂縁起』に従って已講と読むべきであろう。已講は阿闍梨・内供奉十禅師と合わせて「有職」[54]といい、僧綱に準じる僧職であった。「兼講」は不詳であるが、国家的な法会や貴族の法要の講師のことかもしれない。いずれにしても、比叡山に属する僧侶の上層部が、中堂の再建費用を拠出することが提案されているのである。興福寺再建の場合、十一世紀半ばの『造興福寺記』によると、檀越氏族たる藤原氏の有官位者三六〇余人から智識物を募っているが、横川中堂の再建では僧綱・已講などの肩書きをもつ僧がその対象になったのである。

⑶　公家沙汰と寺家沙汰

横川中堂の再建事業には、「公家沙汰」と「寺家沙汰」とが存在した。ここでは各作業段階から、その具体像を探ってみよう。

財源の確保

公家沙汰の一端として、成功が指摘できる。『叡岳要記』（下）には「嘉応二年二月十日宣旨云、可レ令下左兵衛尉藤原行貞、募二左右衛門尉功一、進中納横川中堂金堂用途料、准絹四萬二千八百十五疋上者」[55]とある。つまり左右衛門尉が売官の対象となり、絹四万二〇〇〇疋余りが再建の用途に充てられたのである。

材木の確保

『山門堂舎』仁安四年（一一六九）二月十七日条に「一、材木事、（中略）於横川内（下略）」「一、公家方材木、京方、堀川・淀川尻在々材木、又近江方、大津・比良・高島材木等」という記事がある。寺家方の負担は横川の材木に限られたようである。公家方の材木は、京方・近江方からなり、それぞれの材木の集積場や杣山の所在地が列記されている。このうち京方については、諸国の材木は淀川尻が集散地であるが、一方で丹波からの材木は桂川から京都中央を流れる堀川を通り、五条堀川に市が立ったといわれる。[56]

また近江方の高島郡については、宇治平等院領の子田上杣や河上荘、法成寺領の三尾杣などが所在しており、広い意味での摂関家領といえる。[57]天承二年（一一三二）八月の平等院領河上荘公文寄人等解（平二二三三）によると、平等院と延暦寺との間で相論があったようである。高島郡には延暦寺の荘園も存在したが、ここでは摂関家領の杣から公家方の材木が伐採され、延暦寺に提供されたとみられる。

材木の運搬

『山門堂舎』二月十七日条の「一、材木事」に「此外申二入七宮一以レ筏立レ之」という記事がある。「七宮」は鳥羽天皇第七皇子の覚快法親王[58]のことで、師匠で天台座主をつとめた行玄の里坊・青蓮院に居住していた。二月七日条にも「青蓮院宮并全玄法師登山」と、行玄門弟の覚快法親王・全玄の二人が比叡山に登ったことが記されている。『門葉記』（巻一四九・雑決補六）所収の建久三年（一一九二）七月十四日付宣旨「応レ令三法印慈円領二掌日吉社新御塔并近江国細江荘一事」[59]によると、美福門院の建立した日吉社新御塔に対して、行玄が近江国細江荘を寄進し、それらが覚快法親王に伝領されたという。細江荘は比叡山の対岸、浅井郡の琵琶湖畔に所在しており、覚快法親王が湖上輸送に関する権益を握っていたことが推定できる。

「一、材木運上事」には、京方の材木は火頽辺に、近江方は三津浜に運び、山上への運上は山門に付すとあり、公家沙汰・寺家沙汰の領域が判明する。山上への運上に協力した賀茂社社領の人夫に関しては、寛治四年（一〇九〇）三月二十四日の鴨御祖大神宮申状（平一二八七）によると、近江国高島郡の安曇河御厨は鴨御祖神宮（下賀茂神社）の土地であったが、賀茂別雷社（上賀茂神社）の御厨となると聞いて、高島荘南郡安曇河の半分を同社の御厨として認めてほしいと申請している。

工人の動員

『山門堂舎』二月十七日条の「一、材木事」にみえる「仰木・和爾工等」は近江国の仰木・和邇を本拠地とする工人であることがわかる。仰木は横川の北東麓、和邇はさらにその東北の琵琶湖畔に位置している。『天台座主記』（大僧正円基・嘉禄二年条、無品澄覚親王・文永八年条）に「楞厳院領和邇庄」「仰木庄年貢」がみえるので、それらの地は少なくとも十三世紀には延暦寺領になっている。

「一、材木事」に「中堂下殿造営番匠百二十人云々、件食料公家沙汰也」という記事があり、二通りの解釈ができる。一つは食料は公家が沙汰したが番匠は寺家に属する者たちとみる解釈である。いま一つは食料を公家沙汰で支給したことや、四月上旬の「院使相二共番匠一令レ作之處」という記事からみて、後白河上皇の指示で集められた者とする解釈である。ここでは後者と考えたい。

この時代には修理職や木工寮の工匠の活動が健在であり、『養和元年記』[60]によると、治承五年（一一八一）の六月二十日の興福寺再建の手斧始に「御寺工」「官行事所工」「京下工」の三者が参加している。また『華頂要略』所収『天台座主記』[61]によると、貞応元年（一二二二）年に執当仁全の指示を受け「木工寮大工国永」が東塔・根本中堂・前唐院・戒壇院の損色を調査している。大寺院の伽藍再建に当たっては、その寺に専属の工匠と、修理職や木工寮の工匠とが集合して工事に当たったのではなかろうか。

仏師

『山門堂舎』には登場しないが、仏師について一言を加えておく。岩田茂樹によると、比叡山周辺の平安仏には作風の類似したものがあり、延暦寺様式や延暦寺造仏所を想定することができるという[62]。おそらく本尊たる仏像は、延暦寺専属の仏師によって造られたのであろう。『天台座主記』（大僧正円基・貞応二年条）に大仏師隆円に命じて釈迦堂本尊の仏座を修理させた記事があるのも注目される。

以上から次のようにいえよう。横川中堂の再建事業は、後白河上皇の「院御営」という公家沙汰を仰いで、寺家沙汰と共同で遂行された。院使は園城寺との衝突を制止する調停機能を担い、延暦寺も内陣柱の伐採、本尊の遷座など独自の領域をもっていた。材木の確保、材木の運搬、番匠の動員などは公家・寺家両者が共同で行っている。

おわりに

『民経記』『壬生家文書』から、比叡山の火災の記録が太政官の外記や弁官によって保管されていたことがわかる。そのような朝廷による記録保存という観点からすると、『山門堂舎』の史料性が注目される。同書のとくに後半部は『叡岳要記』『九院仏閣抄』と異なり、堂舎の火災・再建・財源に関する一次史料が大半である。おそらくそれは、十二・十三世紀の度重なる横川の火災と再建事業と密接に関係するのであろう。

近江国は延暦寺の所在国で、九世紀から稲の出挙などでその財源を支えていた。藤原忠平は延暦寺の検校（公卿俗別当）で、堂舎の再建に関心を示した。そのこともあって、忠平の家司で近江守の人物が根本中堂を再建し、また数箇国の国司が俸禄を講堂の修造に充てた。その後も近江国は延暦寺諸堂の再建を担う国として散見する。

良源の諸堂再建事業を契機に、国司が智識物や通三宝布施を徴収して比叡山に納入する方式が導入された。通三宝布施は、各国で金光明最勝王経などの講説の費用として蓄えられていた稲に由来し、九世紀末には興福寺・東寺・西寺の修造のために複数の国司がそれを献上している。それが延暦寺再建のために全国に拡大されたのである。延暦寺から国司に与えられた返抄は、国司交替時に延暦寺俗別当の弁官に進上することになった。このことは、延暦寺公卿俗別当でもある摂関が国司の人事権を握っていたことと合わせて評価すべきであろう。

十二世紀後半の横川中堂の再建には、財源・指揮権について「公家沙汰」「寺家沙汰」が知られる。「公家沙汰」については、後白河上皇配下の奉行・使者が儀式に臨み、工事を監督し、三井寺との紛争を制止した。公家方の材木が比叡山の麓まで運ばれ、また延暦寺専属でない木工寮などの番匠が院使のもとに動員されたようである。「寺家沙汰」については、僧綱・已講などの肩書きをもつ上層部が財源を担うとの文言もみえる。横川およびその荘園から材木や工人が集められた。覚快法親王が琵琶湖の対岸に荘園をもち、その関係で筏が編成された。また摂関家領の高島郡の杣山が利用されたり、賀茂社領の人夫が運送を担うなど、他の権門も再建事業に協力した。

以上がこれまでの考察から導き出せる結論である。はじめの問いに立ち返ると、延暦寺の財源は日常の経済という点からすると、近江国の稲に依存した段階から脱して、十世紀後半に荘園領有の段階へ踏み出したといえる。しかし、諸堂の再建・修理という臨時の大事業は、また別に考えるべきで、王法仏法相依論を主張したり、智識を募るというかたちで、朝廷や国司に財源を求めている。延暦寺の世俗権力からの自立と、世俗権力への従属の両面を見逃してはならないのである。

近江国の延暦寺領についていえば、『吉記』治承四年（一一八〇）十一月二十二日条に「日吉社并延暦寺領等充満近江国」(63)と記されるように、平安末期には延暦寺が多くの荘園を領有していた。それは十世紀の藤原師輔の寄進だけで達成されたのではなく、諸堂の再建事業の結果として出現したものではなかろうか。近江国は延暦寺諸堂の修造を常時担っていた。また『天台座主記』（権律師良源）や『叡岳要記』（上）によると、天元二年（九七九）八月二十八日に、修造事業の間は東坂本・三津浜・苗鹿村の住人に国役（臨時雑役）を課すことを禁じた宣旨が近江国に下されたといい、『日本紀略』によると、寛和二年（九八六）二月十六日に座主尋禅の奏状によって大津以北衣川郷以南の漁猟が禁止されている。これらは堂舎の再建事業を契機に延暦寺が湖西地域を勢力下に置こうとした動きである(64)。さらに横川中堂の再建事業では、延暦寺領でない地域からも材木や工人が集められ、摂関家の杣山や賀茂社領からも協力があったようである。興福寺は、度重なる火災と再建事業を背景として大和国に強い影響力をもつようになった。同様のことが延暦寺と近江国についても指摘できるようである。

註

（1）東大寺については、永村眞『中世東大寺の組織と経営』（塙書房、一九八九年）、稲葉伸道『中世寺院の権力構造』（岩波書店、一九九七年）、久野修義『日本中世の寺院と社会』（塙書房、一九九九年）、新井孝重『東大寺領黒田荘の研究』（校倉書房、二〇〇一年）など。興福寺についての研究成果は、泉谷康夫『興福寺』（吉川弘文館、一九九七年）に紹介されている。

（2）所京子「俗別当の成立」『平安朝「所・後院・俗別当」の研究』勉誠出版、二〇〇四年、初出一九六八年。岡野浩二「院政期における造東大寺官について」『古代文化』四一巻五号、一九八九年。同「興福寺俗別当と勧学院」『仏教史学研究』三四巻二号、一九九一年。同「平安時代の造寺行事所」『古代』一一〇号、二〇〇一年。

（3）下坂守『中世寺院社会の研究』思文閣出版、二〇〇一年。河音能平・福田榮次郎編『延暦寺と中世社会』法藏館、二〇〇四年。

（4）岡野浩二「延暦寺俗別当と天台座主」『駒沢史学』三三号、一九八五年。同「平安朝における天台宗と僧綱制」『史聚』二二号、一九八七年。同「伝法阿闍梨職位と有職」虎尾俊哉編『律令国家の政務と儀礼』吉川弘文館、一九九五年。同「無度縁宣旨・一身阿闍梨・僧都直任」速水侑編『院政期の仏教』吉川弘文館、一九九八年。

（5）平林盛得「良源と叡山の中興」『聖と説話の史的研究』吉川弘文館、一九八一年、初出一九六四年。堀大慈「横川仏教の研究」大隅和雄・速水侑編『日本名僧論集　源信』吉川弘文館、一九八三年、初出一九七六年。

（6）竹内理三「寺院知行国の消長」同著作集第三巻『寺領荘園の研究』角川書店、一九九九年、初出一九三六年。同「寺院貴化の一段階」および「御願寺の成立」（同著作集第五巻『貴族政治の展開』、一九九九年、初出一九三三・三五年）も合わせ参照。

（7）『新校群書類従』一九巻、一六〇頁。

（8）『延喜式』の条文番号と条文名は、虎尾俊哉編『訳注日本史料　延喜式上』（集英社、二〇〇〇年）に従う。

（9）竹内理三編『平安遺文』『鎌倉遺文』所収の文書は、このように略称で表示する。

(10) 『大正新脩大蔵経』図像一二、三七三頁。『華頂要略』（巻五十五上・御門領／『天台宗全書』巻一六、三二四頁）も同様。
(11) 『大正新脩大蔵経』図像一二、三七三頁。『華頂要略』（巻五十五上・御門領／『天台宗全書』巻一六、三二五頁）も同様。
(12) 『増補史料大成　中右記』六、二九頁。『天台座主記』（僧正法印仁実・法印明雲）天治元年条・承安二年条に関係記事がある。
(13) 今川文雄校訂『玉蘂』一五四頁。
(14) 難波常雄ほか校訂『明月記』第二、三四四・三四九頁。
(15) 同右書、三九三頁。
(16) 『天台座主記』は、とくに断らない限り、渋谷慈鎧編『校訂増補天台座主記』（第一書房、一九七三年）による。
(17) 下坂守「延暦寺における『寺家』の構造」下坂守前掲註（3）書所収、初出一九九二年。
(18) 『大日本古記録　民経記』九、一四七―一五五頁。以下『民経記』の記事の引用は、同書による。
(19) 小槻氏については橋本義彦「官務家小槻氏の成立とその性格」（『平安貴族社会の研究』吉川弘文館、一九七六年、初出一九五九年）を参照。
(20) 武覚超『比叡山三塔諸堂沿革史』叡山学院、一九九三年。なお、『山門堂舎』『叡岳要記』『九院仏閣抄』は、『群書類従』『新校群書類従』の釈家部に所収。『三塔諸寺縁起集』は『続群書類従』（二七輯下・釈家部）および『大日本仏教全書』（一二〇冊・寺誌叢書第四）に所収。『阿娑縛抄諸寺略記』は『阿娑縛抄』巻一二〇・一二一「諸寺略記」のうちの下を指す（『大正新脩大蔵経』図像九）および『大日本仏教全書』（四一冊）に所収。
(21) 『新校群書類従』一九巻、一六四頁。傍註（一）は叡山文庫蔵『山門諸堂縁起』の文字である。
(22) 同右書一七〇頁。
(23) 同右書一八一頁。

(24) 静嘉堂文庫蔵『山門堂舎記』（一冊―八七―四四―宮）には、「御本応永廿四年五月十二日伝写畢、」「于時延宝二年甲寅七月、西塔松寿院以御本東叡山青龍院ニテ観鏡房覚尊書之、」の奥付がある。叡山文庫蔵『山門諸堂縁起』（天海蔵―一七―三三）の奥書には「応永廿四年五月十二日伝写畢」「此日記三塔惣別之堂社大略注之自然ニ入事在之歟、仍専住興際凌修学源書写之、写本文字不□事多之、文字之誤定可多、後賢不□者也、相□愚僧永兼」「文明十七年六月十四日〈秀芸写之〉書写訖、為末代興隆写之訖、依有本不審所闕字在之、後可被入之也、」（〈 〉は傍書）とある。叡山文庫蔵『山門堂舎記　山王記』（真如蔵内典一二―九―一六六八三）所収の「山門三塔諸堂并本尊等事」も異名の同書であるが、文字のくずしが著しい。叡山文庫蔵『山門堂舎記』（無動寺一〇二九―一五一八）は同名ではあるが、元禄十六年の奥付をもつ近世の比叡山諸堂の記録である。『群書類従』『新校群書類従』が欠字とした箇所についてみると、静嘉堂文庫蔵『山門堂舎記』は、該当箇所に文字があるものの、その大多数が判読が難しく、『群書類従』の底本と近い関係にあるようである。叡山文庫蔵『山門諸堂縁起』は、該当箇所に判読可能な文字が入っていたり、改行部分に当たっていたりする。さらに『壬生家文書』の楞厳三昧院の記事と比べると、幾つかの箇所が一致するが、異なる部分もある。『山門諸堂縁起』は『山門堂舎』の異本として注目すべきである。

(25) 伴保平の近江守補任は『貞信公記抄』同日条、『公卿補任』天慶二年条、『小右記』長和元年七月二十二日条から確認できる。また『公卿補任』によると延喜十八年に伊勢守になっているので、同二十年の忠平家牒に登場する伊勢守伴宿祢も保平のことである。

(26) 『新訂増補国史大系　朝野群載』四三五―四三七頁。

(27) 『新修大津市史　中世　第二巻』大津市役所、一九七九年、三〇〇頁、『滋賀県の地名　日本歴史地名大系25』平凡社、一九九一年、二〇八頁。

(28) 『天台座主記』によると、玄鑑は延長元年七月に天台座主に就任し、同四年二月に入滅している。僧綱位は延長三年四月に法橋に叙せられただけであるが、天暦二年十二月に大僧都を贈られている。

(29) 藤原忠平が延暦寺検校（俗別当）であったことは『西宮記』所収『吏部王記』延長七年十二月二十一日条から知られ

る。また延暦寺の俗別当には公卿別当と弁別当とがあり、十世紀以降の公卿別当の本官は摂関や左右大臣に固定されている。また東大寺などを含めて左右大臣以上の高官が兼務する俗別当は検校と呼ばれることがあった。この点は岡野浩二「所充の研究」渡辺直彦編『古代史論叢』(続群書類従完成会、一九九四年)を参照されたい。

(30) 『大日本古記録　後二条師通記』中、一四四頁。

(31) 『天台座主記』によると、座主良真は永保二年から寛治六年までの間に、戒壇院・文殊楼・大講堂・四王院・中堂・法華堂を修造・新築している。それにもかかわらず寛治六年八月には、延暦寺の衆徒によって房舎を破壊され、座主職を辞している。同月に興福寺の訴えで近江守高階為家が配流になったことと関係するのかもしれない。

(32) その経過については、黒田俊雄「延暦寺衆徒と佐々木氏」同著作集第一巻『権門体制論』(法藏館、一九九四年、初出一九六九年)、『新修大津市史　中世　第二巻』五〇―七〇頁を参照されたい。

(33) 『続天台宗全書　史伝2　日本天台僧伝類Ⅰ』二一〇四頁。櫛田良洪「慈恵大僧正拾遺伝　付慈恵大師絵詞末」(『仏教史研究』八号、一九七四年)も合わせ参照。

(34) 『神道大系　北山抄』六一六頁。

(35) 『新訂増補国史大系　朝野群載』五三二頁。

(36) 同右書五七三頁。

(37) 阿部猛編『北山抄―巻十・吏途指南注解』(東京堂出版、一九九六年)一五四頁は、『北山抄』の記事について、「本文の場合は寺別当に関するもの」とするが、国司の解由状と理解しなければ意味が通じない。

(38) 南所申文については、武光誠「摂関期の太政官政治の特質」(『律令太政官制の研究』吉川弘文館、一九九九年、初出一九八五年)、曾我良成「王朝国家期における太政官政務処理手続について」(坂本賞三編『王朝国家国政史の研究』吉川弘文館、一九八七年)を参照。

(39) 吉田一彦「日本古代の三宝」『日本古代社会と仏教』吉川弘文館、一九九五年。

(40) 『大日本古文書　正倉院編年文書』の巻数・頁数は、このように略号で示す。

(41) 「通三宝分」「通分」などの明確な意味は不詳といわざるをえない。『令集解』僧尼令・三宝物条の朱に「三宝物者、仏之布施、此仏物也、為㆓造㆑寺及奉㆑写㆑経等㆒、備料物等、是法物也、衆僧之供養料等、是僧物者、不㆑明也」とあるのも、用語の一般的な説明で、天平十九年の寺院資財帳にみえる「仏分」「法分」「通三宝分」などの説明にはならない。
(42) 『新訂増補国史大系　弘仁式』二一〇頁。
(43) 『新訂増補国史大系　政事要略』四三〇頁。
(44) 同右書四〇二〜四〇三頁。
(45) 外記例の承平五年の記事に「此後被㆑行之雑事、外記之所㆑見不㆑詳」とあり、これも同じような意味であろう。
(46) 『新校群書類従』一九巻、一六七―一七〇頁。以下の引用はこれによる。
(47) 『増補史料大成　兵範記』四、三二四頁。
(48) 同右書三三一頁。
(49) 『新校群書類従』一九巻、二一五頁。
(50) 『大日本史料』五編之一、四九〇頁。
(51) 『図書寮叢刊　玉葉』五、九三頁。
(52) 『兵範記』仁安三年十二月十六日条、『公卿補任』文治四年条。
(53) 註（17）に同じ。
(54) 有職については、岡野浩二「伝法阿闍梨職位と有職」（前掲註4）を参照されたい。なお已講は興福寺維摩会・宮中御斎会・薬師寺最勝会を指していたが、この時代の天台僧の場合、円宗寺法華会・同寺最勝会・法勝会大乗会を指すのであろう。『山門堂舎』の三井寺の武力行使の張本人を僧綱・已講に付したという記事からも、寺僧の上層部を指すものとして認識できる。
(55) 註（49）に同じ。
(56) 『京都市の地名　日本歴史地名大系27』平凡社、一九七九年、二七頁。

(57) 近江国の摂関家領の杣山については、戸田芳実「摂関家領の杣山について」(『初期中世社会史の研究』東京大学出版会、一九九一年、初出一九八〇年)、吉村亨「形成期の平等院領について」(『京都市歴史資料館紀要』一〇号、一九九二年)を参照。なお、戸田論文によると、年次を欠く延暦寺西塔僧湛禅解(平四七八七)から、西塔釈迦堂の閼伽棚修理料の材木を愛智郡の摂関家領小椋荘で買い入れたことがわかるという。

(58) 覚快法親王は、仁平三年に無動寺および横川三昧院の検校となり(『華頂要略』巻一・無動寺検校次第・横川三昧院検校次第／『天台宗全書』第一巻、七〇・七八頁)、安元三年五月から治承三年十一月まで天台座主をつとめ、養和元年十一月六日に入滅した(『天台座主記』)。『玉葉』仁安二年十五日・三年三月四日・嘉応二十七日条にも「七宮」とみえ、『門葉記』(巻一二八・門主行状)・『華頂要略』(巻四之一・門主伝)にも伝記が記されている。なおこの「七宮」を日吉七社とみる可能性もあるが、「申二入七宮一」の敬語表現や、上皇への奏上を三綱・社司が行っていることからみて、やはり覚快法親王とすべきであろう。

(59) 『大正新脩大蔵経』図像一二、四〇五頁。『鎌倉遺文』六〇〇号。細江荘については、『講座日本荘園史　6　近畿地方の荘園Ⅰ』(吉川弘文館、一九九三年)二二三—二二四頁を参照。

(60) 成簣堂文庫文書。『奈良六大寺大観　第八巻　興福寺二』(岩波書店、一九七〇年)および太田博太郎『南都七大寺の歴史と年表』(岩波書店、一九七九年)に所収。

(61) 『大日本史料』五編之一、四九〇頁。大河直躬『番匠』(法政大学出版局、一九七一年)五六頁を参照。

(62) 岩田茂樹「康尚時代の延暦寺工房をめぐる試論」京都国立博物館『学叢』二〇号、一九九八年。

(63) 『増補史料大成　吉記』一、一四七頁。

(64) 佐藤眞人「日吉社大宮縁起の考察」(『國學院大學日本文化研究所紀要』七四輯、一九九四年)が指摘するように、天元二年の臨時雑役免除は『慈恵大僧正拾遺伝』にそれを裏付ける記事がある。

〔付記〕　本稿の執筆は、武覚超氏から『比叡山三塔諸堂沿革史』をご恵贈いただいたことに端を発している。武氏とは一部で異なる見解を記したが、武氏をはじめ江湖諸賢の批評を賜わりたい。また史料の閲覧をご許可いただいた静嘉堂文庫、叡山文庫、『山門諸堂縁起』の所在などについてご教示を頂戴した大津市歴史博物館の寺島典人氏にあつく御礼を申し上げる次第である。

『播磨国風土記』の中の出雲

——出雲大神の問題を中心として——

瀧音能之

一　問題の所在

風土記は、八世紀前半およびそれ以前の地方の情報をわたしたちに提供してくれる貴重な史料である。常陸・出雲・播磨・肥前・豊後の諸国の『風土記』として残されているいわゆる五風土記はもとより、逸文として姿を留めているその他の国々の『風土記』の中には多くの情報がもりこまれている。それらの情報の中には、自国のもののほかに他国のものも含まれている。たとえば、『出雲国風土記』をみると、そこには、伯耆国の火神岳（現在の大山）や夜見島（現在の弓浜半島）のことが記されている。[1]

こうした他国の記事を含むという点からみるならば、『播磨国風土記』が最もその頻度が高く、内容的にも豊富である。つまり、他国との交流記事の密度が一番濃いといえるわけであり、これは『播磨国風土記』の特色のひとつになっているといっても過言ではない。この点に関して、その理由を考えることも重要と考えるが、本稿ではひとまずそのことはおくこととして、出雲大神の記載に注目して検討することにしたい。

『播磨国風土記』にみられる出雲との交流記事については、かつて若干、考えをのべたことがあるが、紙数の関係もあって十分ではなかった。(2) また、近年では櫃本誠一氏や松尾光氏の考察もみられる。(3) そこで、本稿ではまずはじめに『播磨国風土記』にみられる地域間交流記事について、わたくしなりの整理をおこなうことにしたい。ついで、それらの中から播磨と出雲に関する交流記事をとりあげ、さらに出雲大神に焦点をしぼって私見をのべてみたい。

「大神」に関しては、各国の風土記に確認することができ、原則的にはその国の中心的な神と考えられる。たとえば、『播磨国風土記』の場合には、伊和大神がそれにあたる。しかし、それにもかかわらず、『播磨国風土記』には、いわゆる出雲大神が登場している。当然のことながら、この出雲大神をどのように理解したらよいのかということが問題になってこよう。こうした視点は、直接的には『播磨国風土記』にみられる出雲大神の位置づけを明らかにすることになろうが、大局的には古代における「大神」観の解明へもつながると考えられる。

二　播磨と他国間の交流記事

ここでは、まず、播磨とどのような国とが交流関係をもっているかみることにしたい。『播磨国風土記』から該当記事を採集するにあたっては、その基準が大変、難しいのであるが、他の国の名称が明確に知れるものに限定し、天皇および神功皇后に関するものは除外した。除外した理由は、神功皇后の朝鮮半島平定説話の場合には、神功皇后の存在自体をはじめとして説話に作為性が強く、明らかに実体を反映していないと考えるからである。また、天皇の巡行に関する説話についても伝承といった要素があまりに強く、実際の交流情報を反映しているとは考えにくいからである。

　こうしたことをふまえて、『播磨国風土記』の中にみられる他国間交流の記事について国別に列挙するならば、以下のとおりとなる。

〔大和国との交流記事〕

①飾磨郡

安師里 土中々　右　称二安師一者　倭穴无神々戸託仕奉　故号二穴師一(4)

〔河内国との交流記事〕

②揖保郡

狭野村　別君玉手等遠祖　本　居二川内国泉郡一　因二地不レ便　遷到二此土一　仍云　此野雖レ狭　猶可レ居也　故号二狭野一(5)

③揖保郡

枚方里 土中上　所三以名二枚方一者　河内国茨田郡枚方里漢人来到　始居二此村一　故曰二枚方里一(6)

④讃容郡

昔　近江天皇之世　有二丸部具一也　是仲川里人也　此人　買二取河内国免寸村人之賷剣一也　得レ剣以後　挙レ家滅亡　然後　苫編部犬猪　圃二彼地之墟一　土中得二此剣一　土与相去　廻一尺許　其柄朽失　而其刃不レ渋　光如二明鏡一　於レ是　犬猪　即懐レ恠レ心　取レ剣帰レ家　仍招二鍛人一　令レ焼二其刃一　爾時　比剣　屈申如レ蛇　鍛人大

驚 不レ営而止 於レ是 犬猪 以二為異剣一 献二之朝庭一 後 浄御原朝庭 甲申年七月 遣二曽祢連麿一 返二送本処一 于レ今安二置此里御宅一(7)

〔和泉国との交流記事〕

⑤揖保郡

浦上里 土上中 右 所三以号二浦上一者 昔 阿曇連百足等 先居二難波浦上一 後遷二来於此浦上一 故因二本居一為レ名(8)

〔近江国との交流記事〕

⑥託賀郡

花波山者 近江国花波之神 在二於此山一 故因為レ名(9)

⑦賀毛郡

腹辟沼 右 号二腹辟一者 花浪神之妻 淡海神 為レ追二己夫一 到二於此処一 遂怨瞋レ妾以レ刀辟レ腹 没二於此沼一 故 号二腹辟沼一 其沼鮒等 今无二五蔵一(10)

〔丹波国との交流記事〕

⑧託賀郡

都麻里 都多支比也山比也野鈴堀山伊夜丘阿富山高瀬目前和爾布多岐阿多加野 土下上 所三以号二都麻一者 播磨刀売 与二丹波刀売一 堺レ国之時 播磨刀売 到二於此村一 汲二井水一而飡之 云二此水有味一 故曰二都麻一(11)

〔丹波国・讃岐国との交流記事〕

⑨託賀郡

云二都太岐一者 昔 讃伎日子神 誂二冰上刀売一 爾時 冰上刀売 答曰レ否 日子神 猶強而誂之 於レ是 冰

上刀売　怒云　何故強レ吾　即雇二建石命一　以レ兵相闘　於レ是　讃伎日子　負而還去云　我甚怯哉　故曰二都太岐一(12)

〔但馬国との交流記事〕

⑩飾磨郡

安相里（長畝川）　土中々　右　所三以称二安相里一者　品太天皇　従二但馬一　巡行之時　縁レ道不レ撤二御冠一　故号二陰山前一　仍　国造豊忍別命　被レ剥レ名　爾時　但馬国造阿胡尼命申給　依レ此赦レ罪　即奉二塩代田廾千代一有レ名　塩代田佃　但馬国朝来人　到来居二於此処一　故号二安相里一（本名沙部云　後里名依二改レ字一　注二二字一　為二安相里一）　本文　阿胡尼命　娶二英保村女一　卒二於此村一　遂造レ墓葬　以後　正骨運持去之　云レ爾(13)

⑪揖保郡

越部里（旧名皇子代里）　土中々　所三以号二皇子代一者　勾宮天皇之世　寵人　但馬君小津　蒙レ寵賜レ姓　為二皇子代君一而造二三宅於此村一　令レ仕二奉之一　故曰二皇子代村一　後　至下上野大夫結二卅戸一之時上　改号二越部里一　一云　自二但馬国三宅一越来　故号二越部村一(14)

⑫揖保郡

麻打山　昔　但馬国人伊頭志君麻良比　家二居此山一　二女　夜打レ麻　即麻置二於己胸一死　故号二麻打山一　于レ今　居二此辺一者至レ夜不レ打レ麻矣　俗人云　讃伎国(15)

〔出雲国との交流記事〕

⑬揖保郡

上岡里（本林田里）　土中下　出雲国阿菩大神　聞二大倭国畝火香山耳梨三山相闘一　此欲二諫止一　上来之時　到二於此処一

乃聞二闘止一　覆二其所レ乗之船一而坐之　故号二神阜一　々形似レ覆[16]

⑭揖保郡

立野　所三以号二立野一者　昔　土師弩美宿祢　往二来於出雲国一　宿二於𣅜部野一　乃得レ病死　爾時　出雲国人来到　連二立人衆一運伝　上二川礫一作二墓山一　故号二立野一　即号二其墓屋一　為二出雲墓屋[17]一

⑮揖保郡

意此川　品太天皇之世　出雲御蔭大神　坐二於枚方里神尾山一　毎遮二行人一　半死半生　爾時　伯耆人小保弖因幡布久漏　出雲都伎也　三人相憂　申二於朝庭一　於レ是　遣二額田部連久等々一　令レ禱　于レ時　作二屋形於屋形田一　作二酒屋於佐々山一　而祭之宴遊甚楽　即擽二山柏一　挂レ帯捶レ腰　下二於此川一相圧　故号二圧川[18]一

⑯揖保郡

佐比岡　所三以名二佐比一者　出雲之大神　在二於神尾山一　此神出雲国人経二過此処一者　十人之中　留二五人一　五人之中　留二三人一　故出雲国人等　作二佐比一　祭二於此岡一　遂不二和受一　所二以然一者　比古神先来　比売神後来　此　男神不レ能レ鎮　而行去之　所以　女神怨怒也　然後　河内国茨田郡枚方里漢人　来至居二此山辺一　而敬祭之　僅得二和鎮一　因二此神在一　名曰二神尾山一　又　作二佐比一祭処　即号二佐比岡[19]一

⑰揖保郡

琴坂　所三以号二琴坂一者　大帯比古天皇之世　出雲国人　息二於此坂一　有二一老父一　与二女子一倶　作二坂本之田一　於レ是　出雲人　欲レ使レ感二其女一　乃弾レ琴令レ聞　故号二琴坂一　此処有二銅牙石一　形似二双六之綵[20]一

⑱讃容郡

筌戸　大神　従二出雲国一来時　以二嶋村岡一　為二呉床一坐而　筌置二於此川一　故号二筌戸一也　不レ入レ魚而入レ鹿

此取作レ鱠　食不レ入レ口　而落二於地一　故去二此処一遷レ他(21)

〔石見国との交流記事〕

⑲揖保郡

石海里土惟上中　右　所三以称二石海一者　難波長柄豊前天皇之世　是里中　有二百便之野一　生二百枝之稲一　即阿曇連百足　仍取二其稲一献之　爾時　天皇勅曰　宜下墾二此野一作上田　乃遣二阿曇連太牟一　召二石海人夫一令レ墾之　故野名曰二百便一　村号二石海一也(22)

〔山陰道五カ国との交流記事―隠岐国・出雲国・伯耆国・因幡国・但馬国―〕

⑳飾磨郡

所三以称二飾磨御宅一者　大雀天皇御世　遣レ人　喚二意伎出雲伯耆因幡但馬五国造等一　是時　五国造　即以二召使一為二水手一　而向レ京之　以レ此為レ罪　即退二於播磨国一　令レ作レ田也　此時　所レ作之田　即号二意伎田出雲田伯耆田因幡田但馬田一　即彼田稲　収納之御宅　即号二飾磨御宅一　又云二賀和良久三宅一(23)

〔山陰道二カ国との交流記事―伯耆国・因幡国―〕

㉑讃容郡

弥加都岐原　難波高津宮天皇之世　伯耆加具漏　因幡邑由胡二人　大驕无レ節　以二清酒一洗二手足一　於レ是　朝庭　以為レ過レ度　遣二狭井連佐夜一　召二此二人一　爾時　佐夜　仍悉禁二二人之族一　赴参之時　屢漬二水中一　酷拷之　中有二女二人一　玉纏二手足一　於レ是　佐夜恠問之　答曰　吾此　服部弥蘇連　娶二因幡国造阿良佐加比売一生子　宇奈比売　久波比売　爾時　佐夜驚云　此是　執政大臣之女　即還送之　所レ送之処即号二見置山一　所レ溺之処　即号二美加都岐原(24)一

〔讃岐国との交流記事〕

㉒飾磨郡

漢部里 土中上 右 称二漢部一者 讃芸国漢人等 到来居二於此処一 故号二漢部一(25)

㉓飾磨郡

美濃里 継潮 土下中 右 号二美濃一者 讃伎国弥濃郡人 到来居之 故号二美濃一(26)

㉔揖保郡

飯盛山 讃伎国宇達郡飯神之妾 名曰二飯盛大刀自一 此神度来 占二此山一而居之 故名二飯盛山一(27)

㉕託賀郡

法太里 甕坂花波山 土下上 所三以号二法太一者 讃伎日子 与二建石命一 相闘之時 讃伎日子 負而逃去 以レ手匐去

故曰二匐田一

甕坂者 讃伎日子 逃去之時 建石命 逐二此坂一云 自レ今以後 更不レ得レ入二此界一 即御冠置二此坂一 一家云

昔 丹波与二播磨一 堺レ国之時 大甕堀二埋於此上一 以為二国境一 故曰二甕坂一(28)

〔伊予国との交流記事〕

㉖飾磨郡

英保里 土中上 右 称二英保一者 伊予国英保村人 到来居二於此処一 故号二英保村一(29)

㉗讃容郡

云二胄岡一者 伊与都比古神 与二宇知賀久牟豊富命一 相闘之時 胄堕二此岡一 故曰二胄岡一(30)

〔筑前国との交流記事〕

㉘託賀郡

云二袁布山一者　昔　宗形大神　奥津嶋比売命　任二伊和大神之子一　到二来此山一云　我可レ産之時訖　故曰二袁布山一(31)

㉙託賀郡

云二支閇丘一者　宗形大神云　我可レ産之月盡　故曰二支閇丘一　云二大羅野一者　昔　老夫与二老女一　張二羅於袁布山中一　以捕二禽鳥一　衆鳥多来　負レ羅飛去　落二於件野一　故曰二大羅野一(32)

〔豊国（豊前・豊後）との交流記事〕

㉚餝磨郡

所三以号二豊国一者　筑紫豊国之神　在二於此処一　故号二豊国村一(33)

〔火国（肥前・肥後）との交流記事〕

㉛餝磨郡

所三以称二継潮一者　昔　此国有二一死女一　爾時　筑紫国火君等　祖不レ知レ名　到来復生　仍取之　故号二継潮一(34)

〔日向国との交流記事〕

㉜賀毛郡

猪養野　右　号二猪飼一者　難波高津宮御宇天皇之世　日向肥人　朝戸君　天照大神坐舟於　猪持参来進之　可レ飼所　求申仰　仍所レ賜二此処一　而放二飼猪一　故曰二猪飼野一(35)

〔韓国（新羅）との交流記事〕

㉝飾磨郡

所㆔以号㆓手苅丘㆒者　近国之神　到㆓於此処㆒　以㆑手苅㆑草　以為㆓食薦㆒　故号㆓手苅㆒　一云　韓人等　始来之時不㆑識㆑用㆑鎌　但以㆑手苅㆑稲　故云㆓手苅村㆒(36)

㉞飾磨郡

所㆔以号㆓新良訓㆒者　昔　新羅国人　来朝之時　宿㆓於此村㆒　故号㆓新羅訓㆒山名亦同(37)

㉟揖保郡

大田里土中上　所㆔以称㆓大田㆒者　昔　呉勝　従㆓韓国㆒度来　始　到㆓於紀伊国名草郡大田村㆒　其後分来　移㆓到於摂津国三嶋賀美郡大田村㆒　其又　遷㆓来於揖保郡大田村㆒　是　本紀伊国大田以為㆑名也(38)

㊱揖保郡

神嶋　伊刀嶋東　所㆔以称㆓神嶋㆒者　此嶋西辺　在㆓石神㆒　形似㆓仏像㆒　故因為㆑名　此神顔　有㆓五色之玉㆒又　胸有㆓流涙㆒　是亦五色　所㆓以泣㆒者　品太天皇之世　新羅之客来朝　仍見㆓此神之奇偉㆒　以為㆑非㆑常之珍玉㆒　屠㆓其面色㆒　堀㆓其一瞳㆒　神由泣之　於㆑是　大怒　即起㆓暴風㆒　打㆓破客船㆒　漂㆓没於高嶋之南浜㆒　人悉死亡　乃埋㆓其浜㆒　故号曰㆓韓浜㆒　于㆑今　過㆓其処㆒者　慎㆑心固戒　不㆑言㆓韓人㆒　不㆑拘㆓盲事㆒

韓荷嶋　韓人破㆑船　所㆑漂之物　漂㆓就於此嶋㆒　故号㆓韓荷嶋㆒(39)

㊲揖保郡

粒丘　所㆔以号㆓粒丘㆒者　天日槍命　従㆓韓国㆒度来　到㆓於宇頭川底㆒　而乞㆓宿処於葦原志挙乎命㆒曰　汝為㆓国主㆒欲㆑得㆓吾所㆑宿之処㆒　志挙　即許㆓海中㆒　爾時　客神　以㆑剣攪㆓海水㆒　而宿之　主神　即畏㆓客神之盛行㆒

而先欲レ占レ国　巡上到二於粒丘一　而飡之　於レ此　自レ口落レ粒　故号二粒丘一　其丘小石　皆能似レ粒　又　以レ杖刺レ地　即従二杖処一　寒泉涌出　遂通二南北一　々寒南温　生二白朮一(40)

以上の三七例があげられる。旧国数でいうならば、一五カ国と豊国・火国、そして朝鮮半島ということになる。もっとも、史料のとり方には先述したように基準が難しく、何をもって交流記事とみなすかによって若干の相違が生じてくる。たとえば、郡毎に交流記事を整理した松尾光氏は、網羅的に史料をとられている。その結果、松尾氏は全部で四五例を列挙し、それらのうち二例を対象外として残りの四三例（一九カ国と韓国）について検討を加えている。

このように「交流」ということをどのように把握するかでサンプルとなる史料数に相違がでてくるわけであるが、本稿では先にあげた三七例を対象として考えていきたい。まず、これらの三七例を表化すると次頁のようになる。

これらの史料と表からうかがわれることは、出雲国との交流記事が多いということである。「韓国（新羅）」、すなわち朝鮮半島との交流記事も五例と頻度が高いが、それにもまして出雲国は三七例のうちの七例を占めており、これは全体の約二割に相当する。河内（三例）・但馬（四例）・讃岐（三例）といった諸国で頻度が比較的高いのは、地域的に近接しているからという理由で解決がつくと思われるが、出雲国の場合には近接地域とはいえないであろう。また、朝鮮半島との交流に関しては、播磨国が瀬戸内海に面し、海上交通の要衝に位置していることをふまえるならば、こうした大陸との交渉があっても不思議ではなかろう。しかし、出雲国との交流については、いうまでもなく瀬戸内海をルートとした交渉を想定することは難しい。

このように考えるならば、播磨国と出雲国との交流については、検討すべき点が多いように思われる。この点をふまえて、節をあらためて出雲国との交流記事七例に関して具体的にみてみることにしたい。

播磨国と諸国との交流

交流の対象国	史料番号・記載されている郡	備考
大和	①飾磨	
河内	②揖保　③揖保　④讃容	
和泉	⑤揖保	
近江	⑥託賀　⑦賀毛	
丹波	⑧託賀　⑨託賀	⑨は讃岐と重複
但馬	⑩飾磨　⑪揖保　⑫揖保　⑳飾磨	⑳は隠岐・出雲・伯耆・因幡と重複
伯耆	⑳飾磨　㉑讃容	㉑は因幡と重複
因幡	⑳飾磨　㉑讃容	
隠岐	⑳飾磨	
出雲	⑬揖保　⑭揖保　⑮揖保　⑯揖保　⑰揖保　⑱讃容　⑳飾磨	
石見	⑲揖保	
讃岐	⑨託賀　㉒飾磨　㉓飾磨　㉔揖保　㉕託賀	
伊予	㉖飾磨　㉗讃容	
筑前	㉘託賀　㉙託賀	
豊	㉚飾磨	豊前・豊後
火	㉛飾磨	肥前・肥後
日向	㉜賀毛	
韓国（新羅）	㉝飾磨　㉞飾磨　㉟揖保　㊱揖保　㊲揖保	

三　出雲国との交流記事をめぐって

まずはじめに、⑬の史料をとりあげることにする。揖保郡の上岡里の条であり、出雲国の阿菩大神が大和国の畝傍山・天香具山・耳成山の三山の争いを止めようとしてやってきたというのである。しかし、ここまできたとき、三山の争いが終わったときいて、乗ってきた船をふせてここに鎮座したという内容である。阿菩大神は、大神という表記をなされているが、他の箇所に姿をみることができず、したがって詳細も不明といわざるを得ない。この説話で興味をひかれるのは、阿菩大神が船を使ったとされる点である。しかし、このことは必ずしも瀬戸内海の航路を用いたということには直結しない点にも留意することが必要であろう。なぜならば、中国山地を経由した川船による交通も考えなければならないからである。

次に⑭の史料についてみると、揖保郡の立野の条である。ここには、「弩美宿祢」、すなわち野見宿祢が登場している。相撲の初見記事である垂仁紀七年七月七日条にその名をみせる野見宿祢が、出雲国への往来の途中、日下部野に宿泊し、ここで病死したというのである。そうしたところ、出雲国の人々がやってきて墓を造ったと記されている。野見宿祢は出雲国の出身とされる伝説上のヒーローであるが、この地がその臨終の場所とされ、死後の墓造りまでもがかなりくわしくのべられている点は興味深いといえよう。

⑮はやはり揖保郡の意此川の条である。これによると、出雲御蔭大神が枚方里の神尾山に鎮座して、往来の人の半数を殺害していたとされる。そこで、伯耆国の人である小保弖・因幡国の布久漏・出雲国の都伎也の三人が朝廷に対処を願い出たところ、朝廷は額田部久等々を派遣して祭祀をおこなわせたというものである。

この記事は、『風土記』特有のユニークな荒ぶる神の伝承である。荒ぶる神とは、一般的には、スサノオ神のような荒しい神・猛々しい神をさす。『風土記』にもそうした一般的な意味での荒ぶる神も登場するが、他方、⑮のような他の史料には、見出しがたい荒ぶる神もみられる。(41)『風土記』独特と考えられる荒ぶる神は山頂・渡し場などといった交通の要衝にいて、そこを往来する旅人を必ず半数、殺害するのである。⑮の場合、祭祀者として額田部久等々が派遣されるわけであるが、久等々の祭祀に対して荒ぶる神が和らいだか否かについては記載がみられない。

しかし、この久等々による祭祀とは異なる別の祭りが⑯の史料にみられる。つまり、別伝ということになる。『風土記』の他の例をみると、荒ぶる神は最後には祭祀を受け入れて和らぐのが通例であり、(42)したがってこの出雲御蔭大神の場合にも、最終的には和らぐことになる。それが⑯の史料ということとなる。

⑯の史料、すなわち揖保郡の佐比岡の条をみると出雲御蔭大神は女神で性格的には祟り神であったことが知られる。この地に最初、男神がやってきて、のちに女神が到来したところ、男神はすでにここを去ってしまっていたという。そこで女神は怨み怒って、出雲国からの旅人を、その半数を殺すようになった。そこで出雲国の人々が佐比を作って祭ったが、どうしてもその祭祀を受けいれず、最後に河内国茨田郡の枚方里の漢人が祭ることによってやっと和らいだと記されている。

⑰は一転して、旅人の伝承記事である。揖保郡の琴坂の条がそれであり、景行天皇の時代のこととして、出雲国からの旅人がこの坂で一休みしたところ、坂の下の田を老夫と娘が耕作していたのが目に入ったと記している。そこで旅人は、娘の気をひこうとして琴を弾いたというのである。ここにみられるようなことが景行朝に本当にあったかどうかは別として、こうした旅人と田を耕す娘とのやりとりについては、場面的にみてさほど不自然ではなく、むしろありそうなことといってよいであろう。

六番目の⑱は、讃容郡の筌戸の条で国占の伝承である。ここに大神が出雲国からやってきて、筌に入った鹿を鱠にして食べようとしたところ、うまく口に入らず地面に落ちてしまったというのである。そのため、大神はこの地を去って別のところに移ったと記されている。ここに登場する大神については、従来から播磨の代表的な神である伊和大神であるといわれてきたが(43)、これに対して植垣節也のように疑問とみる考えもある(44)。たしかに讃容郡をはじめとする播磨国の西部は伊和大神の分布が色こくみられる地域である。しかしながら、⑱の伝承をすなおに読むならば出雲からの大神とするに留めるのが適当であろう。

最後に⑳の史料である。飾磨郡の飾磨御宅の条であり、これをみるならば、仁徳天皇の時代の出来事として次のような伝承が記載されている。すなわち、天皇が人をつかわして隠岐・出雲・伯耆・因幡・但馬の五カ国の国造たちを召集したところ、彼らは天皇からの使者を水手として都へ向かったという。天皇はこのことを罪として国造たちを播磨国に追放し、田を作らせた。この田が「意伎田・出雲田・伯耆田・因幡田・但馬田」であり、そこから稲を収納する「御宅」を飾磨御宅となづけたと記されている。つまり、屯倉の設置由来ということになる。

このように、出雲国との交流記事である七例をみてみると、⑬・⑮・⑯・⑱の四例は「大神」に関係したものであり、⑭・⑰の二例は旅人のできごと、⑳は屯倉設置の記事というように整理できる。

これらのことをふまえると、播磨における出雲の大神の役割があらためて問題になってこよう。節を変えてこの点について考えてみることにする。

四　播磨における出雲の「大神」

『播磨国風土記』にみられる出雲の大神をはじめとする出雲系の神々の存在については以前から注目されている。しかし、そこから導き出されるものの大部分は、古代における播磨国と出雲国との結びつきの強さや播磨国での出雲系神々の信仰の定着といったものであるようにみうけられる。これに対して、近年、松尾光氏は通説とはまったく異なる考えを示された。

松尾氏は、まず、播磨地域の考古学的史料を検討され、出雲との関係の強さを積極的に支持するほどのものはみられないとされた。さらに、播磨国の各部の氏族分布に注目し、全体的にみわたすと出雲系の氏族はほとんどみられないと結論づけている。また、播磨国と出雲国とを直接結ぶルートである美作道も視野にいれ、美作国における出雲系の神々の影響を追究され、あまり強くはないという結論にいたっている。これらのことをふまえて松尾氏は、『播磨国風土記』に出雲国の大神をはじめとする神々がみられる理由を『播磨国風土記』の編纂者による創作であるとされている。つまり、信仰もしくは影響といった実体はないわけであり、出雲系の神々がみられる播磨西部地域の編纂を担当した人々による歪曲ということになる。

『播磨国風土記』にみられる出雲系の神々の分布をどのようにとらえるかは、大きな問題であり、早計に結論を求めることは困難であるが、松尾氏が示されたアプローチ法には学ぶところが多いと考えられる。というのは、従来は出雲系の神々の分布がみられると、出雲国との関係をとかく肯定的に考えようとしがちであり、史料の内容を吟味しようという姿勢があまり見られなかったようにも思われる。こうした点を考慮して再度、出雲国からの大神の記事をみるならば、⑬の阿菩大神の場合、本来は大和国へ行くはずであった。それが大和三山の争いが止んだので播磨国に鎮座したというのである。つまり、大神として国占をおこなったといったことではなく、伝承的にみて鎮座地との関係は強いとはいえない。⑮・⑯の出雲御蔭大神の場合はというと、『風土記』に特有の荒ぶる神の事例であり、伝承的にはパターン化されたもののひとつといえる。したがって、神名についても必ずしも必然性が強いとはいえないと考えられる。つまり、出雲御蔭大神と在地との関係についても、さほど強固なものとはいえないであろう。⑱の出雲からきた大神の場合には、国占に失敗して他処に去ってしまったというのであるから、在地との関係はまったくないと考えられる。このようにみてくると、『播磨国風土記』に登場する出雲系の大神たちは、在地への影響力という面に関しては思いのほか稀薄であるといわざるをえない。

一般的にいって、諸国の『風土記』みられる大神は、文字通りその地域の大神であることがほとんどである。たとえば、『播磨国風土記』の揖保郡林田里の条に、

所㆔以称㆓談奈志㆒者　伊和大神　占㆑国之時　御志植㆓於此処㆒　遂生㆓楡樹㆒　故称㆓名談奈志㆒(45)

とみえる伝承は、伊和大神による国占である。このほかにも、『常陸国風土記』の中で国譲り神話の主人公として登場する普都大神や香島天大神にしても、『出雲国風土記』の中の四大神にしても、それぞれの国を代表する神々であり、重要な位置を占めているとと考えられる。これらの神々と比較すると、『播磨国風土記』にみられる出雲系の大神たちは存在感がきわめてうすいと考えられる。このことはとりもなおさず、それぞれの地域での実体のなさを証明しているといえよう。しかしそうであるならば、実際の信仰もしくは影響力がないのにもかかわらず、出雲系の大神たちが『播磨国風土記』にこのように登場してくる理由があらためて問われるであろう。

この点に関しては、断定的に結論づけることは難しいが、やはり、美作道などのルートを媒介とした播磨国と出雲国との間の交流に注目したいと思っている。⑭の野見宿祢の伝承や⑰の琴を弾く旅人の伝承は、それ自体、歴史的事実ではないとしても記述が詳細であり、具体的に状況を想像することが可能である。その意味でリアリティーに富んでいるといえる。つまり、⑭や⑰は、往還する旅人たちの状況として、こうしたことがあったであろうことを推測させる史料といってもよいのではあるまいか。そして、その背景としては、古代における播磨国と出雲国との間の交流の頻度の高さを考えることができるであろう。

註

（1）『風土記』（日本古典文学大系、岩波書店、一九八九年。以下、『風土記』からの引用は同書による）九八～一〇二頁などに火神岳や夜見島の記載がみられる。

（2）瀧音能之「播磨国風土記のなかの出雲」、姫路文学館編『風土記が語る古代播磨』所収、姫路文学館、二〇〇〇年。

（3）櫃本誠一「播磨地域における出雲の人と神」『出雲古代史研究』第十五号、二〇〇五年。松尾光『白鳳天平時代の研究』笠間書院、二〇〇四年、四六五～五〇八頁。本稿での松尾氏の見解は、すべてこれによるものとする。

④『風土記』二八〇・二八二頁。
⑤『風土記』二八六頁。
⑥『風土記』二九四頁。
⑦『風土記』三一二・三一四頁。
⑧『風土記』三〇〇頁。
⑨『風土記』三三八頁。
⑩『風土記』三四六・三四八頁。
⑪『風土記』三三四頁。
⑫『風土記』三三四頁。
⑬『風土記』二七四頁。
⑭『風土記』二八六頁。
⑮『風土記』二九二頁。
⑯『風土記』二八六頁。
⑰『風土記』二八八頁。
⑱『風土記』二九二頁。
⑲『風土記』二九四頁。
⑳『風土記』三〇八頁。
㉑『風土記』三一二頁。
㉒『風土記』二九八頁。
㉓『風土記』二八〇・二八二頁。
㉔『風土記』三一四・三一六頁。

(25) 『風土記』二六八頁。
(26) 『風土記』二七八頁。
(27) 『風土記』二八四頁。
(28) 『風土記』三三六頁。
(29) 『風土記』二七八頁。
(30) 『風土記』三三〇頁。
(31) 『風土記』三三二頁。
(32) 『風土記』三三四頁。
(33) 『風土記』二七八頁。
(34) 『風土記』二七八頁。
(35) 『風土記』三四二頁。
(36) 『風土記』二七〇頁。
(37) 『風土記』二七四頁。
(38) 『風土記』二九六・二九八頁。
(39) 『風土記』三〇二頁。
(40) 『風土記』三〇四・三〇六頁。
(41) こうした『風土記』に特有な荒ぶる神については、大変、興味深いテーマであるのにもかかわらず、いままでのところあまり積極的な議論がなされていないようにみうけられる。それはひとつには、史料が『風土記』に限られてしまうことに起因している。したがって、いままでこの荒ぶる神にふれた研究をみても、事実の列挙に終わっていることが多く、なかなか断定的な結論を得ることが難しいように思われる。私もかつて「荒ぶる神」(『歴史手帖』十二巻八号、一九八四年)でこの問題にふれて以来、興味をもっており、稿を改めて考えてみたいと思っている。

(42) たとえば、『肥前国風土記』の佐嘉郡条をみると、「一云　郡西有レ川　名曰二佐嘉川一　年魚有之　其源出二郡北山一南流入レ海　此川上有二荒神一　往来之人　生レ半殺レ半　於レ茲　県主等祖大荒田占問　于レ時　有二土蜘蛛大山田女狭山田女一　二女子云　取二下田村之土一　作二人形馬形一　祭二祀此神一　必有二応和一　大荒田　即随二其辞一祭二此神一々歆二此祭一遂応和之」（『風土記』三九二頁）とある。ここでは、川上に鎮座している荒ぶる神が川を渡ろうとする人々の半数を殺害しているわけであるが、結局、祭祀を受けて和らいでいる。このように、『風土記』における荒ぶる神は、「半ばを生かし、半ばを殺す」というように、非常に恐い神として描かれているが、最後には祭りを受け入れて和らぎ、旅人の殺害をやめるのが通例である。

(43) 『風土記』三一二頁の頭注七。

(44) 『風土記』新編日本古典文学全集、小学館、一九九七年、七八頁の頭注十三。

(45) 『風土記』二八八頁。

有間皇子と中臣鎌足

平林章仁

はじめに

権力の座をめぐる血腥い闘争はいつの時代にも存在するが、古代には血肉を分けた同族内部でのことだったから、双方の憎悪はより増幅して骨肉相食む悲惨な結末に終わったり、幾多の政争の後に編纂された史書に伏せられた部分が存在するのも、一面ではやむを得ない。

中臣鎌足は、中大兄皇子に協力して乙巳の政変（六四五）で蘇我氏本宗家を倒し、祭祀氏族に過ぎなかった中臣（藤原）氏の、その後の繁栄の基礎を築くことは周知のところである。しかし、乙巳の政変後の彼の足跡が必ずしも明瞭ではなく、その一つに有間皇子の変での動向がある。

六世紀後半から七世紀にかけて、王家内部では蘇我氏系と非蘇我氏系（敏達天皇後裔）の二王統が対峙する情況[1]にあったが、後者の王統に連なる有間皇子は乙巳の政変の少し前、舒明天皇十一年（六三九）に軽皇子（後の孝徳天皇）

と阿倍倉梯麻呂の女小足媛の間に生まれた。伯母の宝皇女が舒明天皇の大后となり、さらに舒明天皇の後をうけて史上二人目の女帝皇極として即位したことで、有間皇子は非蘇我氏系王統に属する有力王族の一人となったものの、必ずしも王位に近い存在だったわけではない。

ところが、中大兄皇子・中臣鎌足らによる乙巳の政変で皇極天皇が退位し、父の軽皇子が孝徳天皇として即位したことから、彼を取り巻く政治的情況は一変する。すなわち、有間皇子は王位に最短の一人に躍り出たのである。ただ、難波遷宮や積極的諸政策を推進する孝徳朝の政情が必ずしも安定的に推移したわけではなく、後半には綻びがみえてくる。とくに白雉四年（六五三）、中大兄皇子が皇極と孝徳天皇の大后間人皇女を奉じ大海人皇子や多くの官人らを率いて、難波長柄豊碕宮から倭飛鳥河辺行宮に還居したことは、政権分裂にいたる危険性を孕むものであった。

なお留意すべきは、公卿大夫・百官人らが皆倭京帰還に従ったとあるものの、翌白雉五年正月壬子（五日）には中臣鎌足に紫冠を授けて封戸を増し、また二月には高向玄理を押使とする遣唐使を派遣、さらに七月には帰国した前年の遣唐大使吉士長丹らを褒賞していることなど、難波の朝廷は未だ中央政府として機能していることである。紫冠は大臣の冠であり、鎌足への授与は白雉二年に亡くなった右大臣大伴長徳の後任とみられるが、彼は倭京には帰らず孝徳天皇のもとに残ったのだろうか。中臣鎌足が中大兄皇子に従って飛鳥に帰還していたならば、紫冠・封戸の授与は孝徳天皇が鎌足を取り込み、中大兄皇子への権力集中を妨げようとの企図を示唆するが、いずれとも判じ難い。

ところで、孝徳天皇の病気を知った中大兄皇子・皇極・間人皇女らは同年十月一日に難波に見舞うも十日には亡くなり、南庭で殯ののち十二月八日に大坂磯長陵に葬った、という。孝徳天皇が罹患するのは七月末以降のこととみられるが、発病から崩御まで二カ月あまりと短いことを疑えば疑うこともできる。孝徳天皇の崩御により、年齢に問題

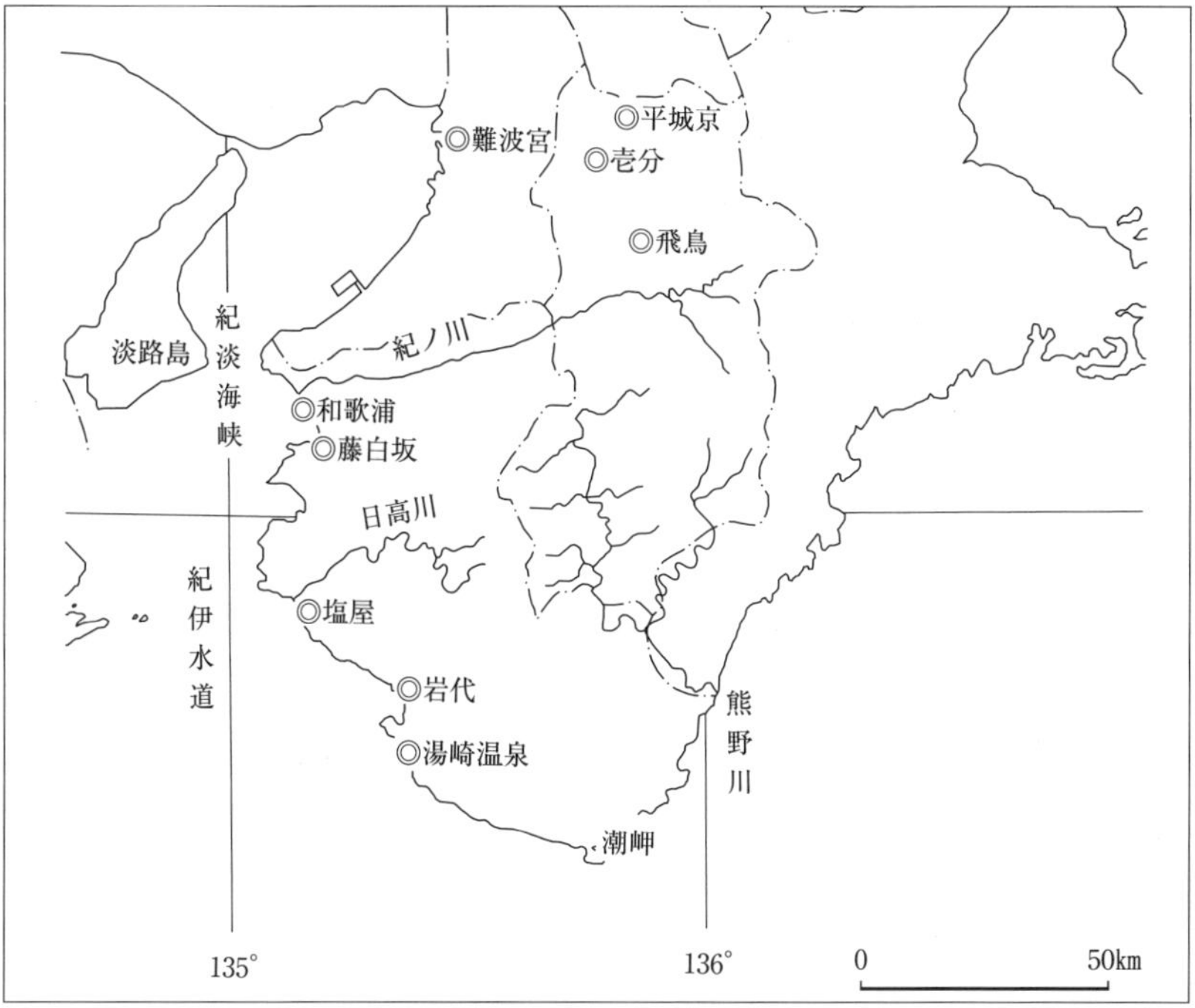

有間皇子の変関係略地図

があったわけではなかろうが中大兄皇子ではなく、なぜか皇極が史上初めて斉明天皇として再祚する。大きな支えだった父を失った有間皇子の悲劇は、ここに始まると言える。

一　有間皇子の変の展開

斉明天皇四年（六五八）十一月に、有間皇子は謀反の罪で捕えられ、紀伊藤白坂で絞殺される。有間皇子の変だが、まず『日本書紀』の記述に従って事件の経過を追ってみる。『日本書紀』は事件について複数の史料を参照、記載していることから、以下の記事に大きな虚偽、創作はないと考えられる。

①斉明天皇紀三年九月条

有間皇子、性黠くして陽狂すと、云々。牟婁温湯に往きて、病を療むる偽をして来、国の

熊野古道藤白坂（海南市藤白）

体勢を讃めて曰はく、「纔彼の地を観るに、病自づからに蠲消りぬ」と、云々。天皇、聞しめし悦びたまひて、往しまして観さむと思欲す。

②斉明天皇紀四年十一月壬午（三日）条
留守官蘇我赤兄臣、有間皇子に語りて曰はく、「天皇の治らす政事、三つの失有り。大きに倉庫を起てて、民財を積み聚むること、一つ。長く渠水を穿りて、公粮を損し費すこと、二つ。舟に石を載みて、運び積みて丘にすること、三つ」といふ。有間皇子、乃ち赤兄が己に善しきことを知りて、欣然びて報答へて曰はく、「吾が年始めて兵を用ゐるべき時なり」といふ。

③斉明天皇紀四年十一月甲申（五日）条
有間皇子、赤兄の家に向きて、樓に登りて謀る。夾膝自づからに断れぬ。是に、相の不祥を知りて、倶に盟ひて止む。皇子帰りて宿る。是の夜半に、赤兄、物部朴井連鮪を遣して、造宮丁を率ゐて、有間皇子を市経の家に囲む。便ち駅使を遣して、天皇の所に奏す。

④斉明天皇紀四年十一月戊子（九日）条
有間皇子と、守君大石・坂合部連薬・鹽屋連鯯魚とを捉へて、紀温湯に送りたてまつりき。舎人新田部米麻呂、従なり。是に、皇太子、親ら有間皇子に問ひて曰はく、「何の故か謀反けむとする」とのたまふ。答へて曰さく、「天と赤兄と知らむ。吾全ら解らず」とまうす。

⑤斉明天皇紀四年十一月庚寅（十一日）条

藤白神社（海南市）

丹比小澤連国襲を遣して、有間皇子を藤白坂に絞らしむ。是の日に、鹽屋連鯯魚・舎人新田部連米麻呂を藤白坂に斬る。鹽屋連鯯魚、誅されむとして言はく、「願はくは右手をして、国の宝器を作らしめよ」といふ。守君大石を上毛野国に、坂合部薬を尾張国に流す。或本に云はく、有間皇子、蘇我臣赤兄・鹽屋連小戈・守君大石・坂合部連薬と、短籍を取りて、謀反けむ事を卜ふ。或本に云はく、有間皇子曰はく、「先づ宮室を燔きて、五百人を以て、一日両夜、牟婁津を邀へて、疾く船師を以て、淡路国を断らむ。牢圄るが如くならしめば、其の事成し易けむ」といふ。或人諫めて曰はく、「可からじ。計る所は既に然れども、徳無し。方に今皇子、年始めて十九。未だ成人に及らず。成人に至りて、其の徳を得べし」といふ。他日に、有間皇子、一の判事と、謀反る時に、皇子の案机の脚、故無くして自づからに断れぬ。其の謨止まずして、遂に誅戮されぬといふ。

右を簡潔に記すと、有間皇子は斉明天皇三年九月、狂人を装い療養と偽って牟婁温湯（紀温湯、和歌山県西牟婁郡白浜町の湯崎温泉）に出かけ、その素晴らしさを称揚して天皇にも行幸を勧める。四年五月に中大兄皇子と越智娘の間に生まれた八歳になる愛孫建王を失い傷心の斉明女帝は、それを癒す目的もあって同年十月に紀温湯に行幸する。

『万葉集』巻第一に載る難解で有名な額田王の和歌（九）と中皇命（間人皇女）のそれ（十・十一）はこの時の詠であり、女帝ということもあって後宮の女性たちが多く随行していたようである。

事は、彼女の留守中に起こった。まず、斉明天皇四年十一月三日に倭京留守官の蘇我赤兄が天皇の三失政を挙げて有間皇子に接近。赤兄を信じ気を許した皇子は、同月五日に赤兄宅の楼殿で謀議を始めるが、夾膝が折れたのを不吉とし、中断して帰宅。ここでの謀議内容は明らかでないが、その五日夜半に突然、赤兄は物部朴井連鮪に命じ造宮の役夫を用いて市経の家（奈良県生駒市壱分町）の有間皇子を取り囲み、紀温湯の天皇に報告の早馬を出した。

なんとも手筈の素早い展開だが、十一月九日には有間皇子・守君大石・坂合部連薬・鹽屋連鯯魚を逮捕して紀温湯へ送るが、中大兄皇子が詰問する。その際の応答は、蘇我赤兄の事件への関与を強く示唆している。

十一日には丹比小澤連国襲を派遣し、藤白坂（和歌山県海南市藤白）で有馬皇子を絞殺、鹽屋連鯯魚・舎人新田部連米麻呂は斬殺した、という。ここで丹比小澤連国襲を派遣したのは、もちろん紀温湯の斉明天皇である。ちなみに、十一月庚寅条には二種の異伝（或本云）が引かれていて、複数の原史料の存在が知られる。その内容から、有間皇子の企図や鹽屋連鯯魚配下の海人を用いる、具体的な計画の存在も窺われるが後述する。ただし、これで事件の全容が明らかとは言えず、二つの大きな謎が残されている。

二　護送はいつ飛鳥を出発したのか

その疑問の第一は、皇子らを護送した行程上の問題である。すなわち、飛鳥～紀温湯間は現在の道路を利用して約一八〇キロ、飛鳥～藤白坂間は約八〇キロ、紀温湯～藤白坂間は約一〇〇キロもの距離がある。しかしながら、従前の一般的な説(2)では皇子らの護送団は十一月九日に飛鳥を出発し、紀温湯で中大兄皇子の詰問を受けたあと、飛鳥への帰路に藤白坂で処刑された、とされる。次が、その行程である。

①［五日夜半］有間皇子の市経の家包囲→（二四キロ）→［八日］までに有間皇子ら関係者を逮捕し飛鳥集結→［九日］

護送が飛鳥出発↓（二八〇キロ）↓十一日紀温湯から飛鳥への復路の藤白坂で処刑

やや後の規定だが、養老公式令による一日あたりの標準的な行程は、馬ならば七〇里・徒歩ならば五〇里、これを三〇〇歩一里（約五四〇メートル）で換算すればそれぞれ約三八キロおよび二七キロなる。

要するに、九日に飛鳥を出発し十一日の帰路の藤白坂では、約二八〇キロが二泊三日の行程となり、夜間に一睡もせず護送したとしても不可能な距離である。こうした行程上の疑問についてはすでに指摘[3]もあり、近年は六日出発説[4]が採られることも多い。すなわち、②の行程である。

②五日夜半有間皇子の市経の家包囲↓（二四キロ）↓六日護送が飛鳥出発↓（一八〇キロ）↓九日紀温湯に到着・直ちに飛鳥へ返送↓（一〇〇キロ）↓十一日紀温湯から飛鳥への復路の藤白坂で処刑

これだと二八〇キロを五泊六日、一日あたり約四七キロとなり相当に無理をすれば全くの不可能とはいえない。だが、これにも問題があり、六日に出発できた可能性は低い。第一に有間皇子の市経の家を取り囲んだのが五日夜半だが、この時に皇子の身柄を拘束したとは記されていない。さらに、市経〜飛鳥は直線で約二四キロ、当時の交通事情を考慮すれば大和川を渡り飛鳥まで護送するのに丸一日はかかる。そのうえ、有間皇子の捕捉だけでなく共に護送される守君大石・坂合部連薬・鹽屋連鯯魚らを逮捕、詰問し、事件の全容を解明するにも時間を要したはずだから、六日中の飛鳥出発は困難でいくら早くても七日早朝となろう。③がその行程である。

③五日夜半有間皇子の市経の家包囲↓（二四キロ）↓六日中に関係者の逮捕と飛鳥への集結↓七日護送が飛鳥を出発↓（一八〇キロ）↓九日紀温湯に到着・直ちに飛鳥へ返送↓（一〇〇キロ）↓十一日紀温湯から飛鳥への復路の藤白坂で処刑

しかし、これだと四泊五日で二八〇キロ、一日あたり平均五六キロの行程となってしまい、六日出発説以上に困難な行程であること、明白である。

飛鳥・紀伊間の旅程を考察するうえで参考になるのが、紀伊行幸である。

『続日本紀』によると、文武天皇と持統は大宝元年（七〇一）九月十八日に藤原宮を出発、十月八日に武漏（牟婁）温泉に到着している。二〇日も要しているから、和歌浦辺りで数日を過ごしたものと思われ、帰還は十月十九日である。持統天皇はそれより先、持統天皇四年（六九〇）九月十三日にも紀伊に出かけ二十四日に帰っている（『日本書紀』）が、いずれも具体的な行程記事がなく、飛鳥・紀伊往還に相当な日数を要したことしかわからない。

聖武天皇は神亀元年（七二四）十月五日に紀伊行幸に出発、その日は施設の整った飛鳥で宿泊したのであろう。六日も記載がないので分明でないが距離や次の称徳天皇の例からみて紀路をとって吉野川畔の大和国宇智郡（奈良県五條市）泊、七日には紀ノ川沿岸を進み紀伊国那賀郡玉垣勾頓宮（和歌山県那賀郡粉河町辺り）に宿泊している。翌八日に風光明媚な名勝として知られる海部郡玉津嶋頓宮（和歌山市和歌浦）に到着、平城宮から和歌浦まで三泊四日、飛鳥からだと二泊三日の旅程だが、有間皇子が処刑された藤白坂は、ここから南へ四、五キロの至近の地である。

次に称徳天皇だが、天平神護元年（七六五）十月十三日に紀伊国へ出発、この日は高市郡小治田宮（奈良県明日香村雷丘の辺り）に宿泊、翌十四日は丸一日を飛鳥の名勝巡りに費やしている。十五日は宇智郡、十六日は紀伊国伊都郡（和歌山県橋本市～伊都郡高野口町の辺り）泊と、かなりゆったりした旅程である。十七日には那賀郡鎌垣頓宮（玉垣勾頓宮と同所か）に泊り、十八日に玉津嶋に到着している。飛鳥から和歌浦まで三泊四日の行程で、聖武天皇より一日多く費やしているのは女帝の故、強行軍を避けたためであろう。おそらく、公式令の規定に近い、二泊三日というのが当時の飛鳥・和歌浦間の一般的な旅程だったと思われる。

両天皇の紀伊行幸は、約七〇ないし一〇〇年前とは比較にならないほど恵まれた交通事情のもとに計画的に行なわれたこと、護送された旧暦十一月より約四五分も日照時間の長い旧暦十月の行幸だったことなどを考慮すれば、天皇の行幸と謀反人の護送を同一には論じられないものの、有間皇子らの護送がこれより短い時日で可能だったとは考えられない。奈良時代より交通事情の悪い斉明朝の、日照時間の短い旧暦十一月では、飛鳥・藤白坂間ではいくら急いでも最低二泊三日、そこから約一〇〇キロも離れた紀温湯に到るにはさらに時日が必要だったことは確かである。

ここで百歩譲って、六日に護送が飛鳥を出発し九日に紀温湯に到着したとしても、次なる疑問が生じる。すなわち、第一に、九日に護送が到着して即座に紀温湯を出発しなければ、十一日中に一〇〇キロも離れた藤白坂に至るのが困難である。一〇〇キロを二泊三日の行程も相当な強行軍で、紀温湯で詰問する時間的ゆとりがあったかも疑問だが、到着して即座に飛鳥へ返送しなければならない。しかし、直ちに返送するのなら、わざわざ紀温湯まで来る必要はない。

第二に、詰問の後、飛鳥への帰路についた護送団の後を追って丹比小澤連国襲を派遣し、紀温湯から一〇〇キロも離れた藤白坂で追いつき、有馬皇子らを処刑するというのも手が込み入り過ぎていて非現実的である。紀温湯に到着していたのなら、どうしてその場で即座に処刑しなかったのか。

七日出発説は行程上さらに困難が大きく、昼夜を問わず馬を駆って危険承知で相当に無理をすれば不可能とまでは言えないかも知れないが、既に身柄を拘束して活殺が自在な罪人の護送にそれほどの危険をおかしたとは考え難い。

これらの問題に関する私見は前に述べた(5)ので要点を約めて記せば、従前の諸説は『万葉集』巻第二挽歌冒頭の有間皇子の自傷歌二首（後述）に影響され、行程の解釈に無理がある。有間皇子らの護送は斉明天皇の静養する紀温湯には到着していないし、有間皇子らが処断された十一日の藤白坂は、紀温湯から飛鳥への復路ではない。

そのことは、『日本書紀』の記事を素直に読めば明らかである。斉明天皇紀四年十一月甲申（五日）条の「便遣駅使、奏天皇所。」は、使者の紀温湯到着を記したものではないことは明白である。同様に、同月戊子（九日）条「捉有間皇子、與守君大石・坂合部連薬・鹽屋連鯯魚、送紀温湯。」も、護送の紀温湯到着を伝えたものではない。

すなわち、日を追って事件の展開を記せば、十一月五日の夜半に蘇我赤兄が謀反の疑いで有間皇子の市経の家を包囲し、紀温湯の斉明天皇のもとに急使を派遣。六日中には皇子の身柄を拘束して飛鳥まで連行、尋問が始められたであろう。並行して関係者の逮捕と取調べが進められ、八日には事件の全体像が明らかとなる。そこで九日早くに皇子らの護送団が飛鳥から紀温湯に向けて出立、十一日には紀伊の藤白坂に至った。蘇我赤兄からの報告をうけ、紀温湯の斉明天皇が関係者の処分を伝えるために発した丹比小澤連国襲とそこで出くわし、即座に処刑が断行された。中大兄皇子の詰問は、九日の有間皇子の死出の旅に際してのこととなるが、次がその行程である。

④五日夜半 有間皇子の市経の家包囲→六日 有間皇子の拘束と飛鳥連行→（二四キロ）→七日～八日 関係者の
逮捕・取調べ→九日 護送が飛鳥出発→（八〇キロ）→十一日 紀温湯への往路の藤白坂で処刑

このように解することで、従前の諸説が有した距離と日程の矛盾は全て解消される。そもそも有間皇子らは、何のために紀温湯へ護送されたのだろうか。それは彼らの罪に対する処罰の宣告以外に考えられない。斉明天皇は紀温湯まで来るに及ばずということで、処罰を伝えに飛鳥へ派遣した丹比小澤連国襲が、紀温湯にむかう護送団と十一月十一日に藤白坂で出くわし、即座に処断したのである。ただし、そこで両者が出くわしたのも単なる偶然ではなく、藤白坂で丹比小澤連国襲が待ち受けていた節もある。

ちなみに、乙巳の政変後の六月十四日に出家し吉野に隠棲したにもかかわらず、九月十二日に謀反の罪で殺害された古人大兄皇子や、神亀六年（七二九）二月十日に謀反の疑いで突然宅を囲まれ、十一日に罪の糾問のあと十二日には自尽した長屋王が、天皇の前で詰問されることはなかった。

謀反の嫌疑をかけられた有力王族は、速やかに死に至らせることが混乱を避けるためにも必須であった。舎人親王の孫の和気王は、天平神護元年（七六五）八月に謀反の罪で伊豆国に流罪となったものの、護送途中の山背国相楽郡で絞殺され、そのまま狛野（京都府山城町から精華町辺）に埋められた。王族ではないが、反乱を起こした藤原広嗣は天平十二年（七四〇）十一月三日に処刑が命じられるが、それより先の十一月一日に大宰府に移送される途中の肥前国松浦郡家で、命令に先立って処刑されていることなども、参考になる。

岩代王子神社（南部町）

いずれにしても、有間皇子らの護送は紀温湯に到着していないわけで、『万葉集』巻第二挽歌の冒頭に、

有間皇子、自ら傷みて松が枝を結ぶ歌二首

磐白の浜松が枝を引き結び真幸くあらばまた還り見む（一四一）

家にあれば笥に盛る飯を草枕旅にしあれば椎の葉に盛る（一四二）

とある著名な挽歌の理解も当然、通説とは異なってこよう。それが紀温湯への往路であれ飛鳥への帰路であれ、護送される途次に磐白（和歌山県日高郡南部町岩代）で詠んだものではない。磐白は藤白坂の南約八〇キロ、紀温湯の北約二〇キロに位置するが、護送は藤白坂より南には行っていないのだから、護送の途次に磐白で歌を詠むことは不可能である。すなわち、二首の和歌は事件の前年、斉明天皇三年九月に有間皇子が牟婁温湯に出かけた際に詠んだものに他ならない[6]。

また、「有間皇子、自ら傷みて松が枝を結ぶ歌」とある詞書にわざわいされて、非業の最期を遂げた皇子の歌として深い哀しみと事変の悲劇性を読み取ってきたが、同情的な深読みをしていたことになる。『万葉集』編者の主観的な詞書から離れれば、一首は穏やかな心境を詠んだ旅の歌となる。(7)

三　中臣鎌足は何をしていた

有間皇子の変には、今一つ大きな謎が残されている。それは、時の権力者中臣鎌足の名が、関連記事にまったく登場しないことである。

事件の原因として、蘇我赤兄の挙げた斉明天皇の三失政、とくに大規模な土木事業など過重な負担に対する人民の憤懣を重視する見解もあるが(8)、基本的には舒明天皇以降の王位継承をめぐる王権内部の確執のなかに位置づけられる。(9)事件は、蘇我氏系と非蘇我氏系の王統の間で王位継承の振幅が大きかった時期の、非蘇我氏系王族内部の権力抗争として位置づけられよう。それは天智天皇の即位に収斂していく流れでもあるが、乙巳の政変で蘇我氏本宗家を倒しながら、孝徳・斉明両天皇が相続いて即位し、さらに斉明天皇崩御の後も服喪とするには長すぎる七年間も即位せずに政務を執る称制を続けたことは、即位にむけての中大兄皇子の権力基盤が必ずしも安定したものではなかったことを思わせる。

一方、有間皇子にしても、病身の父孝徳天皇を見限って倭京に還居した中大兄皇子に親和的な感情を懐いていたとも思われない。乙巳の政変、およびその後の改新政策推進の中心が孝徳天皇・蘇我倉山田石川麻呂・中大兄皇子にあり、なかでも孝徳天皇の役割を高く評価する最近の見解もある。(10)それならなおさらのこと、蘇我倉山田石川麻呂・孝徳天皇の亡きあと女帝斉明のもとで権力掌握を進める中大兄皇子にとって、孝徳天皇の唯一人の皇子有間は、できるならば成人するまでに除いておく必要があった。

中大兄皇子は、十一月九日に有間皇子が曰くありげな返答をする詰問の場面でしか事件に登場しない[11]。だが、有間皇子とともに謀反計画を企図したらしく描かれる蘇我赤兄が罰をうけるどころか反有間皇子の立場で活躍し、時期は定かでないが中大兄皇子・大海人皇子兄弟にそれぞれ娘（常陸娘・太蕤娘）を入れ、天智天皇八年に筑紫率、十年には左大臣と栄進していることから、この事件についても蘇我赤兄と中大兄皇子が通じていたことは間違いない。

ところがどうしたことであろう、中大兄皇子の股肱の臣、中臣鎌足がこの事件には一切登場しない。『日本書紀』や『藤氏家伝』の記載に多少の誇張はあっても、中臣鎌足が中大兄皇子の腹心中の腹心であったことに異論はなかろう。中大兄皇子と事件の関係は想定されるのに反し[12]、中臣鎌足がまったく現れないのは不審である。事件の最中、彼は一体何をしていたのであろうか。

四　中臣連氏と鹽屋連氏

有間皇子の変での中臣鎌足の動向を考察するうえで注目されるのが、鹽屋連氏である。事件に連座したとして逮捕され、十一月九日に有間皇子ともどもに紀温湯に護送されたのは守君大石・坂合部連薬・鹽屋連鯯魚と舎人新田部米麻呂だったが、十一日に藤白坂で斬殺されたのは鹽屋連鯯魚と新田部米麻呂の二人だけである。守君大石と坂合部連薬は流罪だが、守君大石は天智天皇即位前紀八月条に百済救援将軍、天智天皇紀四年是歳条に遣唐大使、坂合部連薬は壬申の乱で近江側の将として戦死している。この二人は遅くとも天智朝には復権しているから、処分は半ば形式的なものにすぎなかったと推考される。新田部米麻呂は有間皇子の舎人だから皇子とともに処断されたのはわかるが、

塩屋王子神社（御坊市）

どうして鹽屋連鯯魚には重い処罰が下されたのだろうか。

それを解く鍵は、斉明天皇紀四年十一月庚寅条に引く「或本云」にある。まず、ともに謀反を計画したとみえる鹽屋連小戈は鹽屋連鯯魚と同一人物と目されるが、別人であったとしても鹽屋連氏が何らかのかたちで事件に関わっていたことは間違いなかろう。それは有間皇子の、「先づ宮室を燔きて、五百人を以て、一日両夜、牟婁津を邀へて、疾く船師を以て、淡路国を断らむ。牢圄るが如くならしめば、其の事成し易けむ」、との発言からも窺われる。牟婁温湯（紀温湯）近くの牟婁津（和歌山県田辺市）と淡路島の間の水運を遮断するには船師、すなわちこの地の水軍（海人）を掌握、動員する必要がある。

鹽屋は海人の代表的生業の一つ、製塩にかかわる呼称であり、鹽屋連氏は配下に海人を擁する氏族だったとみられる。『新撰姓氏録』河内国皇別条には、「武内宿禰の男、葛木曾都比古命の後」とする塩屋連氏がみえ、小家連氏・原井連氏らが同祖とあり、山城国皇別条にも同祖とする与等連氏がみえる。

河内にも本拠を有した鹽屋連氏の本貫について、佐伯有清は[13]「後の伊勢国奄芸郡塩屋郷（三重県鈴鹿市白子町・稲生一帯）の地名にもとづくものか未詳」とするが、すでに指摘[14]があるように北塩屋・南塩屋の地名が分布する和歌山県御坊市塩屋町の日高川河口付近に比定するのが妥当と考える。ただ、和歌浦の北にも塩屋の地名が分布するが、鹽屋連氏の海洋的な性格からして、紀ノ川河口や大阪湾沿岸などに複数の本拠を有したとみた方が実際的であろう。

紀伊国を本貫とする鹽屋連氏は、地の利を生かして製塩や漁業、海運や河川交通に従事するだけでなく陸上交通の要衝をも掌握した、紀南地方の有力豪族だったとみられる。彼らが「武内宿禰の男、葛木曾都比古命」の後裔を称しているのは、紀伊の大豪族紀氏と葛城氏の親縁な関係によるとみられ、五世紀を中心に対外交渉に活躍した紀氏のもと、船舶の調達や乗組員（海人）の指揮など海運の実務に従事していたと推考される。(15)

孝徳天皇紀大化二年三月辛巳条には、各地に派遣された官人の多くに過失があったとして咎められているのに反し、鹽屋鯯魚ら六名は朝命を遵守したとして賞賛されていて、彼は有間皇子の父孝徳天皇にも忠実な官人であった。前年九月の有間皇子の牟婁温湯行きに鹽屋連鯯魚が与り、水軍を大規模に動員しての謀反計画では核になる勢力と目されたことから、彼への処罰が重かったのだと思われる。

さらに、彼の本貫である日高川河口にほど近い藤白坂での処刑は、鹽屋連鯯魚が謀反の罪で逮捕され急激な動揺に襲われた紀南の地方豪族たちの動きを沈静化するとともに、事に動員が予定されていた鹽屋連氏配下の水軍を威嚇するのにも十分な効果があったに違いない。

鹽屋連鯯魚の処刑は、下手をすれば紀温湯で静養中の斉明天皇の安全を脅かすことにもなりかねないわけで、藤白坂での斬殺はたまたまのことではなく、それまでに紀南の地方豪族を掌握し、右のような政治的効果も十分に計算したうえでのことであったに違いない。

さて、問題の中臣鎌足の動向だが、『中臣氏系図』（『群書類従』五）に引く延喜六年（九〇六）の「延喜本系」に、鎌足の曾祖父で欽明朝に初めて中臣連を賜姓されたという中臣常磐大連公の母を、鹽屋牟漏連の女都夫羅古娘と記す。改めて言うまでもないが、牟漏は牟婁温湯や牟婁津などのある紀南の地名である。

鹽屋牟漏連は鹽屋連鯯魚の祖先の一人だろうが、中臣連氏は紀南を本貫とする鹽屋連氏と古くから姻戚関係にあった。「延喜本系」の所伝が虚偽でないことは、平安時代前期の聖徳太子の伝記『上宮聖徳太子伝補闕記』に、山背大兄王をはじめとする上宮王家一族を攻め滅ぼした人物として、宗我大臣・林臣入鹿・軽王（後の孝徳天皇）・巨勢徳太古・大伴馬甘連らとともに、中臣鹽屋枚夫の名が見えることからも傍証される。中臣鹽屋は中臣連氏と鹽屋連氏の姻戚により成立したいわゆる複姓で、両氏は擬制的な同族関係にあったとみられる。[16]

鹽屋連氏は本来、紀氏系の氏族であったが欽明朝頃から中臣連氏とも姻戚を結び、擬制的同族関係を形成するなど親密な間柄にあった。ただ、上宮王家攻撃には中臣連氏が加わっていないことや孝徳天皇と鹽屋連氏の密な関係からみて、中臣鹽屋枚夫は孝徳天皇との関係で上宮王家攻撃に参加したものと思われる。ここでも孝徳天皇と鹽屋連氏の強い結びつきがうかがわれるが、あるいは、一時、紀伊の鹽屋連氏自身が複姓の中臣鹽屋を称していた可能性も捨て切れない。

中臣連（藤原朝臣）氏と鹽屋連氏の結びつきは、やや後のことだが『藤氏家伝』下（武智麻呂伝）に、藤原武智麻呂が平城京西部にあった習宜の別業で、文人才子を集めて催した学問・文章の会、龍門点額からも類推される。それに参加したのは「文雅」「宿儒」とされる人たちだが、[17]年功を重ねた名望ある学者「宿儒」の中に鹽屋連吉麻呂の名が見える。彼は藤原不比等が中心になって推進した養老律令選定に功績があったとして功田五町を賜わり（『続日本紀』養老六年二月戊戌条）、大学頭を務めた学者（『懐風藻』）だが、藤原不比等・武智麻呂父子に近しい人物であった。[18]中臣連（藤原朝臣）氏と鹽屋連氏の結びつきは、連綿と続いていたようである。

すなわち、紀南を本貫としその地の海人を配下にもつ鹽屋連氏は、中臣連氏とは古く姻戚関係にあり、その後も親密な間柄が続いていた。他方、鹽屋連鯯魚は孝徳天皇に忠実な実務官人として仕えていた。有間皇子はその鹽屋連氏を巻き込んで、事を計画したのである。

有間皇子は、鹽屋連氏が海人を配下にもつ紀南の有力豪族で、古くから中臣連氏とも親縁な関係にあることを知ったうえで、父孝徳天皇に忠実だった鹽屋連鯯魚を巻き込んだのであろう。事件の中、鹽屋連氏に親しい中臣鎌足はかなり微妙な立場に立たされたとみられ、相当に動きづらい状況にあったことは確かである。下手をすれば謀反派ではないかとの疑念を抱かれる恐れも多分にあったわけで、いやがうえにも慎重にならざるを得なかったに違いない。有間皇子にしてみれば、鹽屋連鯯魚を引き込むことで中臣鎌足の動きを封じるだけでなく、あわよくば彼を自陣営に引き込み、中大兄皇子側の勢力を二分しようとの思惑があったとも推量される。若くはあるが、戦略に長けた皇子のしたたかな計略が思われる。

ちなみに、有間皇子が紀伊で事を起こそうと企図したのは、紀伊の地が死穢を浄化させる宗教的霊地とみられていたことによるとの説(19)もあるが、情緒に流された読みの過ぎた理解である。

一方、中臣鎌足は、皇極天皇三年正月に「神祇伯」任命を辞退して摂津三嶋に退去し（『藤氏家伝』上には舒明朝初年に三島別業に帰居とある）、孝徳天皇即位前紀には古人大兄皇子・軽皇子ら年長者の存在を示して中大兄皇子に即位を思いとどまらせたとある。これらの所伝からは、政治的状況を機敏に判断する優れた能力を持つ鎌足像が浮びあがる。賢明で政治的駆け引きに長けた中臣鎌足は、相手の誘いに軽々には乗らないだけでなく、表立った行動は極力避けて事前から事後まで一切事には関わらず、慎重な態度に徹していたものと推考される。

事件関係の史料に彼の名前がまったく見えないのは、こうした事情によると考えられる。

おわりに

悲運のうちに紀伊藤白坂の露と散った有間皇子の変について、若干の私見を述べた。

まず、斉明天皇の静養する紀温湯に謀反の罪人として護送される有間皇子らは、四年十一月九日に飛鳥を出発、十一日にその往路の藤白坂で処刑された。したがって、『万葉集』巻第二挽歌冒頭の有間皇子の自傷歌二首は、事件の前年、斉明天皇三年九月に有間皇子が牟婁温湯に出かけた際に詠んだものに他ならない。

次に、有間皇子の側にも事件について一定の計画があり、それは中臣連氏と擬制的同族関係にあり、しかも孝徳天皇に忠実で紀伊の海人を掌握する鹽屋連氏を計画の中核に据え、中臣鎌足の動きを封じるという、かなり周到なものであった。

もちろん、誘い水を注いだ側にも、それなりの準備があったに相違ない。斉明天皇四年と五年に東北の蝦夷、六年には粛慎の征討に、七年にも百済救援将軍として、有間皇子の母の出た阿倍氏の集中的な派遣からは、阿倍氏が皇子の後背勢力となるのを封じ、さらに事件後の混乱を防止する意図もよみとれよう。

ただ、有間皇子にとって、事を起こさず行動を慎んでいたとしても、有力な王位継承者であった古人大兄皇子が、乙巳の政変で後ろ楯を失って出家し吉野に隠棲したにも拘らず殺害されたことを思えば、自身の行く末は十分に予測可能だったに違いない。

註

(1) 六世紀後半から七世紀の王統が蘇我氏系と敏達天皇後裔の非蘇我氏系(息長氏系)に分れ、ある種の対抗関係にあった。ただし、蘇我氏系とはいっても蘇我氏と親密で常に一体的な関係にあったわけではなく、蘇我氏側と王家側の思惑の違いや政情の変化により親疎様々であった。

平林章仁「敏達天皇系王族と広瀬郡」、「聖徳太子と敏達天皇系王族」『七世紀の古代史』白水社、二〇〇二年。

(2) 飯田武郷『日本書紀通釋』五、大鐙閣、一九二三年、三三二五頁。井上通泰『萬葉集新考』一、国民図書、一九二八年、一九五頁。武田祐吉・土屋文明『萬葉集總釋』一、楽浪書院、一九三五年、六六頁（土屋文明）。稲岡耕二『萬葉集全注』二、有斐閣、一九六八年、一八四—九一頁。

(3) 澤瀉久孝『萬葉集注釋』二、中央公論社、一九五八年。ただし、澤瀉は日程にも無理があるようだが、昔の人は健脚だったからと、通説を採用している。

奥野健治『萬葉地理三題』佐紀発行所、一九五九年、三七頁。神堀忍「有間皇子」『明日香風』八、一九八三年。村瀬憲夫『万葉の歌』九和歌山、保育社、一九八六年、一六四頁。

(4) 澤瀉久孝前掲註（3）書、一八五頁。田辺幸雄『初期万葉の世界』塙書房、一九五七年、二六〇—二七八頁。高橋重敏「斉明四年紀十一月甲寅条の藤白坂について」『熊野路考古』三、一九六三年。斎藤茂吉『万葉秀歌』上、岩波書店、一九六八年。神田秀夫『初期万葉の女王たち』塙書房、一九六九年。伊藤博『萬葉集釋注』一、集英社、一九九五年など。

(5) 平林章仁「有間皇子の変について」『日本書紀研究』十七、塙書房、一九九〇年。前掲註（1）書に再録。

(6) 高橋重敏前掲註（4）論文。植垣節也「死にゆく人々の嘆き」『国文学解釈と鑑賞』万葉の挽歌、一九七〇年。神堀忍前掲註（3）論文。森浩一「磐代と有間皇子」『万葉集の考古学』筑摩書房、一九八四年。

(7) 森豊『万葉の挽歌』第三文明社、一九七二年。露木悟義「有間皇子の悲劇」『古代史を彩る万葉の人々』笠間書院、一九七五年。渡辺護「有間皇子自傷歌をめぐって」『万葉集を学ぶ』二、有斐閣、一九七七年。青木生子『萬葉挽歌論』塙書房、一九八四年。

(8) 北山茂夫『万葉の世紀』東京大学出版会、一九五五年。関晃「大化改新」『日本歴史』古代二、岩波書店、一九六二年。

井上光貞「大化改新」『古代国家の形成』岩波書店、一九八五年。
(9) 八木充「七世紀中期における政権抗争」『日本書紀研究』八、塙書房、一九七五年。
(10) 遠山美都男『大化改新』中央公論社、一九九三年、一一九頁以降。同『古代王権と大化改新』雄山閣出版、一九九九年、一一〇―一七五頁。篠川賢『日本古代の王権と王統』吉川弘文館、二〇〇一年。
(11) 中大兄皇子は紀温湯には随行せず、飛鳥に留まっていたとみられる。
(12) 飯田武郷前掲註(2)書。
(13) 佐伯有清『新撰姓氏録の研究』考證篇二、吉川弘文館、一九八二年。
(14) 高橋重敏「鹽屋連鯯魚寸攷」『日本上古史研究』九―十一、一九六一年。田村圓澄『藤原鎌足』塙書房、一九六六年、一三八頁。森浩一前掲註(6)書。
(15) 平林章仁『蘇我氏の実像と葛城氏』白水社、一九九六年、一五三頁。
(16) 遠山美都男『大化改新』二〇八頁、前掲註(10)書。
(17) 岸俊男「習宜の別業」『日本古代政治史研究』塙書房、一九六六年。
(18) 加藤謙吉「初期の藤原氏と渡来人の交流」『日本古代中世の政治と宗教』吉川弘文館、二〇〇二年。
(19) 嶋津聿史『紀伊万葉歌の歴史・風土的研究』おうふう、一九九四年、九二―一一二頁。

執筆者略歴（五十音順）

新井重行（あらい　しげゆき）
一九七三年生まれ
〔現職〕宮内庁書陵部編修課
〔主要著作論文〕
「荘園遺跡の出土文字資料よりみた在地情勢」佐藤信編『西大寺古絵図の世界』東京大学出版会、二〇〇五年
「東大寺開田図の整理過程と模写」『正倉院文書研究』一〇、二〇〇五年
「『東大寺山堺四至図』の模写とその系統」『東京大学史料編纂所研究紀要』第一五号　二〇〇五年

井上　亘（いのうえ　わたる）
一九六七年生まれ
〔現職〕明治学院大学教養教育センター非常勤講師
〔主要著作論文〕
『日本古代朝政の研究』吉川弘文館、一九九八年
「『寄人』からみた戸」『美濃国戸籍の総合的研究』東京堂出版、二〇〇三年
「『礼記』の文献学的考察―「冊書」としての『礼記』―」『東方学』一〇八輯、二〇〇四年

岡野浩二（おかの　こうじ）
一九六一年生まれ
〔現職〕明治学院大学教養教育センター非常勤講師
〔主要著作論文〕
「延暦寺の禁制型寺院法について」『延暦寺と中世社会』法藏館、二〇〇四年
「長柄町に残る安然塚の由来」『房総及房総人』八三五号、二〇〇五年
「俗別当の造寺・寺領監督と檀越の動向」『国史学』一八五号、二〇〇五年

栗木　睦（くりき　あつし）
一九七二年生まれ

〔最終学歴〕皇學館大學大学院文学研究科博士後期課程国史学専攻満期退学
〔主要著作論文〕
「『九暦抄』『九条殿記部類』成立考―編者藤原行成説の提唱―」『古文書研究』第五四号、二〇〇一年
「『西宮記』写本分類についての試論」『日本歴史』第六四一号、二〇〇一年
「『雑類略説』逸文の基礎的検討―『西宮記』と呼ばれない『西宮記』の存在について―」『皇学館論叢』第三六巻三号、二〇〇三年

瀧音能之（たきおと　よしゆき）
一九五三年生まれ
〔現職〕駒澤大学文学部教授
〔主要著作論文〕
『出雲国風土記と古代日本』雄山閣、一九九四年
『古代出雲の社会と信仰』雄山閣、一九九八年
『文献でたどる日本史の見取り図』青春出版社、二〇〇四年

武光　誠（たけみつ　まこと）
一九五〇年生まれ
〔現職〕明治学院大学教養教育センター教授
〔主要著作論文〕
『日本古代国家と律令制』吉川弘文館、一九八四年
『律令制成立過程の研究』雄山閣出版、一九九八年
『律令太政官制の研究』吉川弘文館、一九九九年

中村光一（なかむら　てるかず）
一九六〇年生まれ
〔現職〕上武大学経営情報学部助教授
〔主要著作論文〕
「令制下における武器生産について―延喜兵部式諸国器仗条を中心として―」『律令国家の地方支配』吉川弘文館、一九九五年
「出羽国府の移転に関する一考察」『史境』四〇、二〇〇〇年
「『三十八年戦争』と坂東諸国―国司の補任状況を中心として―」『町史研究　伊奈の歴史』六、二〇〇二年

平林章仁（ひらばやし　あきひと）
一九四八年生まれ
〔現職〕片塩中学校教諭・博士（文学）
〔主要著作論文〕
『三輪山の古代史』白水社、二〇〇〇年
『七世紀の古代史』白水社、二〇〇二年
『日本書紀の読み方』（共著）講談社、二〇〇四年

藤森　馨（ふじもり　かおる）
一九五八年生まれ
〔現職〕国士舘大学文学部教授・博士（宗教学）
〔主要著作論文〕
「平安時代前期の大中臣祭主家―祭主制度成立に関する一試論―」二十二社研究会編『平安時代の神社と祭祀』国書刊行会、一九八七年
『平安時代の宮廷祭祀と神祇官人』大明堂、二〇〇〇年

三谷芳幸（みたに　よしゆき）
一九六七年生まれ
〔現職〕文部科学省初等中等教育局調査官
〔主要著作論文〕
「令制官田の構造と展開」『延喜式研究』第一四号、一九九八年
「律令国家の山野支配と王土思想」『日本律令制の構造』吉川弘文館、二〇〇三年
「天平勝宝七歳の『班田司歴名』をめぐって」『正倉院文書論集』青史出版、二〇〇五年

古代日本《こだいにほん》の政治《せいじ》と宗教《しゅうきょう》

2005年10月10日発行

編　者　武光《たけみつ》　誠《まこと》
発行者　山脇　洋亮
印刷者　三美印刷(株)

発行者　東京都千代田区飯田橋
4-4-8 東京中央ビル内　(株)同成社
TEL 03-3239-1467　振替00140-0-20618

ISBN4-88621-332-4　C3021